Constantin von Barloewen
Szenen einer Weltzivilisation

Gesamtherstellung: Boer Verlagsservice, Grafrath
ISBN 978-3-924963-63-7
www.boerverlag.de

Constantin von Barloewen

Szenen einer Weltzivilisation

Kultur – Technologie – Literatur

BOER

Inhalt

Pierre Verger, Selbstaufnahme, 1946

Zum Leben und Werk von Pierre Verger

Pierre Verger ist eine *rara avis*, wie ihn Klassiker nennen würden, sagen wir schlicht: eine außergewöhnliche Persönlichkeit und dies aus vielen Gründen. Sie mögen biographisch sein – Pierre Verger hat die Welt bis in die letzten Winkel durchreist – noch wichtiger jedoch, er hat eben diese Welt tatsächlich begriffen in ihren letzten Verästelungen, als Fotograf zunächst, später als Ethnologe und Historiker, wobei diese Lebens- und Erfahrungsbereiche ineinander übergehen.

Er wurde 1990 achtundachtzig Jahre alt und ist somit im Wortsinn Zeuge seines Jahrhunderts. Seine Begegnungen, seine Lebensfreunde sind Legende. Pierre Verger stammt aus einer großbürgerlichen Familie aus Paris und hat sich doch seit seiner frühen Jugend von dieser bürgerlichen Existenz so weit entfernt, daß er, wie er bei einer Begegnung im April 1990 sagte, bei einer kürzlichen Ausstellung seiner Fotografien in Paris seiner entfernten Familie, die sein Leben kaum noch zur Kenntnis genommen hatte, wie ein Phantom erschien, als sein Name in den Zeitungen aufblitzte. Für seine Verwandtschaft blieb er gleichsam verschollen.

Nicht so freilich für die Welt der Fotografie und der Ethnologie. Dies ist verwunderlich, da Pierre Verger durch eine außerordentliche Bescheidenheit besticht, ja Zurückgenommenheit, durch eine Scheu vor jeder Öffentlichkeit, die sich bis zu einer Abscheu vor jeder plakativen, reißerischen Attitude steigert, wie sie der Beruf eines Fotografen oder Wissenschaftlers leicht mit sich führen könnte.

Seit der Zeit nach dem Zweiten Weltkrieg lebt Pierre Verger in Zurückgezogenheit in Salvador Bahia, in einem dunkelrot bemalten kleinen Haus in einem der armen Wohnviertel der alten brasilianischen Stadt. Bei allen Begegnungen mit ihm, in Salvador Bahia, zum Tee in dem rückwärtigen Gärtchen seines kleinen Hotels im Quartier Latin in Paris oder im Plenum eines Kongresses der UNESCO, immer tritt seine Andersartigkeit zu Tage, diese Gegenläufigkeit im Vergleich zur materiellen Flachheit des Wirtschaftslebens oder zur hektischen Betriebsamkeit des Kulturbetriebes, der effekthascherischen Raserei des sich gegenseitig nach oben Mogelns. Pierre Verger war immer Sand

im Getriebe, wie Bertolt Brecht dies so trefflich formulierte, Gefälligkeitsarbeiten waren und sind ihm fremd. Als Fotograf wie als Ethnologe arbeitet er aus tiefer Überzeugung. Aus einem ethischen Engagement entsprang seine Skepsis gegenüber den Vorboten der Moderne: dem technologischen Gipfelgang, der Entseelung des Menschen, der Verhärtung durch die voranschreitende Abstraktion des Lebens; gleichsam die Algebraisierung des Alltags, die kalte Mechanik der Technokratie.

Er hat sich auf einen Restfleck zurückgezogen, hat Refugium gefunden in jenem Häuschen der Vorstadt, wirklich feuervogelrot gestrichen, ganz entsprechend seinem Vogelgesicht, wie dies sein Freund Jorge Amado einst beschrieb.

Betritt man den unteren Stock des Hauses, so umfängt einen jenes seltene Gefühl des Sakralen durch die Symbole des Rituals des Candomblés, die in der Ecke lehnen, mehr aber noch durch die tempelartige Ruhe der mit einfachen Holztischen ausstaffierten Räume, die auf die Unbedingtheit des Werkes in seiner Konzentration weisen, eben auf ein mönchisches Element. Steigt man die schmale Holztreppe hinauf, biegen sich die Stufen und Pierre Verger gewinnt durch die Schlichtheit seiner Kleidung, eines einfachen langen Gewandes, das er um den hageren Körper schlägt, priesterhafte Züge. In einem Hinterzimmer stehen wenige Truhen, Ausdruck der Ubiquität des Weitgereisten, seiner Mobilität, die jeden Augenblick einsetzen kann: Pierre Verger ist stets zu einem neuen Aufbruch bereit. Daneben verbirgt sich ein karges Bett, besser könnte man von einer Pritsche sprechen. Darüber ist eine Decke geschlagen, auf der er in den immer kürzer werdenden Nächten zu ruhen pflegt. Sein Arbeitstag beginnt oft lang vor Sonnenaufgang; die Stunden sind kostbar. Auf dem Schreibtisch türmen sich die Bücher, zumeist die großen Werke alter Lebensfreunde wie Georges Bataille, Michel Leiris und vor allem Alfred Metraux, dessen Reiseberichte er in einer bibliophilen Ausgabe bei sich trägt.

Durch Jorgo Amado und seinen Roman *Jubiaba* erfuhr Pierre Verger zum ersten Mal nähere Einzelheiten von Salvador Bahia. Entscheidend war aber die Fürsprache seines Freundes Roger Bastide, des Kultursoziologen (Verfasser des klassischen Werkes *Les Religions africaines au Bresil*), der ihm nach einem mehrjährigen Aufenthalt in Peru riet, diese Stadt mit dem hohen Anteil an Schwarzen und Mulatten eingehend zu studieren. Pierre Verger war vom ersten Augenblick begeistert von diesem »schwarzen Rom«, wie es Bastide einmal nannte, wo es kaum einen Rassenhaß gibt, wie ihn die nordamerikanische Kultur kennt. Die vielfältigen Erscheinungsweisen der Akkulturation zwischen Rot, Schwarz und Weiß entsprachen seinen ethnologischen Interessen, aber auch die Herzlichkeit in den zwischenmenschlichen Beziehungen, den

Freundschaften des Alltags. Das Verhältnis von Mann und Frau erschienen ihm einzigartig.

Pierre Verger ging zunächst seinem alten Beruf nach, er fotografierte für die Zeitschrift »O Cruzeiro«, vertiefte sich aber immer stärker in das Condomblé, die Religion der schwarzen Brasilianer als den Nachfahren der aus Afrika eingeführten Sklaven. Zu diesem Zeitpunkt war Pierre Verger 50 Jahre alt und wechselte den Beruf: er wurde vom Fotografen zum Ethnologen, freilich ohne Fragebogen und die ihm zu theoretischen Arbeitshypothesen der herkömmlichen Anthropologen. Pierre Verger versenkte sich tatsächlich in die fremde Kultur, wurde ein Bestandteil von ihr und arbeitete nicht nur mit teilnehmender Beobachtung. Dies galt auch für die afrobrasilianischen Religionen in ihren Ursprungsländern Benin und Nigeria. Er befaßte sich mit der Glaubenswelt der Yoruba-Völker, wobei er weniger insistierend befragte, als einfühlend lauschte.

In Salvador selbst wurde Pierre Verger Mitglied des Condomblé Tempels Axe Opo Alfonja. Die »heilige Mutter« Maria Bibiana do Espiritu Santo kürte ihn zu ihrem »geistigen Sohn«. Diese Insignien der Vertrautheit helfen Verger in den folgenden 30 Jahren bei seiner ethnologischen Arbeit, bei der er auf der ehemaligen Sklavenroute zwischen Brasilien und Afrika pendelt. Auch in Afrika widerfahren ihm höchste Würden; die Yoruba-Priester in Keto (Benin) ehren ihn mit dem Titel »Babalao«, was nichts geringeres als »Vater der Geheimnisse« bedeutet, daß Pierre Verger über ein hohes Maß an religiösen Kenntnissen verfügt. 1957 en entstand das Buch *Notes sur le culte des Orisha et Vodoun, à Bahia, la Baie de tous les Saints au Bresil, et à l'ancienne Côte des Esclaves*. Pierre Verger machte bei seinen Forschungsarbeiten neue Entdeckungen in der dreihundertjährigen Geschichte der Sklavenzeit mit Blick auf die Beziehungen von Afrika und Brasilien. 1968 erschien sein Opus Magnum, eine vielschichtige Analyse des Sklavenhandels zwischen Salvador und Benin (Nigeria). Pierre Verger erhielt den Doktortitel der Sorbonne mit 60 Jahren und wurde Mitglied des französischen staatlichen Forschungsinstitutes CNRS.

Vor seiner Zeit als Ethnologe durchlief Verger Jahrzehnte einer sehr besonderen Vorbereitung als Fotograf. Es ist seinen wissenschaftlichen Arbeiten anzumerken, daß er jenes ethnologische Auge entwickelte und seine Bilder in Zeitschriften wie *Life*, *Vue* oder *Paris Soir* veröffentlichte. Er verfügt heute über 62.000 Negative, die er wie den Schatz der Argonauten hütet.

Zeitlebens hat sich Verger gegen eine bürgerliche Existenz gewehrt; so wollte er bereits sehr früh den Druckereibetrieb des Vaters in Paris nicht übernehmen, sondern reiste in den Pazifik, nach Tahiti und Bora Bora. Nach

seiner Rückkehr wurde er 1934 beim Musée d'Ethnographie du Trocadéro (dem heutigen Musée de l'Homme) im hauseigenen Fotodienst eingestellt. Die Ausstellung über Ozeanien erweiterte er durch Aufnahmen seines lebenslangen Freundes Alfred Metraux von der Osterinsel.

Später fuhr er für den *Paris Soir* zu einer Reportage über New York in die Südstaaten, dann an die Westküste Amerikas, weiter nach Japan und China, wo er sich immer stärker als Fotograf profilierte. In den Jahren 1935/36 hielt sich Verger in Algerien, Mali und Niger, Obervolta, Togo und Benin auf. Eine weitere Reise führte ihn nach Martinique, Guadeloupe, in die Dominikanische Republik und nach Haiti, was seine Perspektive wiederum erweiterte. 1937 reiste er mit dem Transsibirienexpress nach China, wo er die Stadt Shanghai fotografierte, die von japanischen Truppen eingekeilt war. Dort glückte ihm eine Aufnahme von Seltenheitswert, mit der er einmal mehr in die Geschichte der Fotografie eingehen sollte: das Bild des grinsenden Tschiang Kai-scheks. Darauf folgte Französisch-Indochina, wo Verger fast in ein buddhistisches Kloster eingetreten wäre.

Während des Zweiten Weltkrieges war Verger überwiegend in Lateinamerika, sieht man von der Zeit ab, als er sich freiwillig beim französischen Konsul meldete und nach Dakar eingezogen wurde. Unter schwierigsten finanziellen Bedingungen lebte er in Buenos Aires und reiste mit dem Zug von seinem ersten Verdienst nach Bolivien und Peru, wo er über vier Jahre blieb und mit einem Auftrag des Nationalmuseums die Hochanden bereiste, etwa den bei Cuzco gelegenen kleinen Ort Ocongate. Es entstanden wertvolle Fotografien der andinen Welt mit ihrer synkretistischen Religion.

Nach schwerer Krankheit, Malaria und Soroche, der Höhenkrankheit der Anden in 5000 Meter Höhe, brach Pierre Verger wieder einmal zu einer Reise nach Paris auf, die er, eine Fügung mehr in seinem Leben, in São Paulo für einen Zwischenaufenthalt unterbrach. Dort wurde ihm durch Roger Bastide von der wundersamen Stadt Salvador Bahia berichtet, die zum einzigen festen Wohnsitz werden sollte, den Verger je in seinem Leben hatte.

Zeit seines Lebens interessierte sich Pierre Verger für Formen des Synkretismus, etwa die religiöse Mischform der Yoruba-Religion in Afrika, oder den Kult der Orixas, der mit dem Katholizismus in Brasilien und auf den nahen Antillen verknüpft war. Seit 1952, als er in Kêto zum »Babalao« ernannt wurde, verfügt Verger auch über einen neuen, zweiten Namen: Fatumbi, mit dem er gelegentlich auch zu unterschreiben pflegt. Dies ist ein Wort der Yoruba-Kultur, in dem sich die Bedeutung der Wiedergeburt verbirgt. Seine Faszination für den Condomblé, dessen hoher Würdenträger er ist, erklärt sich aus seinem

HABERDASHERY

tiefen Interesse für die afrobrasilianische Kultur und Religion. In Brasilien genießt Pierre Verger eine herausragende Autorität für alle Fragen der kulturellen Identität, vergleichbar etwa mit dem verstorbenen Anthropologen Gilberto Freyre mit seinem Nationalepos *Herrenhaus und Sklavenhütte*, oder dem in Rio de Janeiro lebenden Sozialanthropologen und Evolutionstheoretiker Darcy Ribeiro.

Pierre Verger interessiert sich für die Sagen und Mythen der Götter in der indigenen afrikanischen und brasilianischen Kultur, deren spirituelle Existenz sich in Naturheilkräften niederschlägt. Seine Forschung in der Naturheilkunde umfaßt 3600 unterschiedliche Pflanzen, von denen spirituelle Wirkung ausgeht.

Als wir uns im April 1990 aus Anlaß des UNESCO-Kongresses über Alfred Metraux wiedertreffen, ist Pierre Verger ungebrochen in seiner Aktivität. Er hält einen Vortrag über den schweizerisch-französischen Ethnologen, seinem »Beinahe-Zwilling«, wie er Metraux gerne nennt, da ihre Geburtsstunden nur wenig auseinanderliegen. Als die Witwe von Metraux einen bislang unveröffentlichten Brief vorliest, der nur kurze Zeit vor Metraux Freitod geschrieben wurde, ist Pierre Verger sehr bewegt und des Wortes kaum mehr fähig. Seinen eigenen Vortrag kürzt er ab, bittet um Verständnis für seine Ergriffenheit und verweist auf die schriftlich ausgehändigten Konferenzunterlagen, die für sich selber sprechen sollen, ein stummes Zeugnis der langen Freundschaft. Pierre Verger begegnete Alfred Metraux zu erstem Mal 1935. Es folgten 56 Briefe aus allen Teilen der Welt.

Diese Form der ethnologischen Reiseberichte, die vor allem in Frankreich Tradition hat, etwa bei Viktor Segalen und seinen Chinareisen oder bei Michel Leiris in der Schrift *Phantom Afrika*, ist für Pierre Verger verpflichtend. Er traf Metraux 1939 in Buenos Aires und 1946 in Lima, woraus sich ein intensiver Briefwechsel entwickelte. In einem Brief aus dem Jahre 1959 berichtete Pierre Verger Metraux von seinem Gefühl der Einsamkeit, ohne einbindende Gruppe, ohne Freunde. Verger wies Metraux auch den Rang des einzigen Freundes zu, der sich mit gleicher Konsequenz vorgewagt habe, und betrachtete ihn Zeit seines Lebens als »Alter Ego«, wobei wieder seine Bescheidenheit zum Ausdruck kommt: er konzediert Metraux stets ein wenig mutiger gewesen zu sein als er selbst. Dies war nur wenige Jahre bevor sich Alfred Metraux am 11. 4. 1963 das Leben nahm.

Pierre Verger selbst war der Gedanke des Freitodes vertraut. Als wir am Abend zum Abschied in dem kleinen Café an der Rue Moufftar trafen, offenbarte er sehr betroffen, daß auch er das Altem fürchtete und am 4. 11.

1932, zu seinem dreißigsten Geburtstag sich vornahm, das vierzigste Lebensjahr nicht zu überschreiten. Um das Verrinnen der Zeit besser kontrollieren zu können, nahm sich Verger ein Maßband, das 1,5 Meter lang war, und von dem er vor dem Schlafengehen jeweils einen Millimeter abschnitt. Dies geschah mit der festen Absicht, seinem Leben nach dem letzten abgetrennten Millimeter zu seinem vierzigsten Geburtstag ein Ende zu setzen. Doch dann verließ ihn in der entscheidenden Stunde der Mut. Seit diesem Zeitpunkt scheint Verger eine besondere Lebensstärke entwickelt zu haben, auch eine Lebensfreude, die in vielen Augenblicken aufblitzt. Er ist mit sich eins geworden, hat seine Mitte gefunden, hat sich in das eigene Leben eingeschwungen, in Salvador Bahia, in jenem Café aber auch in der Stille seines kleinen Hotelzimmers hoch über dem Garten in einem Hinterhof des Quartier Latin. Dorthin zieht er sich zurück

nach dem langen Gespräch. Das Alleinsein ist er gewohnt, ebenfalls den dünnen Krückstock seit geraumer Zeit. Ihm bleibt seine sorgfältig ausgewählte Reisebibliothek, sowie die Schriften seiner über die ganze Welt verstreuten Schüler, die er mit sich trägt. Ja, er hat sich weit vorgewagt in fast neun Jahrzehnten, es bleibt ihm mehr als die Erinnerung. Pierre Verger meidet die langen Abendstunden der stummen Zwiesprache mit der Vergangenheit, die ihn doch eines Tages einholen wird. So geht er früh zu Bett, um die Morgenstunden auszukosten. In wenigen Tagen bricht er wieder auf nach Salvador Bahia, in eine Welt der Herzlichkeit und gegenseitigen Fürsorge im kleinen Kreis, der gelebten Spiritualität, die er bereits zur Zeit seiner Jugend in Europa

Pierre Verger, 1994

verloren sah. Das Aufbrechen entbindet nicht von der Verantwortung, läßt aber eine Künftigkeit keimen, die jede Reise mit sich führt, die ihn weiterblicken läßt auf ein Vorwärts das er braucht als sein Lebenselexier; Aufbruch und verinnerlichte Rückkehr zugleich als ein immer wiederkehrender Kreislauf, als Lebensmetapher des Pierre Fatubi Verger, Fotograf, Ethonologe und Historiker und nicht zuletzt ein weiser Mann.

Die naiven Teufeleien, die uns trösten

Der Ethnologen, Schriftstellers und Kunstkritikers Michel Leiris

I. *Vorspruch*

In den letzten 15 Jahren seines Lebens habe ich Michel Leiris in regelmäßigen Abständen in Paris getroffen, zunächst in seinem schlauchförmigen Büro, im Tiefgeschoß des Musée de l'Homme am Place Trocadero, später immer wieder in seiner Wohnung am Quai des Grandes Augustins gegenüber Notre Dame oder zu Spaziergängen durch das abendliche Paris, die er liebte, die ihn aber auch betroffen machten, weil er bei jedem Gang verstärkt die Cafés passierte, in denen er mit Freunden früher gesessen hatte, die nun gestorben waren und ihn vereinzelt zurückließen. Dies geschah mit Jean Paul Sartre und dem Café des Flores, mit der Closerie des Lilas, in der Michel Leiris zur Zeit der Surrealisten Revolte spielte, oder in den unzähligen kleinen, versteckten Lokalen des Quartier Latin, die er kannte.

Wir arbeiteten auch in diesen Jahren zusammen, da ich eine Gastprofessur an der École des Hautes Études en Sciences Sociales für vergleichende Kulturwissenschaft innehatte, die Michel Leiris durch seine Lebensfreunde Marcel Mauss und Claude Lévi-Strauss aus den Gründertagen vertraut war.

Im Zuge einer wachsenden Nähe zu Michel Leiris öffnete er sich stärker, rückte seine chronische Schüchternheit, seinen Widerwillen gegen den öffentlichen Zugriff auf seine Person in den Hintergrund, freilich forderte er das Versprechen, zu seinen Lebzeiten von dem Offenbarten keinen Gebrauch zu machen und zu schweigen. Dies war die Voraussetzung, ja, die Bedingung für seine Freundschaft. Die Begegnungen begannen zumeist um 17 Uhr in der holzgetäfelten Wohnung von Michel Leiris, die er seit den 40er Jahren bewohnte und deren Wände mit Werken Picassos, Giacomettis und Francis Bacons ausgestattet waren. Leiris selbst war ein Ästhet, er war sorgfältig gekleidet, die Wahl der Stoffe war ebenso erlesen wie die Farbabstimmung seiner Hemden

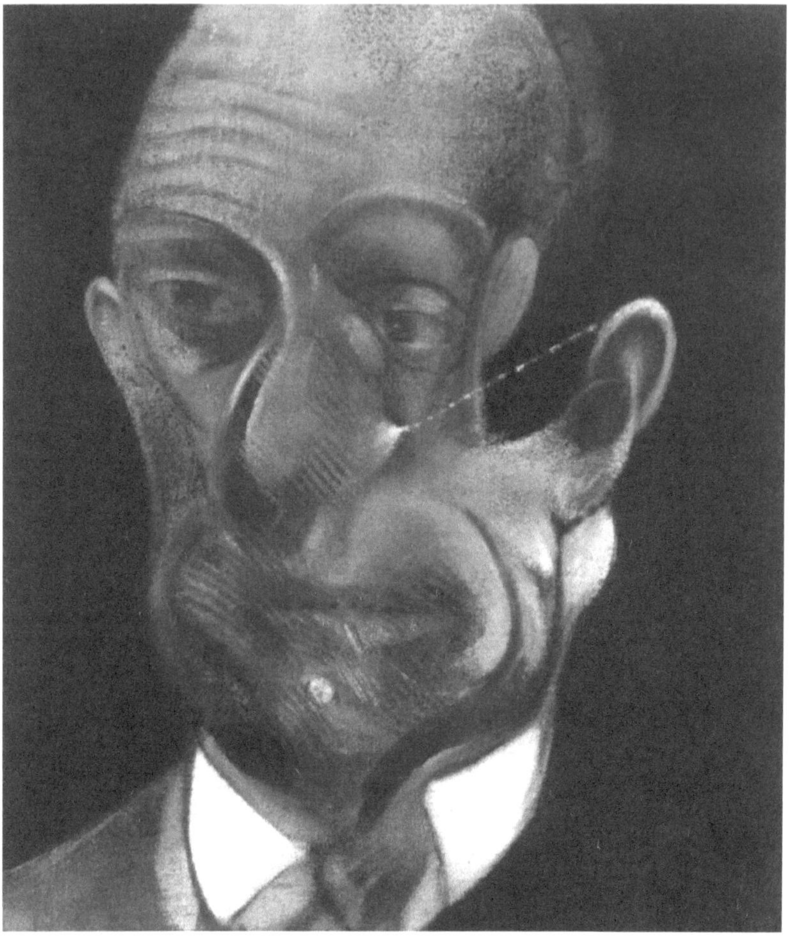

Michel Leiris, Porträt von Francis Bacon

und Jacken, er bevorzugte braune Wildlederhalbschuhe, bereits seit Jahrzehnten.

Michel Leiris lebte einen klaren Widerspruch zwischen seinen großbürgerlichen Attitüden und dem aufbegehrenden, ja, über die Jahrzehnte revolutionären Charakter seiner Schriften, die wissenschaftliche und künstlerische Traditionen sprengten. Bezeichnend und einzigartig zugleich war seine Bescheidenheit. Ich erinnere mich an einen Spaziergang entlang der Sorbonne, als Michel Leiris nach seiner legendären Kunstsammlung fragte, die er auf Einladung des Präsidenten Mitterrand und des Kulturministers Jack Lang zuvor im Centre Pompidou gezeigt hatte. Die Sammlung umfaßt alle Protagonisten des Jahrhunderts, von Picasso bis Miró und Leger, zudem eine außerordentliche Zusammenstellung von archaischen, afrikanischen und ozeanischen Figuren, und ist gewiß mehrere hundert Millionen Dollar wert.

»Wie findest Du die Sammlung, Constantin«, fragte er zaghaft. »Außerordentlich«, antwortete ich ohne Zögern. »Ja, sagte er leise, »c'est pas mal, sie ist nicht schlecht.« Aus seinen Worten war die Empfindung spürbar, den Ansprüchen der ihn umgebenden Lebenswelt, die er als brachial und im eigentlichen Wortsinne als unmenschlich empfand, nicht gerecht werden zu können und auch zu wollen. Er war ein Einzelgänger im klassischen Verständnis, der auf äußere Formen achtete, ohne formal zu sein, der sie wie selbstverständlich mit Inhalt füllte, dabei von einer ausgewählten Höflichkeit war, universell in seinem Denken, der die Aphorismen von Elias Canetti ebenso schätzte wie die religiösen Schriften von Mircea Eliade.

Das letzte Mal als ich ihn in seiner Wohnung besuchte, war kurze Zeit vor seinem Tod. Der afrikanische Hausdiener führte in den Salon, der verräterisch aufgeräumt schien, in dem sich keine neuen Bücher stapelten, die darauf warteten, gelesen zu werden. Michel Leiris wurde nach wenigen Minuten hereingeführt, er konnte kaum noch gehen, war auf einen Stock mit Silberknauf gestützt und ließ sich in den Sessel gleiten: Seine Hände zitterten und es verschlug ihm die Sprache beim Versuch, sich zu artikulieren. Nach dem Tod seiner Frau Louise wenige Jahre zuvor fand Michel Leiris nicht mehr zu seiner alten Kraft zurück.

Er war außerstande zu schreiben, seine Finger konnten weder die Feder noch die Schreibmaschine bedienen. Niemals, bis zuletzt, verlor er aber die ihm gegebene Neugier, er war ein unermüdlicher Zuhörer, der stundenlang Ausführungen folgen konnte und sehr schwach mit gebrochener Stimme einen Einwurf machte, um die ihm so wichtige Dialektik des Gesprächs aufrechtzuerhalten. Wollte der Besucher aus Rücksicht aufstehen, hielt ihn Michel Leiris mit sachtem Aufbegehren zurück, er suchte den geistigen Austausch bis zuletzt. Kam das Gespräch auf seine verstorbenen Lebensfreunde, auf Pablo Picasso, André Masson oder Georges Bataille, blickte er stumm zu Boden und versank in Erinnerungen, bis er den Kopf nach einigen Minuten wieder hob. Er spürte nicht mehr das Vorbeigleiten der Zeit. Doch behielt er eine innere Haltung, die ihn zeit seines Lebens auszeichnete. Über die Jahre hatte er sich angewöhnt, beim Abschied »à bientôt«, auf bald, zu sagen. Als wir uns das letzte Mal gegenüberstanden, mußte er von der Endgültigkeit seiner Existenz gewußt haben: als er zum Abschiedsgruß ansetzen wollte und dabei wie üblich nach oben blickte, als werfe er einen zögernden Blick in Richtung Himmel, hielt er plötzlich inne, schaute mir für einige Augenblicke in die Augen und wandte den Kopf mit einer leichten Drehung ab. Er verzichtete auf den zukunftsweisenden Gruß, als er, gestützt auf Stock und Hausdiener, mir die Hand zum Abschied entgegenstreckte. Dann schloß sich die Tür, es blieb der obligatorische Druck auf den Fahrstuhlknopf; doch dieses Mal schien es eine Ewigkeit zu dauern, bis der Fahrstuhl den fünften Stock erreichte. Die Schwingtüren pendelten sich ein und fielen mit einem der Unabwendbarkeit des Augenblicks entsprechenden Druck ins Schloß, als sich die Abwärtsbewegung verstärkte und die roten Warnleuchten an der Decke erloschen.

I. *Person und Werk*

Michel Leiris, Schriftsteller, Ethnologe, Dichter und Kunstkritiker hinterläßt eines der vielschichtigsten Werke des 20. Jahrhunderts in den Humanwissenschaften wie in der Literatur. Er war einer der ersten, der auf dem Felde der Ethnologie, der Dichtung und der Kunstkritik Signien der Moderne in diesem Jahrhundert nachzeichneten. *Mannesalter*, in den dreißiger Jahren erschienen, enthielt den Versuch, den Menschen der Gegenwart in seiner Intimität und in seiner Angst zum Gegenstand zu machen und mündet in eine Literatur des radikalen Bekenntnisses. Parallelen werden sichtbar zu Montaigne und zu Rousseau. In der Ethnologie wird die Aufmerksamkeit auf sein Schlüsselwerk *Phantom Afrika* 1934 gelegt, das durch eine subjektive Anthropologie dennoch zu objektiven Aussagen vordringt und nicht zuletzt zum Vorbild für Claude Lévi-Strauss' späteren *Traurige Tropen* wurde.

Von Beginn seines Denkens war Leiris' Werk auch durch seine Freundschaften gekennzeichnet. Dies trifft für den Beginn des Surrealismus, dessen frühe Manifeste er unterzeichnete, ebenso zu, wie für die Gründung des *Collège de sociologie* mit Georges Bataille und Roger Caillois, für die Mitarbeit an der Zeitschrift *Temps Modernes* mit Jean Paul Sartre und Simone de Beauvoir oder für die Schöpfung der *Nouvelle Ethnologie* mit Marcel Mauss. Stets kristallisierten sich seine Experimente zu Leitsternen eines neuen Denkens. Zu seinen engen Freunden zählten Daniel-Henry Kahnweiler, Pablo Picasso, Alberto Giacometti, Marcel Griaule, Aime Césaire, Francis Bacon, André Masson und Apollinaire, sowie Max Jacob.

Michel Leiris ist ein äußerst rares Phänomen. Sein Werk ist originell, ja originär, dennoch ist er fordernd, niemals mit sich selbst zufrieden immer bewußt, in seinem Bemühen das Scheitern zu erkennen, angewidert von dem bürgerlichen Streben nach Erfolg, dem »enrichessez-vous«, das keine Grenzen kennt, und doch konnte Michel Leiris aus dem Dunkel der Unbekanntheit hervortreten in einer Zeit, in der das Zu-Markte-Tragen der Schriftsteller, das Sich-in-die-Höhe-Mogeln im Medienzirkus zur Tagesordnung zählt. Man möchte meinen, daß einer Leuchtfigur wie Michel Leiris in seiner Bescheidenheit und Zurückgezogenheit keine Chancen eingeräumt werden dürfen, gehört zu werden. Seine nachhaltige Wirkung, der Radius seines Einflusses sprechen aber eine deutliche Sprache. Die Vorliebe für die Volkskulturen, die indigenen, noch archaischen Kulturen Afrikas, die schwarze Kunst, das Okkulte, die Magie, die Astrologie, den Traum, den Stierkampf, den Zirkus, die Oper und die Music Hall zeichneten ihn ein Leben lang aus, hier entstehen Brücken zu Picasso, zu Braque, Duchamp und Picabia, in der Literatur zu Blaise Cendrars und Aimé Césaire.

Michel Leiris war federführend an der Gestaltung einer neuen Ethnologie beteiligt, die sich für die Sprache ebenso interessierte wie für Mythen, Kunst und Religion. Dies kommt in den Zeitschriften *Documents* und *Minotaure* deutlich zum Ausdruck. Es ist eigentümlich für ihn, daß er alle Erfahrungen durchlief, ohne sich vollständig mit einer bestimmten zu identifizieren; er verweigerte die Wahl, und darin ist er Carl Einstein nicht unähnlich, neben dem er ab 1929 in *Documents* veröffentlichte. Michel Leiris war der ewig Unangepaßte, unfähig und unwillens, seinen Platz in dem sozialen Umfeld zu bestimmen; in seiner Jugend der hoffnungsvolle Dichter, der »Freischärler der Ethnographie« in *Phantom Afrika.* Leiris beschreitet paradoxe Wege, die sich erst in ihren Folgen als richtig herausstellen. Er macht seine dichterischen Anfänge zwischen 1924 und 1929 im Zentrum der künstlerischen Avantgarde in Paris, ein erster Versuch, den kognitiven Wert der poetischen Sprache zu begründen.

Die Worte werden revolutionär gebraucht, die Enthüllung der Sprache wird zum Ziel des Schreibens selbst. Der Begriff des Unbewußten wird in die Autobiographie eingeführt, ebenso die radikale Forderung nach vollständiger Aufrichtigkeit. Gewisse Aspekte rühren aus der ethnographischen Praxis, etwa die Arbeitsweise des Schreibens mit einem Zettelkasten, die Faszination für das Heilige, das Leiris bereits in seiner Kindheit im Elternhaus suchte.

1931 durchquert Michel Leiris Afrika zwei Jahre lang von West nach Ost, von Dakar nach Dschibuti. Er ist offiziell Archivar und Sekretär der Mission unter der Führung des Ethnologen Marcel Griaule; träumt aber von Beginn an von einer poetischen Erfahrung. *Phantom Afrika* das er bei seiner Rückkehr der Öffentlichkeit vorstellt, ist nicht nur ein Reisetagebericht, vielmehr entwickelt Michel Leiris bereits seine *Spielregel* durch die akribische Beschreibung seiner selbst sowie der Anderen – *Ethnographie und Selbstporträt* sind untrennbar verbunden, Durkheim soll gleichsam mit Rousseau verschmolzen werden. Erstmals offenbart Leiris auch seine nicht unüberwindliche Einsamkeit, die Furcht vor dem Scheitern seines Lebensentwurfs. Später widmet er sich der Kultur der Dogon, veröffentlicht 1948 *La Langue secrète des Dogons* auf den Spuren des Sakralen und 1958 *La Possessic et ses aspects théatraux chez les Ethiopiens de Gondar*, ein Meisterwerk der Ethnographie, und begibt sich freien Fußes in das imaginäre Afrika, in eine Welt der Gottheiten und der gelebten Sakralität. Die Forschungen über die Trance sollten ihn mit seinem Freund, dem Ethnologen Alfred Metraux 1948 nach Haiti führen, wo sie Materialsuche für die Forschungen über den Vodoo betreiben. Auf dem Felde der Literatur vollzog sich bereits früher eine Wende. Mit der Veröffentlichung von *Mannesalter* 1939 ist Leiris nicht nur der frühe Surrealist, der Schöpfer von Sprachspielen und Wortkaskaden, er wird jetzt auch als einer der herausragendsten Schriftsteller seiner Zeit anerkannt; sein Werk steht neben dem Sartres, Camus', Batailles, Blanchots und Ponges. Mit Jean Paul Sartre freundet er sich in den Jahren 1940 bis 1947 an, in der Zeit als er an *Biffure* arbeitete. Die von Leiris praktizierte Autobiographie wird zu einer besonderen Form der Aktion, er nimmt das Risiko der unbedingten Aufrichtigkeit auf sich und demonstriert seine Version einer *littérature engagée*.

2. *Künstler und Ethnologe in Personalunion: Michel Leiris und seine Freundschaft mit dem Zirkel um Henry David Kahnweiler*

Michel Leiris näherte sich schrittweise dem Zentrum der literarischen und künstlerischen Avantgarde, auch als Ethnologe. Er brachte stets ein hohes Maß an Sympathie, ja, Mitgefühl für die Kulturen auf, die er untersuchte und beschrieb. Sie waren für ihn keine Objekte, wie dies bei herkömmlichen Ethnologen oft der Fall ist, vielmehr praktizierte er eine teilnehmende Beobachtung und nahm in der einen oder anderen Form an ihrem Leben teil – in Afrika, auf den Antillen, in China. Die Einzigartigkeit von Michel Leiris zeigt sich gerade in der Personalunion von Schriftsteller und Ethnologe.

Der Beginn seiner Arbeit reicht in das frühe 20. Jahrhundert zurück und führt zur Begegnung von Kunst und Wissenschaft. Einer der bedeutendsten Kunsthändler des Jahrhunderts, Henry David Kahnweiler, machte es sich zur

Michel Leiris (links) mit dem Autor (rechts) kurz vor seinem Tod

Gewohnheit, seine Freunde, Schriftsteller und Maler, jeden Sonntag Nachmittag zu einem zwanglosen Zusammentreffen einzuladen, das bis in den Abend andauerte, in jenem kleinen Garten der Rue de la Mairie im Boulogne Billancourt. Dies war in den 20er Jahren. Gastgeberin war Lucie Kahnweiler. Familie und Freunde waren eng verbunden; eine Schwester, Berthe, heiratete Elie Lascaux, einen Maler der Galerie, die andere Michel Leiris, der bereits zum damaligen Zeitpunkt in der Galerie vertreten wurde. Elie Lascaux führte auch Max Jacob in die Galerie ein. Lascaux's Malerei ließ sich auf den ersten Blick der naiven Volkskunst zuordnen, der Landschaftsmalerei, nicht unverwandt derjenigen Henri Rousseaus. Für Michel Leiris lag hier eine spontane, gleichsam malerische Kunst vor, die das ihm so vertraute Flüchtige, Vergängliche zum Ausdruck brachte.

Im Kreis der jungen Surrealisten, dem freiheitsbetonenden Lager der Abtrünnigen, die in der Rue Blomet zusammenkamen und sich den dogmatischen Parolen André Bretons widersetzten, fand Henry David Kahnweiler zwei Menschen, zu denen er von der ersten Stunde an Zuneigung und Respekt empfand: André Masson und Michel Leiris. André Masson zählt sofort zum

Michel Leiris (links) mit dem Autor (rechts) kurz vor seinem Tod

engeren Kreis seiner Maler, sein Schwager Michel Leiris wird sein bester Freund, ein Freund auf Lebenszeit. Masson macht Leiris auch mit Yves Tanguy bekannt. Der Einfluß von André Masson auf Michel Leiris seit der ersten Begegnung in seinem Atelier in der Rue Blomet 1922 war entscheidend; Leiris nannte Masson seinen spirituellen Vater, seinen Mentor, dies wird auch aus den ersten Texten von Leiris über Miró , Giacometti und Arp deutlich: »Ich liebe die Reinheit, die Folklore, das, was auch kindlich ist, primitiv und unschuldig«. Juan Gris und Juan Miró schenkten Michel und Louise Leiris ein Kunstwerk zur Hochzeit, Picasso vermachte ihm ein kleines Ölgemälde auf einer Dosenschachtel, die Leiris später auf seine Mission nach Abessinien mitnehmen sollte. Kahnweiler wurde zum frühen Verleger von Leiris: Gedichte, die 1925 unter dem Titel *Simulacre* erschienen und in kongenialer Form durch Lithographien von Masson illustriert sind. Früh erwies sich das Autobiographische als die einzige literarische Form, die Leiris wirklich schätzte. Von der ersten Stunde beschäftigt ihn, was ein Leben fortdauern sollte: das Ringen um Liebe, der Kampf gegen den Tod und den Selbstmord. »...Liebe, Kunst und Tod scheinen durch ein feingesponnenes Netz wechselseitiger Verlockungen miteinander verknüpft zu sein: die Notwendigkeit sterben zu müssen, steigert das Bedürfnis nach Liebe... aber das Fieber der Liebenden äußert sich bei vielen in dem Schwur, gemeinsam zu sterben, um die unmögliche Vereinigung zu vollziehen oder weil man nicht mit der Aussicht leben will, daß der eine den anderen überlebt.« (*Fibrillen*, S. 281) An anderer Stelle verdeutlicht er: »...Seit meiner Kindheit ... wurden mir in ein und demselben Strauß Liebe, Kunst und Tod entgegengebracht durch alles, was ich an großen Opernarien kannte, die für mich die Höhepunkte der Kunst waren und mir fast nur von Liebe und Tod erzählten. Noch immer beeindruckt mich in den verschiedensten Formen diese Mythologie, die alles in allem verlangt, daß die wahre Schönheit im Kern tragisch sei...« (*Fibrillen*, S. 382) Aber auch das war ein Sonntag in Boulogne: Michel Leiris unterhielt sich mit seinem Lebensfreund Georges Bataille, der wenige Jahre später sein erstes Buch in der Galerie Simon veröffentlichen sollte. Beide sprachen über ein Projekt, das nie verwirklicht wurde. Es sollte eine literarische Bewegung mit Namen *Oui* ins Leben gerufen werden, die das ehrgeizige Programm vertrat, »jederzeit allem zuzustimmen und alles anzuerkennen«. Der Grundgedanke war, die *Oui*-Bewegung der *Non*-Bewegung, wie sie Dada verkörperte, entgegenzusetzen, indem das Infantile vermieden wurde, das in der grundsätzlichen und systematischen Verneinung verborgen lag. Bataille und Leiris hatten bereits einen Raum für die Bewegung auserkoren, in dem auch die Zeitschrift erscheinen sollte: den Schankraum eines Bordells in der Rue Saint Denis. Das Projekt wurde freilich niemals verwirklicht.

Kahnweiler war ebenso von der Malerei Picassos beeindruckt, wie in der Zeit des Bateau Lavoir. Später lieh Leiris Kahnweiler das Manuskript von Georges Batailles *Le Bleu du ciel*, das ihm sehr gut gefiel. Kahnweiler sollte Batailles *L'anus solaire*, versehen mit Kaltnadelradierungen von Masson, verlegen. Und wiederum etwas später empfahl Kahnweiler André Malraux das Tagebuch von Michel Leiris *Phantom Afrika*.

Trotz widriger politischer Umstände gelang es Kahnweiler, Leiris' *Glossaire, j'y serre mes gloses* mit den berühmten Lithographien von André Masson in der Galerie Simon zu veröffentlichen. Bei dieser Gedichtsammlung handelt es sich um einen breiten Katalog von Worten, die sich von ihrer ursprünglichen Bedeutung gelöst haben. Das herkömmliche Vokabular wird zertrümmert, um es durch Dichtung und Sprachschöpfung neu zusammenzustellen. Wort- und Sprachspiele sezieren Sätze in der Tradition des Surrealismus. Diese Veröffentlichung fiel in eine Zeit, die durch die Kriegspropaganda des Zweiten Weltkriegs gekennzeichnet war, vor dem Hintergrund der täglichen Nachrichten mit ihren durch pauschalen Schlagworten abgestumpftem Geist. In dieser

Verdummung durch Parolen boten die Texte von Leiris für Kahnweiler eine Befreiung aus der sprachlichen Erstarrung. Das gleiche galt für *Mannesalter*, 1939 bei Gallimard veröffentlicht. Hierbei handelte es sich in gewissem Sinne um einen Dokumentarbericht, der durch seine Authentizität besticht. Eingeleitet durch das Kapitel *Literatur als Stierkampf*, war es Georges Bataille gewidmet. Wie in allen seinen Schriften sprach Leiris von sich selbst, freilich auf dem Umweg über mythologische Gestalten und eine in Szene gesetzte eigene Phantasie. Das Buch verkörperte eine gesteigerte Psychoanalyse, eine Aufarbeitung der gelebten Erfahrung, wobei sich Leiris die klassische Frage stellt, was der Akt des Schreibens bedeutet. Das Schreiben wird zum Heilmittel gegen sein Kranksein, er will sein Leben riskieren, eben dadurch, daß er in ungebrochener Weise erzählt – ungeschminkt. Die Literatur des 20. Jahrhunderts kennt kaum einen derart radikalen Versuch zur autobiographischen Wahrheit, zur schrankenlosen Offenheit, ja, zur Beichte, zur gewissenhaften Selbstbekenntnis.

Während der Zeit der deutschen Okkupation scharte Henry David Kahnweiler in *Le Repaire* Dichter, Schriftsteller und Künstler um sich; dort trafen sich Raymond Queneau und seine Frau Janine, Michel und Louise Leiris, Elie Lascaux, André Beaudin, Georges Limbour, Patrick Waldberg, Georges Henri Rivière. Im Vergleich zu den Sonntagen in Boulogne fehlten Juan Gris, ebenso Masson und Leger, die in Amerika im Exil lebten; Braque und Picasso blieben in Paris. Paul Klee starb ebenso wie Carl Einstein, der sich aus Angst vor der Gestapo die Pulzadern aufschnitt und sich in den Wildbach von Pau stürzte. Michel Leiris fuhr zwischendurch immer wieder nach Paris und berichtete bei seiner Rückkehr von neuen Veröffentlichungen, etwa von Büchern Simone de Beauvoirs (*l'invitée*) oder von seinem späteren Freund Louis Rêne des Forêts (*les mendiants*) sowie von Maurice Blanchot (*Aminadab*). Es war auch Michel Leiris, der die Kahnweilers warnte, *Le Repaire* zu verlassen, um einer Verhaftung durch die deutschen Besatzer zuvorzukommen, und in der Gascogne, im Department Lot et Garonne bei Freunden unterzukommen. Michel Leiris selbst bezog in dieser Zeit seine neue Wohnung am Quai des Grands Augustins, nicht ohne Sorgen um die eigene Person. Er hielt Laurent Casanova bei sich versteckt, der vor dem Krieg ein enger Mitarbeiter von Maurice Thorez war und 1940 ins Gefängnis kam, aus dem er fliehen konnte, seit März 1942 aber im Pariser Untergrund lebte. Casanova warnte Leiris auch, für Henry David Kahnweiler einen falschen Paß zu besorgen – er gab ihm den Namen Daniel Hamry Kersian, um zumindest die Anfangsbuchstaben zu wahren. Später, 1944, war die Stadt Paris in zwei Hälften gespalten. Neben der brachialen deutsche Besetzung keimten punktuell Ansätze künstlerischer Entfaltung, etwa bei Jeanne Bucher, in der winzigen Galerie L'Esquisse unweit vom Seine-Ufer, wo Bilder von Kandinsky, Nicolas de Staël und Alberto Magnelli ausgestellt wurden. In der Wohnung von Leiris spielte man hinter verdunkelten Vorhängen das berühmte Stück von Picasso *Le Desir attrapé par la queu* (Die Lust am Schwanz gepackt) in der einzigartigen Besetzung mit Albert Camus, Jean Paul Sartre, Dora Maar, Simone de Beauvoir, sowie Braque, Lacan und dem Fotografen Brassai vor informiertem Publikum. Michel Leiris wurde zum Vorreiter einer Vielzahl humanitärer Petitionen, die er über die Jahrzehnte gemeinsam mit Sartre, Vlademir Jankelevitch, Louis Aragon und Jean Daniel unterzeichnete, bis hin zu der späteren Palästinafrage und dem Inkrafttreten der UNO-Resolution vom November 1967. Gleichwohl wollte Leiris seine politische Unabhängigkeit bewahren, wollte nie Weggenosse der kommunistischen Partei werden und bestand auf kritischer Distanz zu allen eingeführten politischen Parteien. 1971 erfolgte eine Neuordnung der Galerie Kahnweiler, die Louise Leiris noch stärker als Nachfolgerin von Kahnweiler einband. Michel Leiris bekannte immer, daß es für ihn zeitlebens problematisch war, für den Lebensunterhalt auf die Galerieeinkünfte seiner Frau zurückgreifen zu müssen, die den erheblichen Wohlstand der beiden begründeten.

Auch beim Tod Kahnweilers sollte Leiris letzter Zeuge sein. Am späten Nachmittag des 11. Januar 1979 besuchte er Kahnweiler auf dem Totenlager, der aber kaum noch mit ihm sprechen konnte, sich noch einmal kurz aufrichtet, dann aber plötzlich niedersank und die Augen schloß. Für Michel Leiris war mit dem Tod des Freundes auch das Ende einer Epoche gekommen.

3. *Die Erotik und das Archaische: die Freundschaft zu Georges Bataille*

Eine vergleichbare Freundschaft, die zeitlebens fortdauern sollte, verband Michel Leiris neben Pablo Picasso und André Masson vor allem mit Georges Bataille. Der Dialog zwischen Bataille und Leiris blieb über die Jahrzehnte, seit der Zeit des Abschieds vom Surrealismus, von einer außerordentlichen Fruchtbarkeit. Fragen nach der Beziehung der Geschlechter, der Liebe, dem Sakralen im Alltagsleben, der Extravaganz des ästhetischen Lebens verbanden die beiden Freunde in geistiger wie privater Hinsicht. (Bataille beschrieb z. B. in der Zeitschrift *Change* trefflich die angelsächsisch durchsetzte Eleganz von Michel Leiris, der mit Vorliebe in London erworbene Tweedjacken und Flanellanzüge trug.) Mit Roger Caillois gründeten Bataille und Leiris als freien Entwurf das

Collège de Sociologie, das um den Begriff des Menschen kreiste und durch die Faszination des Heiligen, der Mythen und des Spiels die Humanwissenschaften erneuern wollte. Leo Frobenius mit seiner *Kulturgeschichte Afrikas* (1933) stand ebenso Pate wie die Schrift *Homo Ludens* von Huizinga oder Marcel Duchamps *ready made*. Fragen kreisten um die Ambiguität des Atheistischen und Religiösen, um das *être-neant*, um die *question métaphysique*.

Mit Georges Bataille erlebte er auf den nächtlichen Streifzügen durch Paris die Freudenhäuser als sakrales Erlebnis des Alltags, als Ironie der Gesellschaft. Seine Augen schweiften mit der Ruhe eines Reisenden, der die Serenität der Landschaft betrachtet. Er verglich das nächtliche Geschehen in den Hinterhöfen der Rue St. Denis mit den Riten der Possession in den afrikanischen Kulturen, mit der Ekstase, der Trance, er suchte nicht nur das Sakrale, sondern auch das Geheimnisvolle der Gesellschaft, wobei seine Beobachtungen keinen exploitativen Charakter wie bei Bataille hatten, sondern eher einem Scherenschnitt glichen.

Ich habe Michel Leiris kurz vor seinem Tod gefragt, wer in seinem Leben der bedeutendste Denker, der originärste Kopf gewesen sei, und er antwortete spontan: Georges Bataille, nicht etwa Jean Paul Sartre oder Albert Camus. Sylvie Lacan, die zuvor viele Jahre mit Georges Bataille verheiratet war, bestätigte in einem Gespräch im Mai 1991 in ihrer Wohnung in der Rue de Lille, wie tief die Freundschaft zwischen Michel Leiris und Georges Bataille gewesen ist. Beide scheuten kein konstruktives Streitgespräch, sie diskutierten bis tief in die Nacht, nicht wie mit Breton aus Rivalität oder gar verinnerlichter Feindschaft, sondern als Zeichen tiefer Freundschaft und des Vertrauens. Auch die Ferien verbrachten sie gemeinsam, in der Toskana, in den Vogesen, im Midi. Michel Leiris war fasziniert von Batailles Beziehung zum Archaischen, zur Sexualität. Bataille hingegen interessierte sich für die Anthropologie von Michel Leiris. Während Jean Paul Sartre trotz der jahrelangen Freundschaft und Zusammenarbeit für Michel Leiris niemals in den Rang einer Autorität aufstieg, war für ihn die Beziehung zu Bataille von der Stunde ihrer Freundschaft an eine Art Geheimbund. Der Tod von Georges Bataille blieb für Michel Leiris über viele Jahre ein unüberwindbares Ereignis. Vor allem die Philosophie der Erotik im Werk von Bataille, in der Prosa wie auch in seinem theoretischen Entwurf faszinierten Michel Leiris; er erkannte die grundsätzlichen Aussagen zur Exzentrizität des symbolischen Tieres Mensch, die auch ihren Niederschlag in seiner *Spielregel* fanden, nicht zuletzt in der von Leiris vollzogenen Beobachtung seiner eigenen Sexualität, die er wie ein Insekt sezierte. Das Wechselspiel zwischen Sexualität und Todeserfahrung stand im Zentrum seines

Denkens, daher rührt auch sein Interesse für den Stierkampf: »...Nichtsdestoweniger ist beim einen wie beim anderen die große Triebfeder ein verzehrendes Verlangen, das letztlich eine Anziehung durch den Tod darstellt« (*Fibrillen*, S. 279). Der Tod verkörperte für ihn die Umkehr der sexuellen Produktion, dennoch hat Leiris mit seiner Frau Louise den Verzicht auf eigene Kinder gewählt; ihre Kinderlosigkeit war kein Zufall, sondern Ausdruck des sich Bescheidens, ja, der Demut.

4. *Das Sakrale in der Alltagskultur: die Freunde Giacometti, Francis Bacon, Colette und André Masson*

Durch die Galerie seiner Frau Louise stand Michel Leiris immer im Zentrum des künstlerischen Lebens. Gleichwohl hielt er Distanz, lebte sehr zurückgezogen, nicht aus Eitelkeit, sondern aus Diskretion. Er enthielt sich zuweilen der Stimme, wollte zugleich nah sein und doch sehr fern, wollte nie Gefangener sein, keine kulturelle Ware im literarischen Getümmel, und wehrte sich gegen jede Kommerzialisierung des Denkens. Mit Aragon etwa verkehrte er sehr höflich, wahrte aber ein gehäuftes Maß an Distanz; das maskenhafte Spiel des literarischen Lebens war nicht sein Metier. Zeitlebens empfand er sich als mikroskopisches Wesen, das die Welt durch einen Sterntalerblick sieht, wie ein Kind, das dem Universum der Eltern gegenübertritt.

Im Werk von Leiris scheint immer wieder eine entscheidende Kategorie auf: die des Sakralen, wobei zu fragen bleibt, wie sich das Sakrale vom Wundersamen unterscheidet. Das Wundersame war bereits ein Kreuzpunkt der Surrealisten, für Leiris erwuchs daraus die Dimension des Sakralen, etwa in den langen Passagen von *Phantom Afrika*, besonders in der Beschreibung der Besessenheitsriten bei den Zar. Leiris betont, daß es jenseits der Worte, jenseits ihres Gebrauchs, noch einen anderen Bereich gibt; dieses kleine Nichts, das auch im Ritual versteckt ist, markiert das eigentlich Lebendige in einer Kultur. Stein, Wasser und Feuer – Leiris beschreibt seine Erfahrungen minutiös auf Karteikarten, die er Zeit seines Lebens in einen Zettelkasten ordnete. In der Einsamkeit seines schlauchförmigen Bureaus im Tiefgeschoß des Musée de l'Homme am Place Trocadero erforschte Michel Leiris jahrzehntelang afrikanische Objekte. Hier entstanden seine Werke über die archaische afrikanische Kunst. Hier lassen sich Brücken schlagen zu den metaphysischen Figuren seines Lebensfreundes Giacometti, an dessen Grab er als einer der wenigen anwesenden Freunde zärtliche Worte fand. Auch die Malerei Francis Bacons, die er seit der Betreuung des Kataloges zu Bacons Ausstellung 1966 vehement verteidigte, offenbart Affinitäten zum Werk von Michel Leiris. Er erkannte in den Bildern Bacons jene *tragédie humaine*, jene existentielle Furcht des Menschen, die ihm ontologisch gegeben ist, und die in der Malerei Bacons in Formen gegossen ist. »...Diese sonderbare Mischung aus Verlorenheit und Frohlocken glich dem, was mir seitdem von den Werken des Geistes der Moderne auszugehen schien, die mich – auf einer von der Malkunst sehr verschiedenen Ebene – am tiefsten berührten.« (*Fibrillen*, S. 181)

In der Biographie von Michel Leiris taucht noch eine wichtige Figur auf: Colette Peignot, genannt Laure. Sie war das Gravitationszentrum, das Leiris mit Georges Bataille verband, sie erschien in den schönste Abschnitten der *Spielregel*. Es läßt sich von einem Triptychon Leiris, Bataille und Laure sprechen, zu dritt gaben sie den phantastischen Pulsschlägen des täglichen Lebens nach. Leiris spricht von einer »fiebrigen Heiterkeit« angesichts der Einsicht, »daß das menschliche Leben den Kampf um seine Verlängerung wert sei...« (*Fibrillen*, S. 233)

In ihren Aufzeichnungen von 1938 umreißt Colette den Kern des Werkes von Leiris: »Ich komme wieder zu dem Begriff des Soziologen; das Heilige mit dem Sozialen verbunden, damit dieses heilig ist.« Im Zentrum steht die Todesangst. Sie zeigte sich auch bei Michel Leiris' Selbstmordversuch, als ihn jene innere Heiterkeit verließ, die er an seinem Freund André Masson so bewundert hatte. »Wie jene wenige Zeilen, die von Anfang an die Entwicklung meines Lebens absteckten, zehrten sie eben von dem, was sie ihrerseits mit Leben erfüllten: jenem Zustand leidenschaftlicher Zärtlichkeit und Traurigkeit, dessen Zwiespältigkeit sich eines Abends in meinem fast tödlichen Taumel auf stumme und abrupte Weise geäußert hatte.« (*Fibrillen*, S. 231)

André Masson zählte zu den engsten Freunden von Leiris. Die frühe Schrift *Simulacre* entstand im Atelier von Masson. Während Michel Leiris die Gedichte schrieb, illustrierte Masson den Band. Er lernte Leiris durch Max Jacob kennen, der ihn in sein Atelier mitbrachte. Dort fand sich häufig eine Gruppe zusammen, zu der auch Antonin Artaud, Georges Limbour, Marcel Jouhaneau, Miró und Desnos zählten. Masson erinnert sich: »Das Atelier war offen, man kam und ging, wann man wollte. Die Tür war nicht verschlossen. Man kann sich die Atmosphäre dieser ein wenig verrückten Zeit nicht mehr vorstellen – eine gemeinsame Entdeckung der Freiheit.« Masson ging in dieser Zeit regelmäßig mit Michel Leiris in die Harry's Bar; sie bewunderten alles Angelsächsische, verwandten viel Sorgfalt auf ihr Äußeres. Auch die englische Literatur der elisabethanischen Zeit, Thomas de Quincey, fand Gefallen, ebenso die

Lebensart der Engländer, ihre Strenge, zugleich ihre Exzentrizität; immer wieder besuchten beide London. Leiris war zu dieser Zeit etwa 23 Jahre alt, Masson vier Jahre älter; in einem Gespräch mit Madeleine Gobeil vom 8. März 1973 vermerkte Masson, daß dies ein Alter war, »in dem man einander noch fühlt«, ein Alter also, in dem Freundschaften noch sehr tief gehen können, während im späteren Leben dieser elementare Charakter abnimmt.

Michel Leiris entwickelte in dieser Zeit eine Angewohnheit, die er bis zu seinem Lebensende aufrecht erhielt: er schrieb jeden Nachmittag sein Pensum in der Zurückgezogenheit seines Arbeitszimmers. Sylvie Lacan berichtete bei dem Gespräch im Mai 1991, daß sie Michel Leiris zu Lebzeiten Georges Batailles oft erlebte, wie er unruhig bei einem Cafégespräch aufstand und dann plötzlich sagte: »Ich muß gehen, ich muß jetzt schreiben.« Auf den Einwurf, er könne doch auch einmal einen Nachmittag mit seinen Freunden verbringen, ohne zu schreiben, entgegnete er, dies sei ihm unmöglich, er habe immer etwas zu sagen.

5. *Zum politischen Selbstverständnis von Michel Leiris*

In der politischen Auseinandersetzung überschritt Michel Leiris zeit seines Lebens niemals die Rolle des Sympathisanten, er wehrte sich gegen jegliche Militanz und Radikalität und wollte auch nie eine Rolle im politischen Umfeld spielen, wie dies etwa Jean Paul Sartre tat. Leiris Eintritt in die kommunistische Partei 1927 war Ausdruck eines Spieles; er blieb nur sechs Monate Mitglied, gerade Zeit genug, um sich darüber klar zu werden, daß er sich dem ideologischen Denken nicht verbunden fühlte. Er war *in strictu sensu* zu keiner Zeit Stalinist, im Grunde versetzte ihn die Politik in Schrecken, er fürchtete sich vor der Gehaltlosigkeit der Alltagspolitik und wollte in diesem Sinne auch nicht »engagiert« sein wie Sartre, von dem er sonst mit großer Zuneigung sprach. Michel Leiris hat sich stets selbst vorgeworfen, keinen physischen Mut zu haben, was ihn mittelbar davon abhielt, radikale Positionen einzunehmen. Er bewunderte Desnos, dessen Mut er gerne besessen hätte. In der Erinnerung beschreibt er die Gründungsphase des *Collège de Sociologie* mit den Freunden Roger Caillois und Georges Bataille als die einzige Zeit in seinem Leben, wo er von einem starken Drang zur persönlichen Stellungnahme durchdrungen war. 1967 War Michel Leiris für drei Wochen auf einem Schriftstellerkongreß in Cuba, in einer besonderen Phase der Revolution also. Er war immer Gegner der Kolonialreiche und Kriege. Das, was er dort freilich zu sehen bekam, erinnerte ihn an das stalinistische Russland. Fidel Castro durchkreuzte mit Gewehr im Anschlag im Jeep die Meute der lauernden Campesinos. Michel Leiris sprach mit ihm und war befremdet. Im Mittelpunkt stand der Kulturkongreß von Havana. Der Maler Wilfredo Lam wurde beauftragt, ein Mosaik für den Boden zu entwerfen. Leiris bewunderte die Formen des imaginären Afrika in einer Welt der Gottheiten und der gelebten Sakralität. Er kannte bereits durch seine Forschungen über die Trance mit seinem Freund, dem Ethnologen Alfred Metraux 1948 in Haiti, bestimmte Phänomene, die sich in cubanischen Volkskultur etwa in der Gestalt des *Santaria* verdichteten. Auch seine späteren Untersuchungen über den Stierkampf erinnern an das sakrale Theater in Gestalt der Corrida. In Cuba erkannte Michel Leiris, daß er im strikten Sinne kein politischer Mensch war, daß er keine Politik machen wollte, sondern an humanitäre Ideale glaubte, Überzeugungen teilte, etwa die Hoffnung auf eine bessere Gesellschaft. Tatsächlich stellte diese Zeit für Leiris eine Epoche der Enttäuschungen, der Desillusionierung dar, ausgelöst durch das Regime in Cuba. Leiris, der die russische Revolution unterstützt hatte, erkannte nun die Degradierung der russischen Politik, zudem hatte er die Erinnerungen an den Algerienkrieg aus den 50er Jahren, so daß der Glaube an eine andere Gesellschaft ihm immer schwerer fiel.

Von Revolution zu Revolution wurde Leiris stärker ernüchtert. Er glaubte zunächst an die russische Revolution, dann an die chinesische Revolution, zweifelte aber bei der cubanischen Revolution. Leiris durchlief die Geschichte wie einen Mythos, der entzaubert wird, um mit Ernsthaftigkeit festzustellen, daß am Ende des Ringens zwischen Poesie und politischem Engagement beide Parteien leer ausgehen. Gegen Ende seines Lebens erkannte er, daß er sich in vielen politischen Fragen getäuscht hatte.

»...die Poesie, die für mich eine Notwendigkeit geworden ist, weil sie meine einzige Zuflucht darstellt, jetzt, da die Würfel gefallen sind und ich nicht mehr davon träumen kann, mein Leben entweder durch die Liebe oder durch große Reisen (die ich heute unter dem Blickwinkel der Zerstreuung oder beruflicher Beschäftigung plane, und nicht mehr) oder durch eine revolutionäre Tätigkeit umzugestalten (da ich nur zu gut die Grenzen meiner Einsatzbereitschaft und den Abgrund kenne, der sich zwischen der Billigung der revolutionären Ziele und dem revolutionären Handeln auftut.« (*Fibrillen*, S. 400)

6. *Michel Leiris als Mitbegründer einer komparativen Kulturforschung: Die Dialektik aus Dichtung und Ethnographie*

Dichtung und Anthropologie konvergieren im Werk von Michel Leiris hin auf eine Archäologie des Menschen, die tief in der Persönlichkeit von Leiris wurzelt. In einer Antwort auf die Schrift *Les rêves du Disques vert* von Franz Hellens und Henri Michaux 1925 zeigt er, wie wertvoll für ihn die tägliche Traumdeutung war. Dies findet seinen Niederschlag in seinem *Glossaire*, den er ab 1925 schrieb, aber auch in der Zusammenarbeit mit Marcel Mauss, dessen Schüler er wurde. Die Faszination für die Dichtung greift in die wissenschaftlichen Überlegungen ein, Leiris entwickelte sich zu einem *ethnographe-poète*, vergleichbar seinem Freund Alfred Metraux.

Bei Michel Leiris läßt sich von einer Integration der Ethnographie als Wissenschaft in den literarischen Diskurs sprechen. Er verehrte Chateaubriand, als dieser noch zu Lebzeiten *les Mémoires d'outre-tombe* verlegt hatte; in seinen späteren Jahren schätzte er den französischen Schriftsteller Louis-Rêne des Forêts als einen herausragenden Protagonisten.

Michel Leiris erfährt die Kulturen in einer großen Plastizität, selbst dann, wenn er von der unbekannten Qualität des Zar spricht, jenen Besessenheitsriten bei den Amhara Äthiopiens, die tief in die Alltagskultur hereinreichen. Die Pluralität der Kulturen in der menschlichen Evolution ist das entscheidende Merkmal der Geschichte für Leiris. Er hatte darüber lange Aussprachen mit Leopold Senghor, gerade über die Relativität des Begriffs des Fremden, der bis auf Herodot zurückgeht, und für den die Ägypter *melanoi*, Schwarze also, waren, die eine minderwertige Bedeutung hatten.

»Indem ich Schriftsteller wurde, habe ich mich für eine bestimmte Darstellung der Welt, oder vielmehr für eine besondere Art entschieden, sie darzustellen (sie durch einen Raster zu lesen, das mehr freilegt, als die rationalen Raster). ... Auch als ich Ethnograph wurde, habe ich einen Beruf gewählt, der mich weniger als Wissenschaftler, sondern weit stärker als ein Mittel gereizt hatte, lebendige Wirklichkeiten zu berühren und der schließlich zum Hilfsmittel des ersten Berufes geworden ist, indem er meine Beobachtungen schärfte und mir dabei half, meine Anschauungen zu erweitern und gleichzeitig menschlicher zu machen.« (*Fibrillen*, S. 404)

Michel Leiris war früh beeinflußt von den wundersamen *Impressions d'Afrique* von Raymond Roussel. »Als ich noch sehr jung, und seit knapp anderthalb

Jahren verheiratet, nach Ägypten aufbrach, war das eine – wenn man sagen kann – Flucht im Reinzustand....« Das Reisen versteht Leiris als »Pflaster für entwurzelte Menschen oder für solche, die bei sich selbst sind, wenn sie fern von sich selbst sind.« (*Fibrillen*, S. 380)

Es wird deutlich, daß im Lebenswerk von Michel Leiris der Versuch gemacht wird, die poetische Dimension der Sprache auszuloten. Leiris unterscheidet zwischen den Bedürfnissen und den Leidenschaften im Leben, denen er den Geometer und den Dichter zuordnet. Im »Mannesalter« und in der »Literatur als Spiegel der Tauromachie«, sagt Leiris, daß er immer das Bedürfnis zum Bekenntnis gehabt habe, das im Verlaufe der Jahre zur Manie wurde. Über viele Jahre durchlief er eine Psychoanalyse bei Adrien Borel, der auch der Analytiker von Georges Bataille war, ja, es war Bataille, der Leiris zu ihm brachte. Bataille hoffte, daß diese Psychoanalyse eine Art Katharsis für Leiris werden könnte; vor allem Batailles erstes Buch *Histoire d'œil* entstand unter dem Eindruck der Analysezeit bei Borel, der dieses Buch gleichsam auslöste.

So ist auch Leiris großes Werk *Die Spielregel* ein Bekenntnis. Michel Leiris sagte selbst, daß die *Spielregel* durch die Psychoanalyse bestimmt war, die er als Mensch durchlebte, wie auch durch die Ethnographie. Er verstand sich als Objekt der Ethnographie. Der wesentliche ethnographische Einfluß kommt aus der Arbeitsweise, die literarischen Charakter hatte, da Leiris seine Gedanken ordnete; die Träume, die Alltagserfahrungen, Der Einfluß von Raymond Roussel spricht auch aus seiner Schrift *Comment j'ai écrit certains des mes livres*, wo er auf die Bedeutung der Wortspiele einging, die er bis zur Neige ausschöpfte. Es ging Michel Leiris in versteckter Form um eine Psychopathologie des alltäglichen Lebens, auch um den Versuch, scheinbar unbedeutenden Tatsachen Signifikanz einzuräumen, ein ethnographischer Entwurf insoweit, als er beobachtete, was als fremd eingestuft werden konnte. Man kann davon sprechen, daß die ethnographische Berufung auf einer grundlegenden Sympathie für das Andere beruhte, das Andere im individuellen Feld, mit Blick auf die Ethnie einer anderen Person. Die Ethnographie erscheint weniger als ein Mittel der Kenntnis des Anderen, als vielmehr als Mittel des Kontaktes mit dem Anderen. Leiris äußert freimütig, was ihn an der Reise nach Afrika reizte: Es war weniger die ethnographische Wissenschaft als solche, vielmehr der Kontakt mit Menschen, die sich sehr von ihm unterschieden. Dann freilich merkte er, daß sie tatsächlich nicht so unterschiedlich waren, nicht zuletzt in ihrem poetischen Vermögen. Später übertrug Michel Leiris die ethnographische Methode auf seine Literatur.

Leiris wollte von früher Jugend an Dichter werden, er interessierte sich vor allem für die lyrische Dichtung und blieb deshalb später bei der Ich-Betrachtung, die sich zur Autobiographie weitete, nicht unschwer zu erkennen als eine Anlehnung an Nerval, den Leiris immer bewunderte. Bürgerliches Erfolgsstreben war ihm als Dichter fremd: »Als Helote und zugleich Kontrastfigur zeigte diese hohle Abstraktion mir das was für jeden – selbst den redlichsten Künstler – das Ungeheuer ist, das ihn eines Tages verschlingen kann: ein gewisser Durst nach Erfolg, der sich schon äußern kann, bevor man sich seiner bewußt wird, ein Durst, den er natürlich nie zu stillen vermag (denn Erfolg steigert nur noch die Lust auf mehr Erfolg) und der, ist der Köder einmal geschluckt, sogar den, der in dieser Hinsicht Jahre lang sein Bestes gab, gefährlich leicht in eine Kette unglaublicher Plattheiten verstricken kann.« (*Fibrillen*, S. 166)

Dort liegt die Kernfrage im Werk von Michel Leiris: Wie kommt sich der Mensch am nächsten, pendelt er sich auf seine Mitte ein? Der Mensch bleibt sich selber beweispflichtig. So ist Michel Leiris auf der Suche nach dem Wunderbaren, gerade in der Alltagskultur in der *réalité nue*. Das Sterben wird gedeutet als eine Quelle, die nie versiegt und erfährt hierdurch seine Rechtfertigung. Dies klingt bereits in Leiris Schrift *Simulacre* 1925 an, wo der junge Dichter die Mythen aus dem Ursprung der Worte hervorzaubert. Das Spiel des Lebens bleibt letztlich undurchschaubar, weil unwiederholbar und unerkennbar in seinen Regeln. Einzig das Vergehen der Zeit, das seine letzte Verkörperung im Tod findet, kündet von Beständigkeit. In seinem Leben kannte Michel Leiris kaum unproduktives Leid, er münzte trotz seines Unbehaustseins das Leiden in einen schöpferischen Akt um. Seine genuine Angst rührt aus dem Fehlschlag, den eigenen Mittelpunkt zu finden. Trotzdem ist Leiris von einem Hunger nach Leben, vom Verlangen nach dem restlosen Besitz des Daseins gekennzeichnet, jener Sehnsucht nach Ganzheit, die nicht mit der Wirklichkeit kongruent ist. Nur der Tod vermag die Widersprüche seiner Existenz aufzuheben, der Selbstmord wird in der Melancholie des Alltäglichen zum einzigen Ausweg, den er einmal in seinem Leben beschritt: »Der tiefere Sinn des Selbstmordes ist: gleichzeitig Selbst und ein Anderer zu sein, männlich und weiblich, Subjekt und Objekt, das, was getötet wird, und das, was tötet – die einzige Kommunion mit sich selbst« (*Mannesalter*).

Die Nichtigkeit des Daseins bei Sinn, Zweck und Inhalt kommt in der *Spielregel* zum Ausdruck, die durchherrscht ist von Todesfurcht, von einem selbstgewählten, letzten Verstummen, etwa auch in seinem Spätwerk *Das Band am Hals der Olympia*. Zum Ausdruck des Schaffens wird die Vergeblichkeit, als Lebensmetapher, die den Tod nicht übertüncht, sondern sich kraftvoll zu ihm bekennt.

Leiris vermerkt hierzu selbst, »daß mein Versuch fehlgeschlagen war, der vom ständig präsenten Gedanken an das Nichts erzeugten Stickluft zu entfliehen.« (*Fibrillen*) Dieser Gedanke hat frühe Vorläufer in *Krempel*, wo er sich zum Scheitern seines Lebensentwurfes bekannte: »...daß in meinem Leben wahrhaftig etwas fehlt und das ist die nur allzu wirkliche Leere – die Leere, welche zwischen zwei Stühlen klafft – aus der ich nun herausfinden muß.« Das Scheitern kommt auch in dem Irrglauben zum Ausdruck, man könne durch das Schreiben dem Tode entrinnen; bereits im Frühwerk, in *Aurora* klingt dies an, später, in *Krempel*, verdichtet sich der Gedanke: »Ich lebe nur in der Schrift und versuche jeden Augenblick Sätze zu formulieren, die den fernen Tonfall von letzten Worten haben, als würden meine Finger bereits vom steinernen Handschuh des Todes gepreßt«.

Michel Leiris entdeckte und schrieb oft im Bewußtsein, kein Ergebnis zu finden; er gab sich dem Geheimnis hin, jener Botschaft in der Nicht-Botschaft, versuchte, in der Leere zu finden, im mystischen Reich. So erforschte er das Sakrale bis ans Ende der Nacht auf seinen Streifzügen durch Afrika, blieb aber gezeichnet von einer Demut vor dem Resultat seines Forschens. Er war in all seinem Tun von einer versteckten Scheuheit und Furchtsamkeit geprägt, er hielt Distanz zu den Menschen und Landschaften und war auf seine Weise doch so nah wie selten ein anderer in der Literatur und Ethnologie des 20. Jahrhunderts.

Fanahy Fahendrena

Augenblicke alltäglicher Weisheit in Politik und Kultur

Nachrichten aus Madagaskar

Es geht um die *écriture-monde*; um eine Literatur des Wirklichen, in dem Sinne des Wiederfindens der Welt, wie ihn etwa Victor Segalen verwandte, *retrouver le monde*. Michel Leiris verstärkte diese Sicht mit seinem Wort *désir du monde*. Die Imaginationskraft ist für Marco Polo ebenso unverzichtbar wie für den Zöllner Rousseau, um seine Wälder zu zeichnen, stets auf der Suche nach dem Land, *das man nie erreicht*. Die Welt wie das Leben selbst beginnt dort, wo wir nicht sein können, außer in der Imagination. Dies stand am Beginn meiner Reise nach Madagaskar.

Es ist etwas besonderes, dieser Wunsch, ja dieses Bedürfnis, nach der Rückkehr von einer Reise, von dieser zu berichten. Die Rückkehr in das Land, das man mit Hilfe des Gedächtnisses bereist, wird zum Reisebericht, einer besonderen Ausdrucksform, die an die Ursprünge der menschlichen Erfahrung reicht, nicht zuletzt aus Angst vor dem Vergessen. Es entsteht die Rekonstruktion des Wirklichen; Reisen ist immer auch eine wachsame Form des Ringens mit dem Irrtum. Zugrunde liegt die Vorstellung, daß es anderswo reizvoller ist als hier. André Breton fragte bereits in *Martinique, charmeuse de serpents* nach der Flucht in eine imaginäre Flora. Verlaine spricht von dem Reisenden, der sich auf die Strecke begibt, *qui monte vers cet espoir peut-être fallacieux de quelque chose aboutissant quelque part*[1].

Die weit entfernten Orte zaubern eine Vorstellung des überlegenen Bewußtseins hervor, einem Versprechen gleich, das uns auf das Wesentliche des Lebens zurückwirft. Reisen heißt, den Dingen nahe zu kommen, das Hier und das Dort fallen zusammen, dieser Elan der Präsenz enthüllt den Ort; Reisen heißt mehr als sich deplazieren, dies vollbringt auch der Generalsekretär der Vereinten Nationen; dennoch reist er nicht im eigentlichen Sinne. Bei Saint

1 Paul Verlaine, Nos Ardennes, P. Cailler Editeur, 1948, S. 40

Fig. XXXVIII.
Die Insel Madagascar, sonst S. Lorentz oder Dauphin genanndt.

John Perse dagegen fallen Traum und das Wirkliche zusammen in der magischen Form des Reisens, im Zustand des Aufbruchs. Dieser Aufbruch als schwebende Form bedeutet nicht das Gefühl in Gedanken anzukommen, sondern ist vielmehr in sich eine Art des Seins schlechthin. Nur die Reise bietet und erneuert die Überraschung des Seins. *J'avoue que pour moi ce qui compte, tout ce qui vraiment en vaut la peine, se presente toujours en imagination au bout d'un voyage*, sagt Julien Gracq[1]. Hieraus spricht das Bedürfnis, sich immer wieder neu zu schöpfen im Zustand der Unschuld, die das Morgenlicht wirft. *Le monde est un livre*, versichert Paul Morand, *dont on n'a lu que la première page si l'on n'a pas quitté son pays.* Vielleicht liegt der tiefere Grund darin, daß ein Leben einer Reise gleicht; bereits aus diesem Grund ist eine Reise mehr als reines Vergnügen. Petrarca spricht hier klare Worte: *Le vray motif en estoit la passion que j'avois de voir le monde; estimant avec cet Ancien que nous sommes habitants de toutes les ferres...*[2]

Es geht letztlich darum, dem Leben seine poetischen Umstände abzuringen, durch Entwurzlung, Verfügbarkeit, durch Suche, sei es geistig oder geographisch, um Zugang zu gewinnen, zu Zonen, die uns sonst verborgen bleiben. Sei die Reise groß oder klein ist weniger von Bedeutung, es zählt die geistige Haltung, die jene glückliche Leichtigkeit erzeugt. Das Reisen erzeugt ein Empfinden der Konvivialität, die sich auf die innere Fröhlichkeit ebenso stützt wie auf den Mut. Die Leichtigkeit des Staubes zu besitzen, zugleich seine Beweglichkeit, sich zu zerstreuen in tausend Richtungen. Hierin spielt ein tragendes Element: die Zurückgezogenheit, die sich zur Einsamkeit steigern kann. Auf freiem Meer spürt man seine Ausrichtung, aber auch seine Grenzen, mögen sie weit gesteckt sein. Die Fläche des Ozeans ist abstrakt und wirft unaufhörlich das Bild der Gedanken spiegelbildlich zurück. Man ist Compagnon der Ferne und sich doch so nah, blutsverwandt mit dem Verschieden des menschlich Möglichen zugleich, man leert sich, um sich neu zu füllen, man fühlt sich bei sich in der Schale des Anderen. Ein Land zu beschreiben heißt, es dem Leser vertraut zu machen, gleiche Erinnerungen zu wecken mit dem Anderen, sich aus der Ferne anzunähern. Chateaubriand erkannte bereits die Schwierigkeit: die Reise in Worte zu kleiden, ohne zugleich das Mysterium des bereisten Landes zu schmälern. Und doch bedarf der Mensch jener Stille, die das große Reisen zu vermitteln vermag. *Um sein Leben ertragen zu können*, sagt Vladimir Nabokov, *muß ein Mensch jene Augenblicke der absoluten Leere*

1 Préférences, S. 161
2 Lettre à toute la postérité, in: Poésie, 1928, No. 5, S. 120

kennen. Die Reise verinnerlicht eine seltene philosophische Dimension zugleich: Raum und Zeit. Das Geheimnis der Sicht der Dinge liegt in der Beschreibung einer Reise. Beschreiben heißt, immer weiter voranzuschreiten, stets auf der Suche nach dem anderen Teil der Welt, um die hohen Plätze des Spirituellen zu entziffern, sei es, daß sie in einfachen Steinen liegen, gegen die der Winde ankämpft, oder in wohltuenden Grotten, die Wasser spenden, oder in heilenden Quellen. Das Ziel bleibt das gleiche: sich wiederfinden, wiedergeboren werden; die großen Schriften des Menschen bezeugen das Erlebnis der Reise: die Bibel, die Odyssee, aber auch Don Quichotte und Moby Dick. Bleibt letztlich das Abenteuer des Beschreibens selbst, das jedem Reisenden aufgegeben wird: die richtige Distanz zu finden; rasch spürt man, daß man den Raum, von der man kam, längst verlassen hat.

SONNTAG

Der Tag der Ankunft in Madagaskar. Nachmittag gegen vier Uhr
Besuch des Palastes der Königin

Vom Hotel Colbert kommend windet sich das Taxi einige Kilometer die Serpentinen der Innenstadt von Tananarive hinauf, vorbei am Gallieni Gymnasium und einem griechisch anmutenden Tempel, der wie die potemkinsche Fassade gegen die Sonne gerichtet ist. Der Weg mündet in ein halbmondförmiges Rondell, das den Eingang zu dem Palast der Königin markiert. Ich durchschreite ein Steintor, dessen Steine einer irischen Hauswand in Gallway um nichts nachstehen. Auf der Spitze des aschgrauen Steinbogens ist ein Eisenadler aufgerichtet. Plötzlich tritt hinter dem Bogen ein madagassischer Junge hervor und spricht mich an.

»Ich heiße Eric und bin im Palast für die Führungen zuständig«, sagt er. Er mag 16 Jahre alt sein und betont, er sei am Gymnasium ein guter Schüler der madagassischen Geschichte und verdiene sich auf diese Weise seinen Lebensunterhalt. Eric hat verwitterte Blue Jeans an, die an den Kniekehlen abgeschnitten sind, ausgetretene braune Ledersandalen und ein kurzes buntes Hemdchen, dessen Kragen franst; auf dem Kopf trägt er keck einen von den Jahren durchsiebten Strohhut. Offensichtlich genießt er die Rolle als Fremdenführer. So belehrt Eric gerne, hält zwischendurch inne, streicht über den unregelmäßigen Flaum seines Kinns und stellt Verständnisfragen, wobei er nachhakt und prüft, ob der Gast ihm auch folgt. Eric ist nicht ohne Selbstironie, etwa wenn er bei der Schilderung von Hinrichtungen von Missionaren durch Enthauptung stakkatoartig mit geringschätzig herabhängender Unterlippe zischt: »Quel d'hommage!« Im gleichen Atemzug wird die blutrünstige Königin des 19. Jahrhunderts als *bête méchante* abgekanzelt, nicht ohne dabei selbstbewußt auf die Würde der madagassischen Krone zu verweisen, die in seinen Augen auch durch derartige Unanständigkeiten unangetastet bleibt. Ein schlitzohriges Grinsen begleitet die gezielte Demonstration der rasselnden Säbel und Gewehrkolben im ersten Zimmer des Palastes. Rechts neben dem Eingangstor stehen die ersten königlichen Ahnengräber, eingelassen mit braunem Beschlag und mit einem sattelförmigen Strohdach versehen. Daneben steht aus dunkelrotem Holz und wesentlich größer das Haus der Königin, das heute liebevoll als Museum ausgestattet ist. Der Boden ist mit Ebenholzparkett beschalt, quadratische Platten kreuzen sich mit rautenförmigem, helleren Teakholz. An der Wand winden sich kleine Säulen aus Feigenbaumholz empor. Ähnlich den katholischen Kirchen der Renaissance erzählen buntbestickte Wandteppiche von der Geschichte Madagaskars. Die wenigen Gemälde in schweren Rahmen berichten von der hohen diplomatischen Schule, man erkennt madagassische Botschafter, die Königin Victoria Depeschen überbringen; all dies scheint weniger mit der Staatsraison des Wiener Kongresses als mit der Kabinettspolitik südamerikanischer Republiken des 19. Jahrhunderts zu tun zu haben. In der rechten Ecke des nächsten Raums thront das Prunkstück der Unabhängigkeit: ein Geschenk General de Gaulles an das freie Madagaskar aus dem Jahr 1960, eine mannshohe Vase aus Porzellan, auf der der Namenszug Pablo Picassos eingebrannt ist, Ausdruck der Freiheit für die junge madagassische Republik nach der Unabhängigkeit. Im angrenzenden Zimmer offenbart Eric etwas zögernd ein Geheimnis: »Der Prinz auf dem Gemälde verrät, daß er unter Drogen gestanden hat.« Tatsächlich erkenne ich bei der Abbildung auf dem Gemälde ein zartes Gesicht mit rotunterlaufenen Augen und geplatzten Äderchen. In den angrenzenden Räumen des Palastes steht auch ein Thron aus animistischer Zeit vor dem Hintergrund von Wandbemalungen kriegerischer Art; daneben liegen die Zeugnisse aus einer anderen Epoche, etwa der purpurrote Umhang der Königin oder verschlissene Verträge hinter Glasvitrinen, die Abkommen zwischen England, Frankreich und Madagaskar zeigen. Auf den dazugehörenden Photographien parlieren Botschafter mit ernsten Mienen, Schnurrbärten und Perücken. Eine besondere Attraktion bietet der nächste Raum: den Schreibtisch der Königin. Er ist klein wie ein Kindertischchen, genauso wie der gläserne Schreibtisch des Premierministers aus dem 19. Jahrhundert, der vor einem Fenster steht, von dem aus der freie Blick über die Weite der Hochebene fällt. In die dazugehörenden Stühle sind flache Kammern für

Geheimdokumente eingelassen, die Füße sind durch Ornamente verziert. Die Fensterläden des Palastes sind englischen Vorbildern nachempfunden und aus Teakholz geschnitzt. In der Ecke des Raumes stehen sich im Kreise drehende Spielpuppen, die das Kabinett der Königin verkörpern und ein durchaus surreales Empfinden vermitteln. Die Weltpolitik in Spielzeugformat, darüber hänge Kristalleuchter, englisch verziert, französisch geschwungen, Ausdruck einer langen Koexistenz der Macht im Madagaskar der Kolonialzeit. In einer anderen Ecke sind vor dem Hintergrund von Marionetten, die geköpfte Missionare darstellen, Pistolen aufgereiht. Das Gemälde dieses Zimmers zeigt die Königin, die einem jugendlichen Herrn in die Augen blickt, der zugleich ihr Liebhaber ist. Hinter Glasvitrinen liegen schwere madagassische Orden, eingefaßt in diamantenen Beschlag, daneben, an der Wand, stehen Gold- und Silberbestecke, vor die ein bizarrer türkisfarbener Talisman aus Edelsteinen aufgereiht ist. In der Ecke berichten gekreuzte Schwerter von der madagassischen Geschichte und von den Kämpfen der Volksgruppen untereinander. Auch der angrenzende Raum des ersten Königs der Merina aus dem 18. Jahrhundert, noch vor der Konvertierung der Aristokratie zum Christentum, zeigt eine Feuerstelle mit sakraler Bettanordnung sowie die schmalen Sessel für König und Königin, darüber die Hochbetten, die, nur mit einer schmalen Brücke verbunden, das Königspaar getrennt schlafen ließen. Auf einer kleinen Anhöhe daneben liegen weitere Häuser der Königinnen aus dem 19. Jahrhundert, Ahnenstätten, die mich zum ersten Mal auf diese besondere Tradition madagassischer Kultur aufmerksam machen, eingebettet in Feigenbäume, die Schatten und weiches Licht spenden. Tritt man vor die Steinmauer, die das Gebäude wie eine Zitadelle einrahmt, reicht der Blick weit: im Hintergrund taucht heute die Universität auf, davor liegt der Botanische Garten mit seinen Hibiskusblüten und den sich im Winde wiegenden Palmen.

Madagaskar, das Rätselland, liegt in einem wunderbaren Licht, die Farben sind heftig und wild an diesem ersten Tag des Besuches, Menschen küssen die Reliquie ihrer Ahnen. Die ersten Eindrücke sind intensiv und vielfältig, berühren sie doch grundlegende politische und kulturelle Fragen, die mich in den nächsten Wochen beschäftigen sollten. Ich danke Eric für seine Bereitschaft und Geduld, erreiche den Eisenadler am Portal in den frühen Abendstunden und steige in eines der wartenden Taxis, das mich ins Hotel Colbert zurückbringt.

MONTAG NACHMITTAG
Gegen 17 Uhr

Am Vormittag habe ich mich auf mein Gespräch mit der Dekanin der philosophischen Fakultät der Universität vorbereitet. Ich besuche sie in ihrem Büro in der Universität am Ende des Arbeitstages, um für das Gespräch mehr Zeit zu gewinnen. Jeannine Rambeloson ist eine Dame mittleren Alters, die in eleganter Weise europäisch gekleidet ist, in einem beigen Kostüm. Wir sprechen zunächst von der Unabhängigkeit Madagaskars und von General de Gaulle, an den sie sich noch gut erinnert. Jeannine Rambeloson ist eine große Kennerin der madagassischen Geschichte. Wir sprechen bis in die späten Abendstunden, und sie läßt die Vergangenheit in einer *tour d'horizon* passieren.

»Der Ursprung jeder Kultur reicht in mystische Zeiten zurück«, sagt sie, »im Falle von Madagaskar ist dies besonders deutlich.«

Durch das Fehlen jedweder historischer Zeugnisse, ob nun schriftlicher oder auch verbal überlieferter, ist man gezwungen, auf andere Quellen zurückzugreifen, solche der Geologie, der Paläontologie und der Vorgeschichte. Während der gesamten Vorgeschichte war die Insel unbevölkert, der Mensch taucht in Madagaskar erst mit der Schiffahrt in historischer Zeit auf, wobei das Eisen bereits bekannt war. »Die ethnische Verschiedenheit«, sagt die Dekanin, »ist grundsätzlich die Regel auf der gesamten Insel. Anthropologen, Linguisten und Historiker haben seit langem über die Geheimnisse spekuliert, die den Ursprung Madagaskars und die Ankunft der Bevölkerung auf der Insel umgeben; dies trifft auch auf die Namensgebung selbst zu.«

Jeannine Rambeloson gibt zu erkennen, daß es in der Forschung unbestritten ist, daß die Bevölkerung von Madagaskar durch Schübe von Einwanderern aus der Region von Indonesien begründet wurde, wobei die ersten in den Jahrhunderten vor Christi Geburt kamen. Diese Einwanderer, die eine malaiisch-polynesische Sprache kannten, haben nachfolgend die Immigranten verschiedenen Ursprungs, die in den nächsten Jahrhunderten von Afrika und der arabischen Halbinsel ihren Weg nach Madagaskar fanden, absorbiert. Die frühen Protomadagassen verfügten über Kenntnisse in der Metallurgie, im Pflanzenbau, und in der Zebuviehzucht. Archäologische Evidenz für den Handel mit Ostafrika läßt sich erst für die Zeit zwischen 1000 und 1200 nach Christus festmachen. »Madagaskars geringste Bevölkerungsdichte ist noch heute im Süden und Westen«, sagt Madame Rambeloson. »Es gibt quasi mythische Einwanderungslegenden, die die Aniotary-Ahnen aus Arabien und Madagaskar mitbrachten. Die erste menschliche Besiedlung durch Ostafrikaner und Indonesier begann um 900 nach Christus, vielleicht auch einige Jahrhunderte früher. Die meisten Gebiete waren im 14. Jahrhundert durch dünne Besiedlung gekennzeichnet.«

»Und wie entwickelte sich das Verhältnis zu den angrenzenden Gebieten?« werfe ich ein.

»Etwa seit 1000 nach Christus war Madagaskar mit den Staaten des indischen Ozeans verbunden«, und Jeannine Rambeloson fährt fort: »Dies zeigt sich bei späteren Ausgrabungen von Jully in der Archäologie des Nordostens der Insel. Im traditionellen Madagaskar herrschte der indonesische Typus auf dem Hochland vor und der afrikanische Typus an der Küstenregion.«

»Die terassenartig gestaffelten Reisfelder im Inneren Madagaskars erinneren an Java«, sagt Jeannine Rambeloson mit sicherer Einschätzung. »Die außergewöhnlichen Doppelbestattungen bei den Merina haben Parallelen in Borneo, die Auslegerboote der Vezo sind vergleichbar mit den seetüchtigen Booten bei den Polynesiern im Pazifik. Rätselhaft bleibt die frühe Besiedlung. Es ist anzunehmen«, vermutet sie, »daß die Indonesier zu jener Zeit, als sie Madagaskar erreichten, Versorgungsstationen an den Küsten unterhielten, etwa wie Ceylon in Südarabien und Ostafrika. Beweise für diese Berührungen finden sich in allen Staaten des indonesischen Kulturkreises.«

Mir wird deutlich, in welchem Maße der afrikanische Einfluß auf Madagaskar spürbar ist, in der Zebuviehzucht, den Melkritualen, die an die Bantu erinnern. Bestimmte keramische Fertigkeiten und Handwerkskünste sind islamischen Ursprungs oder haben sogar chinesische Traditionen. Ich erkenne erstmals einen Widerspruch, der mich auf der Reise weiterhin begleiten sollte: in Madagaskar vollzieht sich die Einheit auf der Grundlage der Vielheit, dies betrifft die Sprache ebenso wie Flora und Fauna, die vielschichtig sind mit Blick auf die klimatischen Zonen. Mehrere Pflanzen und Tiere sind endemisch. »Die Vielschichtigkeit auf ökologischem Gebiet«, sagt Jeannine Rambeloson, »ermöglichte eine Angleichung jeder neu ankommenden Immigrantengruppe. Schwarze Kulturen aus Ostafrika haben Pflanzen und Tiere auf die Insel gebracht, Araber leisteten wieder andere Beiträge, wie etwa die erste geschriebene Sprache, die Sklaverei, die Beschneidung, das patriarchalische System und eine politische Organisation, die über das Stammeswesen hinausging.«

»Welche Auswirkungen hatten diese Einflüsse auf die politischen Strukturen?« frage ich.

»Die Araber«, sagt die Dekanin, »gründeten Königtümer entlang der Küste, heirateten in hochstehende madagassische Familien und hinterließen so Spuren, etwa bei den Antaimoro und den Sakalava. Weiter verdankt die Welt den

Arabern die ersten schriftlichen Dokumente über Madagaskar. Durch interne Wanderungen, Stammesfehden und Heirat erreichte Madagaskar graduell eine gewisse politische und soziale Ordnung. Zu Ende des 18. Jahrhunderte war die Insel ein Mosaik von Königreichen, die alle in loser Form verbunden waren und sich auf Stammesführer mit einer feudalen Hierarchie und einer eingeborenen Aristokratie mit Sklaven stützten.«

»Aber es gibt Beispiele für eine indonesische Präsenz an der ostafrikanischen Küste während des ersten Jahrtausends«, sage ich, »und ebenso die Wahrscheinlichkeit, daß Indonesier diese Küste vor der ersten Kolonisation Madagaskars erreichten.«

»Es scheint heute gewiß", antwortet die Dekanin, »daß Madagaskar zur Zeit von Christi Geburt unbevölkert war, obgleich es so nahe an Afrika liegt. Es ist davon auszugehen, daß in den Jahrhunderten vor Christi Geburt eine Gruppe von Küstenbewohnern Indonesiens einwanderten, die wohl zu dem heutigen Stamm der Maanjan von Zentralborneo zählen, deren Sprache dem Malagasy am nächsten kommt. Diese Gruppierung kannte bereits die Navigation mit dem Kanu und pflegte Handel mit benachbarten Inseln.«

»Wie konnten sie Madagaskar erreichen?« frage ich neugierig.

»Auf der Suche nach neuen Handelswegen reisten sie bis nach Indien und wagten sich weiter westwärts, aber auch Sumatra, die Andamainseln und Ceylon wurden mit eingeschlossen, ebenso die Malediven. Die Reise erstreckte sich jenseits der arabischen See, bis hin zur Küste Afrikas. Auf dem Weg südwärts die Küste entlang stießen sie in ein Land vor, das in dieser Epoche Azania hieß, und dem heutigen Kenya, Somalia und Tanzania entspricht. In Azania fanden die Indonesier ungewöhnlich günstige Umstände vor: ein angenehmes Klima, ein Übermaß an Raum und eine weitverstreute Bevölkerung, der sie ihre Sprache und Kultur aufoktroyieren konnten. Für einige Zeit waren die Siedlungen in Madagaskar nichts anderes als Außenposten größerer indonesischer Siedlungen in Ostafrika und beschränkten sich folglich auf die westliche und nordwestliche Küste Madagaskars.«

»Wie lange hielt dieser Zustand an?« frage ich.

»Um die Mitte des ersten Jahrtausends«, sagt Jeannine Rambeloson, »suchten immer mehr Siedler aus Afrika Schutz in Madagaskar. Die Expansion der Bantu sprechenden Schwarzen im westlichen Kongo drängte die Siedler immer stärker in Richtung Küste. Es gibt keine historischen Nachweis für die Anwesenheit von Indonesiern nach dem 12. Jahrhundert in Ostafrika. Zur Zeit des Endes des ersten Jahrtausends waren die Küsten und gewisse Teile Madagaskars von einer vergleichsweise homogenen Gruppe dünn besiedelt. Es waren die Ahnen der Madagassen von heute, ethnisch eine Mischung aus Indonesiern und Afrikanern, wenngleich in dieser Epoche das indonesische Element vorherrschte.« »Seefahrer aus dem Mittelmeerraum hätten mit wenig Glück Madagaskar vor den Indonesiern erreichen können«, werfe ich ein und erinnere an Herodot, der davon spricht, daß bereits im Jahre 600 vor Christus der ägyptische Pharao Necho eine phönizische Expedition zum Roten Meer entsandte mit der Maßgabe, Afrika zu umfahren.

»Ja«, antwortet Jeannine Rambeloson, »drei Jahre später kehrten sie durch die Straße von Gibraltar zurück und hatten offensichtlich ihren Auftrag ausgeführt. Sie müssen also wenige Kilometer von Madagaskar an der Küste vor Mozambique vorbeigesegelt sein. Drei, vier Jahrhunderte später kamen griechische Schiffe durch das Rote Meer an die ostafrikanische Küste, um nach Elfenbein zu suchen«, ergänzt Madame Rambeloson.

»Die islamischen Gemeinden heute sind oft von komorischem oder pakistanischem Ursprung; außerdem sind sie manchmal auch ismailitisch.«

»Und die Sprache«, frage ich nach, »sie scheint doch sehr vielschichtig zu sein?«

»Gewiß, das Malagasy gliedert sich in verschiedene Dialekte, die alle, wie auch das Indonesische, das Malaiische und die Maorisprache, zur austronesischen Sprachfamilie gerechnet werden. Hierbei ist offenkundig, daß eine islamisierte Ethnie an der Südostküste mehr Worte der arabischen Umgangssprache kennt, als die Merinakultur mit indonesischer Tradition. Etwa ab 1500 nach Christus wurde dank der arabischen Einwanderungen die arabische Schrift an der Südostküste gebräuchlich. Diese Schrift ermöglichte es den Ethnien an der Südostküste, ihre Geschichte und ihre Literatur aufzuschreiben. So wurde dieser Teil der Insel zur reichsten Quelle für Legenden und Märchen. Drei Jahrhunderte später, im Jahre 1820, führte der Merinakönig, der Madagaskar zu zwei Dritteln beherrschte, die lateinischen Schriftzeichen ein.« »Ja«, ergänze ich und besinne mich meiner historischen Kenntnisse, »die frühen Siedler des Mittelalters waren die Analaotra und die Iharanier, die aus Ausgrabungen bekannt sind, vor allem in Vohemar an der Nordküste.«

»Die Analaotra waren Händler von den Komoren«, bestätigt Jeannine Rambeloeon, »eine gemischte Bevölkerung aus Arabern, Madagassen und Afrikanern, die immer noch einen Dialekt des Kiswahili sprachen, der arabische und madagassische Worte enthielt.« Als die ersten portugiesischen Entdecker die Nordküste besuchen, sind diese Siedlungen immer noch lebendig. So zerstört etwa Tristao da Cunha 1506 Nosy Manja. Später werden die arabischen Einwanderer durch madagassische Stämme absorbiert, wie etwa die

Antaimoro oder die Zafiramina. Die Stellungnahmen vieler mittelalterlicher arabischer Schriftsteller, etwa Masudi, Edrisi und die Chroniken von Kiloa erzählen von der arabischen Besiedlung, auch an der Westküste, wo die Sakalava – selbst Halbnomaden – die Araber nicht völlig akkulturierten. Im Madagassischen werden noch heute die Namen der Wochentage auf arabische Wurzeln zurückgeführt, auch das madagassische Wort für Musik, *mozika*, kommt vom arabischen *musiqa*.

»Freilich lassen sich diese Einflüsse nicht auf die Religion erweitern«, bekräftigt die Dekanin zwischendurch. »Die Madagassen waren im Vergleich zu der Geschwindigkeit, mit der die christlichen Religionen übernommen wurden, wenig an der islamischen Religion interessiert. Das Ausmaß afrikanischen Einflusses war in Madagaskar weniger leicht zu bestimmen als bei anderen Religionen, vor allem mit Blick auf den Import von Sklaven, der bis zur französischen Kolonialisierung weiterhin expandierte. Ob es jemals eine nennenswerte Einwanderung von Afrika nach Madagaskar gab, ist zweifelhaft.«

»Aber in der Kultur gibt es doch afrikanische Merkmale«, entgegne ich, »der Viehkult als Zeichen des Reichtums etwa hat afrikanische Wurzeln, einige Bekleidungsformen, die *toga*, oder in der Pflanzenwelt, die Akanjo-Pflanze, wurden von Indonesien und Afrika zugleich eingeführt.«

»Das ist sicher richtig«, antwortet Jeannine Rambeloson, »aber bitte bedenken Sie, daß Madagaskar keine alten Methoden des Ackerbaus kannte, es aber keine paläolithischen oder neolithischen Spuren der Zivilisation auf Madagaskar gibt, und es scheint so, als wurde vor der Einführung des Reis aus Indonesien auch kein Getreide angebaut.« Jeannine Rambeloson zeigt mir einige ihrer schriftlichen Vorlesungen, die sie über dieses Thema hielt. Sie sind sehr aufschlußreich, weil sie ohne akademische Schnörkel auf konkrete Beispiele aufmerksam machen. Aus Afrika ist als älteste Sorte die Bambara-Nuss bekannt (*Voanzzeia subterrana*), ebenso die Banane (*Musa sapientium*). Die Bohne (*Phaseolus spp.*) kannte man aus Indien und Indonesien. Die Balance zwischen Getreide- und Ackerbautechniken ist eher asiatischen als afrikanischen Ursprungs. Die arabischen Seefahrer kannten Madagaskar als *Komr* oder *Bouki*. Der Name, den ihm die frühen indonesischen Siedler gaben, ist unbekannt, aber die ersten Europäer erinnern sich nicht, daß die Madagassen den Begriff *Madagaskar* verwendeten hätten, sondern von *ny anivon ny riaka* sprachen, was bedeutet: *in der Mitte des Wassers*. Aus den Vorlesungen geht hervor, daß Madagaskar in der jüngeren Geschichte mehr geologische Verbindungen mit Indien und Australien hat als mit Afrika. Geographisch freilich hat es mehr Gemeinsamkeiten mit Afrika. Die Trennung von Afrika vollzog sich für

Madagaskar vor etwa 70 Millionen Jahren; seitdem ist die Insel unabhängig, sieht man von der Möglichkeit einer Landbrücke vor etwa 60 und 50 Millionen Jahre ab, die sich bei den Komoren über den Kanal von Mozambique hätte erstrecken können. Seit gut 40 Millionen Jahren ist Madagaskar vom Rest der Welt durch das Meer abgeschnitten und konnte so bis in die Gegenwart eine Ökologie entwickeln, die in anderen Teilen der Welt bereits zerstört ist. Bereits Sindbad der Seefahrer berichtet von exotischen Tierarten.

»Und wie steht es mit der ethnischen Vielfalt im Madagaskar der Gegenwart?« werfe ich ein.

»Die Existenz isolierter Kultur – und Sprachverbindungen«, antwortet Jeannine Rambeloson, »führte zu der Annahme, daß auch Juden, Perser und Inder, ja selbst Chinesen zugewandert sind. Man kann in frühen Zeiten den Kontakt mit diesen Kulturen nicht ausschließen. Im 15. Jahrhundert etwa segelte eine chinesische Flotte unter dem berühmten Admiral Cheng Ho im westlichen Indischen Ozean bis zum Roten Meer und nach Mogadischu; sie erreichte sehr wahrscheinlich auch Madagaskar. Die entscheidende Einwanderung erfolgte aber im 20. Jahrhundert und führte zu einer unmittelbaren Vermischung mit den Madagassen. Auf der Insel Saint Marie, die Sie ja bereisen werden und die damals den Namen Nosy Ibrahim trug, gab es kleine Gruppen. Sie nannten sich Zafy-Ibrahim, besannen sich also auf ihre Abstammung von Ibrahim oder Abraham und behaupteten von sich, Juden zu sein. Dennoch hat keine dieser Gruppen aus dem Mittelalter in heutiger Zeit einen tragenden Einfluß erreicht. Die ersten der *neuen* Immigranten waren arabische Händler, wobei der Begriff *arabisch* verschiedene Gruppierungen arabischen Ursprungs abdeckte. Diese Araber waren als *Antalaotra*, als Völker jenseits der See bekannt. Heute sind die Moslems durch die Immigration aus Pakistan und den Komoren vor allem im Nordwesten der Insel vertreten; eine frühe arabische Siedlung bestand aber auch in Iharana, dem heutigen Vohemar. Dieser Ort war bei den Seefahrern gut bekannt und diente im westlichen Indischen Ozean als Außenposten für Einwanderer nach Madagaskar.

Eine solche Gruppe war etwa die Zafi-Raminia, die Nachfahren der Ramini, die wahrscheinlich im 14. Jahrhundert nach Madagaskar gekommen sind. Nach ihren Schilderungen kamen sie von Imaka, also von Mecca, und waren Nachkommen von Mohammeds Onkel.«

»Wie war die politische Struktur auf Madagaskar zu dieser Epoche?« füge ich fragend an.

»Zu diesem Zeitpunkt waren die Madagassen immer noch in kleine Clans zersplittert, es gab keinen Druck in Richtung auf eine höhere Form der politischen Organisation«, entgegnet die Dekanin. »Dennoch waren langfristig wichtige Entwicklungen bereits auf dem Weg, die in den darauffolgenden Jahrhunderten zur Errichtung von Königtümern führen sollte; zwei davon spielten später eine tragende Rolle: die Sakalava im 17. und 18. Jahrhundert und die Merina im 19. Jahrhundert. Noch für Jahrhunderte sollten Europäer keinen vergleichbaren Einfluß auf der Insel haben.«

An dieser Stelle des Gesprächs bin ich neugierig, wie sich die europäische Eroberung Madagaskars schließlich vollzog. Madame Rambeloson legt eine kurze Unterbrechung ein, geht auf die andere Seite des Schreibtisches und zündet sich eine Zigarette an.

»Der Beginn der europäischen Kenntnisnahme und Erschließung«, sagt sie, »war eher nebulös. Die geographischen Karten im zweiten Jahrhundert nach Christus erwähnen eine Insel namens Menouthias, die in einigen Quellen als Madagaskar aufgeführt wird. Es ist wohl eher davon auszugehen, daß hier Sansibar oder Pemba gemeint sind. Das moslemische Reich verweigerte den Europäern erfolgreich den Zugang zum Indischen Ozean, nachdem der Islam im 7. Jahrhundert die Oberherrschaft errang. 1487 umrundete Bartholomeu Dias mit zwei kleinen 50-Tonnen-Schiffen das Kap, bevor seine Mannschaft aus Angst vor Versorgungsschwierigkeiten ihn zur Umkehr zwang. Elf Jahre später führte Vasco da Gama die erste Flotte nach Indien. Er muß gewußt haben, daß gegenüber Mozambique eine große Insel lag, die den Arabern als die *Insel des Mondes* bekannt war. 1499 verließ eine zweite Flotte Portugal, um nach Indien zu segeln. Das fünfte Schiff der Flotte, gesteuert von Diego Diaz, wurde durch einen Sturm an Land getrieben. Am 10. August glaubte er zunächst, in Mozambique gestrandet zu sein, merkte aber an der Tatsache, daß die Landmasse in ein Kap mündete, daß er auf einer Insel gelandet war, die er San Lourenco nannte, entsprechend dem Heiligennamen dieses Tages der Inselentdeckung. Als die Nachrichten durch die restliche Flotte nach Portugal drangen, wurde angenommen, daß diese Insel Madagaskar war, wie sie schon von Marco Polo beschrieben wurde, und die bereits 1502 auf einer portugisischen Karte unter gleichem Namen auftauchte. Tatsächlich setzte sich der Name erst im 17. Jahrhundert durch. Die frühen Reisen nach Indien überzeugten die Portugiesen, daß sie, um den Gewürzhandel im Indischen Ozean kontrollieren zu können, die arabischen Mitstreiter ausschalten müßten. So griffen 1506 Tristan da Cunha und 1507 Alfonso d'Albuquerque arabische Siedlungen auf Madagaskar an der Nordwestküste an.«

»Was erwarteten sich die Portugiesen von ihrem Eindringen auf Madagaskar?« frage ich.

»Es gab von der ersten Stunde an wenige Anzeichen für heimische Gold- und Silberfunde«, antwortet die Dekanin. »Der Gedanke, Madagaskar als ständigen Außenposten zu führen, wurde rasch aufgegeben zugunsten einer portugiesischen Besiedlung des afrikanischen Festlandes. Den frühen portugiesischen Seefahrern folgten französische aus Dieppe. Das erste englische Schiff erschien nicht vor 1580 im Indischen Ozean. Es war Francis Drakes berühmte Golden Hint auf ihrer bemerkenswerten Umseglung. Später sollte sich dies ändern. Eine Stippvisite auf den Komoren oder auf Madagaskar war in den folgenden Jahrhunderten für britische Schiffe zur Gewohnheit geworden, bis England dann während der napoleonischen Kriege Cape Colony und Mauritius in seinen Machtbereich einbezog.«

»Und was geschah zur gleichen Zeit in Madagaskar selbst?« frage ich weiter.

»Zur Mitte des 17. Jahrhunderts entstand das militärische Imperium der Sakalava, das auf Madagaskar für über zwei Jahrhunderte die mächtigste Kraft bleiben sollte. Seine Herrscher entstammten der Maroserana-Dynastie, die in Südwest-Madagaskar zur Mitte des 16. Jahrhunderts führend war. Der Prinz Andriamisara machte sich um 1650 stark, bis er von seinem Sohn Andriandahifotsy abgelöst wurde. Dieser eroberte in kurzer Zeit einen weiten Landstrich nördlich des Flusses Fiherenana, das als das Menabe-Königreich der Sakalava bekannt wurde. Um 1660 war sein Ruf bereits so gefestigt, daß er ihm bis zum französischen Fort Dauphin, einer Siedlung auf der anderen Seite der Insel, vorrauseilte. Französische Händler kauften Vieh von Lahifotsy, der über eine Armee von 12.000 Kriegern und einen Viehbestand von etwa 130.000 Stück verfügte. Die französischen Siedlungen im Südosten der Insel waren von dauerhafter Natur. 1642 garantierte Richelieu einer *Société Française de l'Orient* den Monopolstatus, die daraufhin eine Siedlung gründete.«

»Wurde daraus eine feste Siedlung?« frage ich.

»Ja, kurz darauf entstand Fort Dauphin«, antwortet Jeannine Rambeloson. »Die indigene Bevölkerung von Fort Dauphin, die Antanosy, hatten bereits Erfahrung im Umgang mit den Europäern; einige waren selbst hellhäutige Nachfahren von schiffbrüchigen portugiesischen Seefahrern. Der Anführer, Dian Ramaka, sprach fließend portugiesisch, da er als Kind drei Jahre in Goa verbracht hatte und ein getaufter Christ war. Die neue Kolonie begann mit großen Hoffnungen. Handelsbeziehungen mit den Antanosy wurden an verschiedenen Punkten der Ostküste geknüpft. Forschungsreisen wurden in das Territorium der Antandroy, der Mahafaly, der Masikoro und der Bara durchgeführt; mit tausenden von Rindern kehrte man zurück. Im Dezember 1648 kam Etienne de Flacourt mit 46 neuen Siedlern und zwei Missionaren in Fort

Dauphin an. Das nächste Jahrhundert kannte kaum nennenswerte europäische Versuche, Madagaskar zu kolonisieren. Die Kontakte wurden fortgesetzt, als Schiffe verschiedener Nationalität, vor allem englische, auf ihrem Weg nach Indien und *East Indies* in Madagaskar festmachten.«

»Kamen nicht hierbei die Piraten ins Spiel?« werfe ich fragend ein.

»Ja«, antwortet die Dekanin, »zum Ende des 17. und zu Beginn des 18. Jahrhunderts wurde Madagaskar immer stärker das Kraftfeld von Piraten; ein historischer Umstand, der weniger bekannt ist als die Piraterie der Karibik, dennoch nicht weniger wirkungslos war. Die Angriffe auf die Schiffe der East Indian Company wurden zur Legende. Die *General History of the Robberies and Murders of the most notorious Pyrates* von Captain Charles Johnson, einem der vielen Pseudonyme des unermüdlichen Daniel Defoe, spricht Bände. Hierin erwähnt wird auch eine frühe utopisch-kommunistische Piratenrepublik mit Namen Libertalia, die in der Bucht von Diego Suarez durch den französischen Adligen Misson und den italienischen Priester Carracioli ins Leben gerufen werden sollte, gegründet auf einer demokratisch-repräsentativen Regierung, auf Gewinnausschüttung zu gleichen Teilen, Gleichheit der Rassen und Abschaffung der Sklaverei. Verschwiegen wird gerne, daß sie sich – weniger demokratisch – auch durch Mord und Überfälle auf die Nachbarstämme finanzieren sollte.«

»Ab 1870 haben wir dank Alfred Grandidier Kenntnis von der Struktur der Insel, vom Plateau zwischen 800 und 1400 Meter, der Innenzone, der Ostküste mit Lagunen und Dünen und einer Westküste mit den Flüssen, die für die Schiffahrt brauchbar sind«, ergänze ich die Ausführungen.

Jeannine Rambeloson antwortet mir, indem sie zur Geschichte zurückkehrt. »1508 beauftragte der König von Portugal, Lopez de Sequeira, die Insel auszukundschaften. Zu Ende des 16. Jahrhunderts begannen die Holländer auf der Route nach Indonesien die Häfen von Madagaskar anzulaufen, vor allem die Ostküste. 1595 hielt sich Admiral Cornelius de Houtman auf der Insel St. Marie auf. Um 1600 liefen englische Schiffe Saint Marie an, 1636 entschied sich König Karl I., eine Expedition nach Madagaskar zu unternehmen, und beauftragte damit Thomas Herbert. 1640 schrieb Walter Hamond, die Madagassen seien das glücklichste Volk der Erde, worin eine verklärte Sicht des *Guten Wilden* zum Ausdruck kam. Auch die Franzosen standen nicht nach.

Die Brüder Parmentier hatten bereits auf dem Weg nach Sumatra an der Ostküste festgemacht. Eine Karte von Guillaume le Testu von 1555 vermittelt eine gute Übersicht über die Lage Madagaskars. Zu Beginn des Jahres 1642 erhielt der Kapitän Rigault von Kardinal Richelieu das Privileg der Besiedlung

Madagaskars sowie für den Handel auf zehn Jahre und gründete daraufhin die bereits erwähnte *Compagnie des Indes orientales.* 1648 kam Etienne de Flacourt, der einen großen Einfluß auf die Besiedlung Madagaskars haben sollte. 1658 veröffentlichte er seine *Histoire de la Grande Île de Madagascar*, die noch heute als Quelle benutzt wird.«

»Wie war die Entwicklung innerhalb Madagaskars in dieser ersten Zeit der europäischen Besiedlung?« frage ich.

»In der Periode von 1500 bis 1810«, antwortet Jeannine Rambeloson, »entstand in Madagaskar eine neue politische Ordnung: die der Königreiche, die sich über die primitiven madagassischen Stämme legte, indem sie diese zusammengruppierte, vereinte und hierarchisch gliederte. Es entstand in der indigenen Bevölkerung eine neue Idee des Staates: der königliche Stamm, der allen anderen aufgezwungen wurde, und der sie auf feudale Weise regierte. Die Könige erhielten ein neues religiös-magisches Prestige, eine neue Adelsschicht entstand. Dieses System der Politik der Königtümer erstreckte sich fast über die ganze Insel, mit wenigen Ausnahmen. Die Tsimihety und die Sahafatra haben ihre Stammesstruktur bewahrt. Dennoch war die Periode von 1500 bis 1810 ein wesentlicher Schritt auf dem Weg zur Einheit Madagaskars, auch wenn die Königtümer zunächst meist parzelliert waren. So hatte das Königreich Antesaka ursprünglich einen Sakalavaprinzen aus der Dynastie der Maroserana mit Namen Andriamandresi. Oder etwa das Land Masikoro, das im 17. Jahrhundert die gesamte Region nördlich von Androy einschloß. Der König Andrioambaloalina aus der Dynastie Zafindravola zum Beispiel beherrschte auch das Land Mahafali. Unsicher war man auch hinsichtlich der Ursprünge der Maroserana, den Begründern der Sakalava Dynastie.«

»Welche Besonderheiten kennzeichneten sie?« frage ich.

»Die Eroberung der Sakalava von etwa einem Drittel Madagaskars ist der erste Versuch einer Organisation auf breiter Ebene, den die Insel erlebte. Dies erklärte sich aus dem Prestige der Könige, den Glauben an ihre magische Kraft, den Kult der alten Könige und die kluge Aufteilung der eroberten Stämme. Der König erschien als sakrale Kraft; er wurde von der königlichen Familie unterhalb der Stammesführer gewählt. Es gab einen dynastischen Kult, eine absolute Monarchie mit sakralem Charakter. Besonders deutlich trat das später auch bei den Merinakönigen zum Ausdruck. Die Lebensgrundlagen bestanden aus dem Reisanbau, dem Fischfang, der Jagd und der Aufzucht des Zeburindes. In einigen Gegenden wurden Silber, Gold und Kupfer abgebaut, vor allem aber für metallurgische Zwecke Eisenerz gefördert«.

An dieser Stelle unterbreche ich die Dekanin: »Bei den Sakalava oder den

Vezo, sowie den im Süden ansässigen Antaisaka und Antandroy lassen sich kulturelle Affinitäten zu Ostafrika nachweisen, etwa in der Rinderzucht oder im Ahnenkult.« »Das ist richtig«, antwortete die Dekanin. »Man muß das afrikanisch-negride, das indonesische sowie das indonesisch-negride Element unterscheiden. An einem Ort herrschte das eine vor, anderswo wiederum ein anderes, doch keines der drei Elemente fehlt irgendwo grundsätzlich. Eben diese Mischung hat zu einer einmaligen Homogenität geführt, die alle Anthropologen erstaunt. Der Ursprung der Kultur Madagaskars bleibt bis in alle Verästelungen weitgehend ungeklärt.«

»Das 19. Jahrhundert scheint in seiner Entwicklung klarer zu sein«, ergänze ich. »Es sah, mit britischer Hilfe, das Aufkommen eines unabhängigen Königtums, das mit den großen Mächten Europas diplomatische Beziehungen unterhielt.«

»Die Aktivitäten christlicher Missionare«, entgegnet die Dekanin, »waren erheblich –, vorwiegend britischer, aber auch norwegischer, amerikanischer und französischer. Der erzieherische Einfluß der britischen Missionare war so intensiv, daß man von der Entwicklung einer anglo-madagassischen Zivilisation sprechen kann. Auch der Handel mit Europa und den USA blühte im 19. Jahrhundert; die englischsprachige Welt war in dieser Zeit durch eine Reihe guter Bücher weitgehend über Madagaskar unterrichtet, meist waren sie von Missionaren geschrieben.«

»Und mit der Kolonisation Frankreichs...«, werfe ich mit Blick auf die Zukunft ein.

»Mit der französischen Eroberung 1896 fiel Madagaskar in die *vase clos* einer kolonialisierten Macht zurück; missionarische sowie kommerzielle Kontakte mit nicht-französischsprechenden Staaten wurden drastisch beschnitten. Die Isolation Madagaskars rührte auch aus dem Mangel des Kontakts mit den englischsprachigen Nachbarn des Indischen Ozeans her. Zur Zeit der Unabhängigkeit war Madagaskar außerhalb Frankreichs eine fast vergessene Insel.«

Es ist fast Mitternacht, als ich mich von der Dekanin verabschiede, nicht ohne ihr aufrichtig für den historischen Überblick zu danken, den sie mir zu Beginn meines Aufenthalts in Madagaskar vermittelte. Die Universität macht einen sehr verwahrlosten Eindruck. Beim Herausgehen werfe ich einen Blick auf die auf einem kleinen Tischchen liegenden Zeitschriften aus der Ära Ratsiraka, die über Ereignisse in Afrika und den »Imperialismus« Nordamerikas schreiben, und in denen der amerikanische Staatssekretär Cohen angeprangert wird. Harry Belafonte wird für seinen Einsatz für die afrikanische Unabhängigkeit gewürdigt und bekommt den Mandela-Preis, hierauf folgt ein

Bericht über Südkorea, das angeblich amerikanisch infiltriert ist. Das Madagaskar der Epoche Ratsirakas kennt nur die ausschließliche Anerkennung Nordkoreas. Deutlich wird in dieser Regierungszeitschrift aus den 80er Jahren die Furcht Madagaskars vor einer amerikanischen Invasion als militärische Strafaktion geäußert. Die Volksrepublik Madagaskar bediente sich eines vermeintlich *wissenschaftlichen Sozialismus*, vergleichbar demjenigen Cubas oder Nordkoreas, Staaten, zu denen das Regime Ratsiraka enge Verbindungen unterhielt. Es wird aber auch deutlich, daß entsprechend der Vielfalt historischer, kultureller, ethnischer und politischer Faktoren der Marxismus auf der Welt unterschiedliche Gestalt zu verschiedenen Zeiten und in verschiedenen Kulturen annimmt. Diese Synthese zwischen Richtlinien des Marxismus und den nationalen Wirklichkeiten auf der anderen Seite hat in Madagaskar ihren besonderen Charakter. Am 15. Juni 1975 wurde aus der Republik Madagaskar die demokratische Republik Madagaskar unter dem Regime des neuen Staatsoberhauptes Kapitän Didier Ratsiraka. Die Proklamation der neuen Republik erfolgte nach dem Zusammenbruch des ersten postkolonialen Regimes 1972 unter dem Druck einer Bauernrevolte und städtischer Aufstände. Auf die Mai-Revolution von 1972 folgten drei Jahre der Unruhe, in denen abwechselnd zivile und militärische Kräfte sich um eine Regierungskoalition stritten. 1975 waren Benin, Kongo und Somalia die einzigen afrikanischen Länder mit sozialistischen Regimen. Danach nahm die Zahl marxistischer Regime zu; es entwickelte sich die besondere Form des Afromarxismus. In Madagaskar war die Beziehung zwischen Staat und Gesellschaft historisch immer gegensätzlich, so daß staatliche Aktionen, die eine umfassende öffentliche Teilnahme forderten, äußerst problematisch waren.

Das koloniale Regime, das 1896 errichtet wurde, war nicht demokratisch legitimiert, was zu der Rebellion von 1947 führte, die wahrscheinlich 100.000 Tote forderte, und das bei einer damaligen Bevölkerung von ca. 4 Millionen. Als Reaktion auf diese Staatslegitimierungen entwickelte die madagassische politische Kultur die Konzeption der Staatsmacht als Einmischung. Der Ausdruck *Fanjakana* spricht von dieser Macht in all ihren Manifestationen. Die Ereignisse von 1972, die zur Auflösung der ersten Republik führten, waren ein Amalgam aus einem Kollaps des Regimes, einer öffentlichen Erhebung und eines Militärcoups. Die Revolte verlangte die Betonung der Nationalstaatlichkeit Madagaskars. Viele der Beteiligten waren von dem Gedankengut der Mairevolte 1968 in Frankreich beeinflußt.

Bereits 1970 befand sich das damalige Regime unter Tsiranana in der Krise. Die Wirtschaft litt unter der Schließung des Suezkanals 1967, der französischen

Streiks von 1968 und einer Reihe von Zyklonen 1969. Der Versuch, die wirtschaftlichen Probleme durch engere Verbindungen zu Südafrika zu lösen, brachte nur den Widerstand von Taiwan, Südkorea und Südvietnam ein. Als Ratsiraka die Macht ergriff, versprach er, eine Politik, deren Prinzipien auf der sozialistischen Revolution gründeten, durch eine verbesserte Version des *Fokonolona* zu ersetzen. Er verbrüderte sich mit anderen sozialistischen afrikanischen Staaten. Es erfolgten Verstaatlichungen, inklusive der Übernahme französischer Banken, die Schließung der amerikanischen Satellitenstation. Zahlen der Weltbank weisen aus, daß unter dem Tsiranana-Regime öffentliches und privates Investment nach 1972 fast zum Erliegen kam, und Ratsiraka mit seinem sozialistischen Plan für das Jahr 2000 leichtes Spiel hatte. Ratsiraka suchte andere Partner, etwa Libyen und die Sowjetunion. Doch diese Hilfe reichte nicht. Ab 1980 begannen Umschuldungsverhandlungen mit dem IMF sowie eine Annäherung an westliche Staaten, vor allem an Frankreich, den USA und England. Der Staat in Madagaskar war ein wichtiger, aber in keiner Weise exklusiver Fokus von Gemeinschaftsaktivitäten. Die Revolution von 1972 war eklektisch, traditionelle Prinzipien des Marxismus-Leninismus wurden ebenso angewandt wie die chinesische Doktrin des Ackerbaus. Der Schritt zur Unabhängigkeit wurde bereits durch die Machtzunahme General de Gaulles 1958 beschleunigt. Als Autor der Deklaration von Brazzaville 1944 hatte de Gaulle in Afrika ein hohes Maß an Prestige. Seine Politik der Unabhängigkeit nordafrikanicher Staaten wurde in Madagaskar weiterentwickelt. Zwei Jahre nachdem er Präsident von Frankreich wurde, waren fast alle alten Kolonien unabhängig.

Neben der Staatszeitschrift finde ich auch die aktuelle jesuitische Wochenzeitung *Lakroa* vom 15. März 1992. Beim Durchblättern finde ich eine für das Selbstverständnis des gegenwärtigen Madagaskars bezeichnende Stelle. Unter der Rubrik »Weltnachrichten« heißt es lapidar: *Eine Woche ohne nennenswerte Ereignisse, immer die Welt, die durch Haß bestimmt ist, durch den Neid, die Suche nach dem egoistischen Vorteil, eine Welt der leeren Parolen, die ins Lächerliche abgleitet. Eine Welt der leeren Energie, ohne Großzügigkeit, ohne Solidarität, eine Welt des Leidens für die Mehrzahl der Weltbevölkerung, eine Welt, die keinen Sinn mehr gibt zu leben und von sich dennoch glaubt, die Welt bestimmen zu können, eine Welt ohne Mitleid.*

Spät in der Nacht, bei der Rückkehr von der Universität, streicht vor dem Eingang des Hotels Colbert, dem Treffpunkt der inländischen Elite und der ausländischen Geschäftsleute, ein schmächtiger Madagasse vorbei, der sich seinen Lebensunterhalt auf eine besondere Weise verdient: er trägt, zum Verwechseln ähnlich, ein Kostüm des großen Charlie Chaplin: die tellerförmigen Schuhe, die kleine, zu eng geknöpfte schwarze Jacke, die Melone, das Stöckchen –, eine authentische Kopie, auch mit dem verschmitzten Lächeln, mit dem er vor der Cafeteria-Terrasse des Hotels seine Späße treibt, um sich als Dank mit seiner Melone die eine oder andere Münze einzufangen. Geschminkt, Symbol des Aufbegehrens, geht er seinem Handwerk nach und findet kaum Zuschauer, ein Clown im eigentlichen Wortsinne, die Frackhosen aufgestülpt, einen Schnurrbart, gedrechselt wie *The Kid*, alterlos, unwirklich irrlichtert er durch den prasselnden Regen, mit einem zu großen Schirm. Er wird herzlich aufgenommen, die Kellner kennen diesen madagassischen Charlie Chaplin, der über die in den Straßenecken kauernden, in Fetzen gekleideten, hungernden Kinder, hinwegsteigt.

DIENSTAG

Am nächsten Morgen um 7 Uhr Frühstück in der Cafeteria des Hotel Colbert, französische Geschäftsleute treffen sich zu Besprechungen, sind besonders glatt rasiert und parfümiert, daneben wirken ihre einheimischen Geschäftspartner etwas unmodisch, dafür tropischer gekleidet, mit offenem Hemd und breitem Kragen. Die Freudenmädchen des Vorabends sind aus der angrenzenden Bar verschwunden, die Hotelhalle scheint irgendwie menschenarm und leer. Es ist ein klarer, sonniger Tag, der Nachtregen hinterläßt eine angenehme Frische.

Vor der Abreise erledige ich noch die Korrespondenz. Die Post ist von einer besonderen innenarchitektonischen Qualität. Hinter dem Tresen kauert eine ältere Dame, die noch die Zeit der Kolonisation gut gekannt haben muß, und bedient mit der Hand die Drehkurbel eines Telefons aus der Vorkriegszeit. An der Wand leuchtet Art-Deco-Kunst auf, die Gemälde zeigen den Hafen von Marseille zu Beginn des Jahrhunderts, verblichene Farben dringen matt hinter zerbrochenem Glas hervor, das über die Jahrzehnte milchig wurde. Die Dame ist ein ältliches Mädchen, musterhaft gekleidet in verblichenen Seidentüchern, sitzt vor einer mannshohen Wanduhr, die zwölf Uhr Mittags schlägt, obgleich es vier Uhr nachmittags ist; stumm vollziehen die Madagassen das Ritual des Briefeinwurfs, jeder Luftpostbrief wird über Paris expediert, auch die Briefe nach Asien und Amerika, ein Relikt aus kolonialer Zeit. Der Briefschlitz kennt nur zwei Alternativen: *domestique* oder *étranger*, die Welt reduziert sich auf einen Restfleck: Madagaskar.

Heute erfolgt der Aufbruch aus Tananarive zu einer Rundreise über die Insel. Erst auf dem Landweg bis an die Südspitze nach Fort Dauphin, von dort diagonal mit dem Flugzeug in den Norden nach Diego Suarez, dann weiter auf die Inseln Nosy Be im Nordwesten und quer über die Insel nach St. Marie an der Ostseite.

An der Taxi-Brousse-Station muß ich lange auf einen Wagen in Richtung Antsirabe warten. Schließlich fliegen die Vororte von Tananarive vorbei, das Taxi Brousse ist bis auf den letzten Platz besetzt, kaum erreicht der Wagen die Ebene des Hochplateaus, tauchen rechts und links von der Straße kleine rote Lehmhäuser auf zwischen weiten Flächen; sie sind gesäumt von liebenswerten Blumengärten, sorgfältig angelegt, die schmalen Häuser aus roten Backsteinen, hoch gebaut, die Île Rouge verdient ihren Namen. Die aus der Kolonialzeit stammende französische Nationalstraße wird von verblichenen Ortsschildern gesäumt, dazwischen kreuzen Ochsenkarren den Weg. Nach drei Stunden Fahrt erreichen wir Antsirabe, das Vichy Madagaskars und ein alter Kurort aus früher Zeit. Ich quartiere mich im Hotel des Termes ein, oberhalb der Stadt. Die verlorene Pracht der Gründerzeit wird erkennbar, ein Herrschaftssitz und eine Sommerfrische aus dem späten 19. Jahrhundert. Die Fassade ist gut erhalten, über dem Eingang hängt schwer eine schmiedeeisern gefaßte Glasvitrine. Die Innenarchitektur steht in krassem Widerspruch zu der Prunkfassade des Hotels. In den Jahren der Diktatur Ratsirakas haben Ausstatter aus der ehemaligen DDR das Hotel mit nüchternen, funktionalem Mobiliar versehen, strenge Betten grenzen an Nachttische, auf denen einarmige Metallnachttischlampen glasiges, hartes Licht spenden. In der Halle stehen Kunststoffsessel, hinter dem rückwärtigen Portal erstreckt sich eine ungemähte Wiese, in deren Mitte ein Schwimmbecken eingelassen ist, an dessen hellblauen Wänden die Farbe abbröckelt und das mit algengetrübtem Wasser gefüllt ist. Auch der Tennisplatz nebenan ist seit Jahren unbespielt, das Netz hängt tief, die Markierungen sind verwaschen. Abends betrete ich den leeren Speisesaal Belle Epoque, in dem sich ein französischer Herr Ende 60 verliert, dessen Großvater noch 1896, im Jahr der Eröffnung des Hotels, zu Gast war. Er verteilt große Trinkgelder und fühlt sich in Herrenlaune. Vor dem Portal warten die Pousse-Pousse, eine Rarität in Antsirabe, Rikschas, die bunt bemalt sind und von lastgebeugten, schmächtigen Madagassen, die kaum mehr als ein Hemd am Leibe tragen, über die holprige Straße gezogen werden. Das Bild der Bruderschaft der gestürzten Engel kommt mir in den Sinn. Betäubt von ihrem Schicksal ziehen die Madagassen die Holzrikschas am Markt vorbei; im Vorbeifahren erkenne ich das Schild eines Schneiders, auf dem stolz verkündet wird: *1. Haus am Platze, Diplom aus Paris.* Auf der anderen Seite des Marktes knien vier bärtige, vor Schmutz starrende Friseure vor ihren Schemeln, auf Kunden wartend. Im Hintergrund umfängt der Geruch von faulendem Fleisch die schwarzen Köpfe mit weißen Bärten, daneben flickt ein Mechaniker einen vielfach durchlöcherten Fahrradschlauch. Die Thermalbäder des Ortes erinnern kaum noch an die alte Pracht, die warmen Wasser tropfen in einem dünnen Rinnsal über moosigen Stein. Ein dumpfes Gefühl von Wehmut durchherrscht den Ort, das dem Verlorenen, Einmaligen und Unwiederbringbaren nachtrauert. An den Häuserwänden eines verfallenen Hauses der Innenstadt Antsirabes erinnert noch ein verblichenes Metallschild an die *Frères Jacob alimentation*, einen heute verlassenen Laden, neben dem sich ein kleines chinesisches Restaurant eingerichtet hat. Im Osten der Stadt steht majestätisch der alte Bahnhof, der einmal täglich von Tananarive bedient wird. Wie mit dem Zirkel geschlagen, wird er von Blumenbeeten umgeben, die freilich leer sind, gefüllt einzig mit steiniger Erde. In Richtung Westen erstreckt sich eine Allee, die in der Toreinfahrt, dem Portal des Hotel des Thermes mündet. Vor dem Portal wartet eine bunte Gruppe Pousse-Pousse-Fahrer mit ihren Fahrzeugen, die liebevoll mit gelb-roten Kreisen und Trapezen bemalt sind. »Nummer 35! Nehmen Sie Nummer 35!« ruft mir einer entgegen. »Verlangen Sie nach mir! Nach mir!« Ein anderer folgt mir zwei Stunden lang barfuß über den von der Hitze sengenden Asphalt durch alle Winkel der Stadt, obgleich ich ihm immer wieder erkläre, daß ich die Stadt alleine erkunden wolle. Als ich mich bei Einbruch der Dämmerung auf den Rückweg mache, und er immer noch wartet, steige ich in das Pousse-Pousse ein. Er ist zu scheu, um nach einem Preis zu fragen und sagt demutsvoll, man solle ihm geben, was man verantworten könne. Er ist ein älterer Mann, der die Kolonialzeit noch gut gekannt hatte. In seiner Hilflosigkeit, mit den von Staub und spitzen Steinen zerschundenen Füssen, gleicht er einer Kreuzes-Figur. Ich erfuhr später, daß ich ihm das Fünffache als Lohn gegeben hatte, den er für gewöhnlich bei gleicher Strecke verdiente. Am nächsten Morgen werde ich um 4.30 Uhr vom Nachtportier des Hotel des Thermes geweckt, um das Taxi Brousse nach Fianar zu erreichen. Wieder wartet mein Pousse-Pousse Fahrer; er fährt mich durch die noch schlafende Stadt, an der Kathedrale vorbei, vor der reiche Madagassen zwei Rennpferde grasen lassen, unweit entfernt von der Pferderennbahn, ebenfalls ein Relikt der französischen Kolonialherrschaft. Auf dem vorbeigleitenden Markt werden erste Petroleumlampen in der Dunkelheit angezündet, Lichter flackern auf, der Barbier des Vortags beginnt sich auf seinem Schemel einzurichten und wartet, Gott weiß warum, bereits ebenso vergeblich auf Kundschaft, wie zur Mittagsstunde des Vortages. Kurz nach vier Uhr biegt das Pousse-Pousse in den Sammelplatz der Taxi Brousse. In einem Hotely – das sind kleine Holzhütten, die Kaffee und Brot verkaufen – ist bereits Licht von glimmender Kohle, die eine schwangere Frau mit roter Schürze schürt. Plötzlich biegt ein verbeulter 2CV Citroën um die Ecke und parkt im Schlamm neben dem Hotely. Aus dem Fond den Wagens klettern drei katholische Ordensschwestern, zwei Madagassinen und eine weiße Oberschwester. Sie heißt Catherine und stammt aus dem Kloster von Nizza. Seit 22 Jahren lebt sie in Antsirabe und leitet die katholische Mission. Jetzt soll sie nach Europa zurückbeordert werden, was ihr schweres Kopfzerbrechen bereitet; Schwester Catherine hat sich gut in die madagassische Kultur eingelebt.

»Madagaskar«, sagt sie, »war im Grunde immer eine *civilisation robinsonienne*, niemals vermochte es, den Rhythmus der westlichen Zeit einzuholen.« Heute erweist die Regierung der katholischen und protestantischen Kirche sowie der muslimischen Religion, die durch die Komoren und Pakistani mit den Madagassen gemeinsam praktiziert wird, den gleichen Respekt. Respekt für die Religion und Kultur der Anderen hat in Madagaskar eine eigene Tradition, die jedwede Form des Fanatismus von Grund auf ausschließt. Der Synkretismus wird auch in der Musik deutlich. Keine Zeremonie ist ohne Musik, die einen besonders originalen Charakter hat. Ihre Ursprünge sind sicher orientalisch, ebenso wie die Hauptinstrumente, wie etwa die *valiha* oder Gitarre, bei der die Saiten um eine Bambushülle gespannt sind, die Flöte hingegen wurde durch die Araber eingeführt. Das Wort *sobaba* leitet sich von arabisch *subab* ab. »Die madagassische Kultur«, fährt Schwester Catherine fort, »hatte immer eine große Fähigkeit, andere Kulturelemente zu absorbieren, auch westlich-europäische, hier gleicht die madagassische Kultur etwas der Japanischen.«

»Gibt es besondere Traditionen lokalen Selbstverwaltung?« frage ich.

»Bis zu Beginn des 19. Jahrhunderts«, antwortet Schwester Catherine, »war das Zentrum des madagassischen Lebens die Dorfgemeinschaft. Die Angelegenheiten des Dorfes wurden unmittelbar durch das *Fokonolana* geregelt. Dieses Wort beschreibt zugleich die Gemeinschaft der Bewohner des Dorfes und den Organismus, den sie dirigiert, einen Rat, in dem die Alten gehört werden, und dessen Autorität nicht angefochten wird. Die eigentliche Kraft rührt daher, weil das Dorf zugleich auch immer eine Familie ist. Der Älteste des Dorfes ist sowohl Chef als auch Beichtvater, Mittler zwischen den Lebenden und den Toten. Das Dorf ist ein Mittelreich, es beherbergt die Gräber zwischen den Häusern.«

Schwester Catherine erklärt, daß der Clan die grundlegende politische Einheit ist, daß er seine Traditionen hat, sein Territorium, sein kollektives Bewußtsein, seine Götter, seine Vorfahren, seinen Patriarchen. Der König schart um sich eine gewisse Anzahl von Clans, unter denen eine hierarchische Ordnung besteht. Das traditionelle politische System Madagaskars beruht auf diesem Kompromiß zwischen den Clans und den Königreichen. Der König stirbt nicht, er wendet nur den Lebenden den Rücken zu. Der König hat zu Lebzeiten absolute Macht und das Recht über Leben und Tod. Schwester Catherine verabschiedet die beiden anderen Ordensschwestern und läßt sich mit ihrem Wagen in die Missionsstation zurückfahren.

Der Morgen kriecht nur zögernd aus seinem Versteck. Als ich um sechs Uhr noch auf das Taxi warte, steht der Nachthimmel noch immer sternenklar am Firmament. Erst als sich die Schritte anderer Fahrgäste nähern, klärt der Morgen auf, und die Sonne läßt ihre ersten Strahlen auf die Holzhäusern fallen. Vor den Hotelys dampfen erste Kaffeekannen.

Die Fahrt nach Fianar führt an terrassenartig gestaffelten Reisfeldern vorbei, die Höhe der Landschaft hält die Temperaturen angenehm mildem Niveau. Die Straße erinnert nun nicht mehr an eine französische *Route Nationale*; kratergleiche Schlaglöcher lassen das Fahren zu einem Kunststück werden. Bei einem kurzen Zwischenhalt in einem Dorf zeigt mir ein Kaplan die hochgebauten roten Steinhäuser, die der kleinen Gemeinde doch einen Anflug von Urbanität verleihen, ja an eine Festungsmauer mittelalterlicher deutscher Städte erinnern. Oder an die Stadtmauern umbrischer Städte in Italien, in Todi etwa.

Fianar. Die Stadt selbst bietet wenig historischen Anreiz, die Kathedrale steht in einem weitläufigen Rund, auf ihrer linken Seite spielen Kinder Handball vor einer Mauer. In der Sakristei der Kirche sprechen junge Mädchen laut Bibelstellen. Als mich der Pater sieht, hält er inne, tritt vor die Sakristei und begrüßt mich herzlich. Die Mädchen, in dunkelblaue Schuluniformen gekleidet, summen indessen die Verse weiter. Und doch hat Fianar eine Attraktion. Sie heißt schlicht *chez Papillon* und ist ein Restaurant aus der Kolonialzeit mit französischem Koch. Die Auswahl der Speisekarte ist in der Tat beeindrukkend, von Bachforellen mit Kräuterrahmsauce bis hin zu Terrine Lapin sind alle Speise vorhanden, die einem französischen Hause zur Ehre gereichen würden. Und doch befindet sich Fianar inmitten einer Hochebene, die in einer Steppe ausläuft – irgendwie unwirklich wirkt dieses *Papillon*. Die Kellner tragen weiße Uniformen. Abends bedient mich Serge, der ungefähr 70 Jahre alt sein muß. Er kennt das Restaurant seit seiner Öffnung 1959 kurz vor der

Unabhängigkeit. Seitdem ist er dort Kellner, trägt eine dunkelrote Smokingjacke, eine schwarze Fliege, die er in Paris kaufte, worauf er besonders stolz ist. Er vermißt heute noch die französische Kolonialmacht, vor allem die Offiziere der französischen Armee. Sie waren die besten Kunden im *Papillon*, ihre Militärbälle waren Legende, Serge berichtet von knallenden Sektkorken, von schwingenden Tanzbeinen, von eleganten französischen Frauen in Abendkleidern. Serge spricht nicht ohne Wehmut, heute fühlt er sich um die Zeit betrogen, die Unabhängigkeit ging ins Leere, die Versprechen wurden gebrochen, Politik und Militär sind korrupt. Serge trägt heute noch eine dunkelrandige Hornbrille, deren linkes Scharnier mit Hansaplast zusammengehalten wird. Ein französischer Offizier hatte ihm die Brille geschenkt, noch heute ist sie sein ganzer Stolz. Serge bedient täglich, auch Sonntags. Den Präsidenten Ratsiraka hält er für einen politischen Verbrecher. In einem politischen Magazin aus Frankreich hat er gelesen, daß Ratsiraka heute noch der elftreichste Mann der Welt ist. Für Serge ist Ratsiraka ein Potentat, der sein Volk unter dem Deckmantel des Marxismus betrog, ein Relikt des kalten Krieges, ein Couponschneider von tropischem Zuschnitt.

DONNERSTAG MORGEN

Letztes Frühstück bei Papillon vor der Zweitagereise mit dem Autobus nach Fort Dauphin. Kein Taxi Brousse wagt die 800 km lange Strecke, weil die Straße es nicht zuläßt; Lehmpisten ersetzen den Asphalt, sie sind von wellenartigen Sanddünen durchzogen. Das Land öffnet sich nach Fianar, die roten Backsteinhäuser haben jetzt Balkone, die von viereckigen Säulen getragen werden; sie sind aus Holz geschnitzt und zuweilen blau oder grün gestrichen und mit Rabatten von Blumen bestückt.

Die Ortschaften bestechen durch eine bestimmte Geschlossenheit. Die kleine Kathedrale ist zumeist dörfliche Mitte, ebenfalls aus rotem Backstein, ein Chartres im Kleinen, mit einem Brunnen, aus dem kein Wasser mehr rinnt. Dahinter steht eine Galerie aus fächerartig gestutzten Palmen, die den Dorfplatz einfassen.

Einmal hält die Militärpolizei den Bus auf offener Strecke an. Finstere, dem französischen Militär nachempfundene Unteroffiziere mit kakifarbenen Uniformen tragen Kalaschnikows, die sie auf die Reisenden richten. Die Bewaffnung signalisiert Willkür. Sie geben vor, die Papiere des Busfahrers zu kontrollieren, tatsächlich bemächtigen sie sich der letzten Plätze im Bus, verdrängen achtlos die verängstigten Bauern, die ihre Habe mit einigen Säcken und Macheten zusammengebunden haben. Die Soldaten vertreiben die Bauern und machen sich auf deren Sitzen breit, wobei sie die Maschinengewehre demonstrativ auf die Sitze legen. Sie wollen kostenlos bis zur nächsten Ortschaft mitgenommen werden. Die Bevölkerung fürchtet ihre Willkür ebenso wie der Fahrer und läßt sie aufsitzen. Die Strecke wird immer einsamer. Weite, offene Horizonte scheinen, nie enden zu wollen, in weiter Ferne eingesäumt durch die Tafelberge, die sich hintereinander reihen, als bildeten sie einen Ring am Ende des Lichts. Rechts taucht plötzlich ein weiß getünchtes Militärlazarett mit rotem Wellblechdach auf. Die Piste besteht nun endgültig nur noch aus brüchigem Lehm, Schrittgeschwindigkeit ist angesagt. Zuweilen liegen links und rechts am Straßenrand einige rötliche Lehmhütten mit Strohdächern, vor denen Frauen Getreide stampfen. Kinder laufen dem Bus entgegen und werfen Kieselsteine. Auf offener Strecke muß der Fahrer immer wieder wild streunenden Zebus ausweichen, die den Weg kreuzen und beim Aufheulen des Signalhorns in alle Himmelsrichtungen auseinanderstieben. Langsam wird das Licht schwächer und der Abend bricht an. Im Hintergrund jagen sich immer dunkler werdende, kaskadenhaft gestaffelte Wolken. Am Ende des Horizonts bricht sich das Licht hinter dem Indischen Ozean; Gewitterwolken überschatten den Abend, flink fallen im Gegenlicht Regenstreifen zu Boden, die das Gras glitzernd aufleuchten lassen. Madagaskar, das abseitige Heiligtum, in die sich die Natur zurückzog, um darin nach Vorbildern zu arbeiten, deren sie sich anderswo nicht bedient. Madagaskar, die Insel der Lemuren, jener sonderbaren, zwischen Nagern und Affen stehenden Halbaffen. In erstaunlicher Fülle bevölkern ihre Herden die dichten Urwälder: es sind die Makis, Indris, Babakuten, Gespenstertiere, Vierhänder mit fuchsähnlichen Schnauzen, meist langen, seidenhaarigen Schwänzen und schimmernden Fellen. Ein besonders seltsamer Einzeltyp, das Fingertier ist letzter Sproß des Lemurenvolkes, das im Dunkel der Zeit verscholl.

Ihosy ist ein zauberhafter kleiner Marktflecken. Wir erreichen ihn im letzen Tageslicht. Die Häuser liegen weit auseinander, die Architektur wirkt irgendwie großzügig, Raum scheint vorhanden, im Kern liegt die katholische Kirche, kreisförmig angeordnet wie das nebenstehende Gemeindehaus. Dahinter schließt sich, eingebettet in einen speerartig gepflanzten, mannshohen Kakteenwald, das frisch gestrichene Haus des Militärkommandanten an. Der Ort wirkt wie eine breitflächig angelegte Parklandschaft mitten in der Steppe, was durch die roten Lehmpisten unterstrichen wird. Von Ihosy brechen wir noch in der Dunkelheit auf, um gegen Mitternacht Betroka zu erreichen, eine kleine

Ortschaft rund um einen staubigen Steinbrunnen mitten in der Savanne. Der Fahrer ist sehr freundlich und bringt mich zu einem Steinhaus am Rande des Ortes, das ein Zimmer mit einem Feldbett hat. Es ist kahl ausstaffiert mit Zementboden. Ich bin dankbar und schlafe sofort ein. Morgens geht es bei Sonnenaufgang weiter in Richtung Fort Dauphin. Um 5.30 Uhr werde ich geweckt, eine Tasse Kaffee wirkt erfrischend, dazu ein Stück trockenes Brot, um den Magen zu beruhigen. Der Tatabus der Vortages kommt pünktlich um 6 Uhr. *Tata* ist eine indische Marke, die hier mit Mercedesmotoren ausgerüstet sind. Der Bus ist hochbeinig aufgebockt, damit er überhaupt durch die schlaglochübersähte Straße vorwärtskommt. Rechts an der immer trockener werdenden Piste liegen vereinzelt Ahnengräber, eines trägt als aufgepflanztes Symbol ein Propellerflugzeug: Nach vier Stunden hält der Bus mitten in der Savanne, an einer kleinen Station der Welthungerhilfe. Seit acht Monaten herrscht akute Hungersnot mit Todesfällen, da der Regen ausgeblieben ist. Madagaskar kennt die Dürre des Teufels Kochtopf, wo einen der rote Hund überfällt, der tropische Hitzeausschlag. Kein Pflanzenanbau ist möglich, Reis wird aus der Hauptstadt mit Transportfahrzeugen von internationalen Organisationen herbeigeschafft. Bei einem Halt werden Maniokwurzeln in Säcken auf das Dach des Busses geladen, die zunächst von der Erde aufgesammelt werden müssen. Die Maniokwurzeln stellen das gesamte Vermögen mehrerer Familien dar und sollen auf den nächsten Markt gebracht werden. Sechs Stunden später werden die Maniokwurzeln vor der Markthalle eines kleinen Dorfes wieder ausgeladen. Die gesamte erwachsene Dorfbevölkerung hilft dabei mit, die Wurzeln in Säcken aus dem Bus zu hieven und auf Lastwagen zu verladen. Dazwischen stehen bettelnde Kinder, Jungen mit großen, aufgeblasenen Bäuchen und weitaufgerissenen, suchenden Augen. Wieder einige Stunden später passieren wir links am Wegrand stehende Ahnengräber vor einem vor Hitze flirrenden Horizont. In den kleinen Dörfern, die im Laufe des Nachmittags auf dem Weg liegen, stehen auf dem Hauptplatz zumeist zwei Meter hohe Zementabbildungen der Insel Madagaskar als Wahrzeichen, angemalt in den Nationalfarben weiß, grün und rot. Dahinter ist ein Fahnenmast aufgerichtet, Kinder turnen um die Zementinsel und äffen das Militär nach. Die Jungen, zwischen vier und zehn Jahren, scheinen fröhlich zu sein, lächelnde Gesichter auf einem ungesättigten Körper. Sie spielen mit einem aus Tuchfetzen zusammengestückelten Fußball im Rondell. Dazwischen ziehen einige Mädchen in zerschlissenen rot-weiß gestreiften Ringelkleidern ein kleines Holzpferd. Mein Sitznachbar Joseph ist Tierarzt und brachte die weite Strecke von Tananarive bereits seit vier Tagen hinter sich. Er steigt in diesem Ort aus und schließt seine Enkelkinder in die Arme. Dafür steigt ein etwa 75jähriger Madagasse ein, der eine Schürze um sich geschlungen hat, zwischen der die freien Beine hervorschauen. Auf dem Kopf trägt er einen flachrandigen, dunkelgetönten und ausgefransten Strohhut, der leicht in die Stirn gezogen ist und in seiner Haltung der spielerischen Eleganz eines Fred Astaire um nichts nachsteht. Zur Begrüßung tippt er kurz mit dem kleinen Finger an den Hutrand, ohne ihn dabei wesentlich aus der Stirn zu schieben. Ein Meister der Gestik inmitten den Dorfplatzes am Rande der Savanne auf einer großen Insel, im Indischen Ozean.

MITTWOCH

In Fort Dauphin besuche ich Monsieur de Heaulme und seine Frau, die Honorarkonsulin von Frankreich. 1919 kam die Familie de Heaulme nach Madagaskar. Jean de Heaulme wurde 1929 geboren. Die Familie ist in der vierten Generation in Madagaskar. Der Vater war Vizepräsident der konstituierenden Nationalversammlung zwischen 1958 und 1960, votierte für die Unabhängigkeit der Insel. Die Villa der Familie de Heaulme ist aus weiß getünchtem Stein gebaut, tropische Pflanzen wuchern im Garten, Kakteen flankieren die weit geöffneten Tore, es geht ein frischer Wind zwischen den angelehnten Fenstern, Schildkrötenpanzer schmücken die Wände und spiegeln sich in dem blankgeputzten Parkettfußboden. An jedem Türbogen wartet ein Diener. Auf einem hohen Pfahl im Garten flattert die französische Flagge, ein wenig verblichen, aber stolz. Nicht ohne Vergnügen zeigt Jean de Heaulme mir den *Who is Who* Frankreichs, in dem sein Vater als Mitglied der verfassungsgebenden Versammlung geführt wird. Jean de Heaulme liebt Madagaskar ebenso wie seine Frau, die etwas streng wirkt, schmale Lippen hat, ganz das *Vieille France.* Madame de Heaulme ist sehr selbstbewußt, aber auch standesbewußt, und steht doch mit ihrem Hauspersonal auf vertrautem Fuße, zuweilen flackert sogar Herzlichkeit auf, auch hier ist nicht von Klassenbewußtsein die Rede, sondern vom gelebten Synkretismus Madagaskars. Jean d'Heaulme, der große Patron ist von stämmiger, bodenständiger Figur und etwas massigem Gesicht, an der Wand seines Büros hängen zwei Ahnenfotos, zwei Brüder, Nordfranzosen aus der Nähe von Lille, etwas schwere Körper, alte, französische Aristokratie. Heute ist er Herr über die Stadt, anerkannt als Autorität von der gesamten Bevölkerung, wenn er morgens von seiner Villa über die Straße zu seinen Bürogebäuden geht, die schräg gegenüberliegen. Davor parken einige Fahrzeuge japanischen Ursprungs, geputzt und geledert von flinken Madagassen. Man ist reich und man will es zeigen. Das Büro von Monsieur de Heaulme ist großzügig eingerichtet. An den Wänden hängen Schiffsplakate alter französischer Passagierdampfer, die Zeit scheint stehengeblieben, die 30er Jahre des 19. Jahrhunderts scheinen näher zu sein als das Jahr 2000. Auf den Schiffen flanieren elegante Damen, in Seide gekleidet, suchen Schutz vor der Hitze des Suezkanals. *La France est partout.* Auf dem Schreibtisch drei Telefonapparate, von denen keiner funktioniert. Fort Dauphin ist nicht an das internationale Telefonnetz angeschlossen. Trotzdem täuscht Jean de Heaulme, als gutes Vorbild, die Geschäftigkeit eines europäischen Bürobetriebs vor. Das Büro wirkt äußerst aufgeräumt. Von der Decke baumelt ein weitflächiger Ventilator, der die stickige Hitze besiegen soll. Monsieur de Heaulme steht heute einem großen, diversifizierten Unternehmen vor, das sich zu 100 Prozent in der Familie befindet. Er beschäftigt 1200 Arbeiter in der Landwirtschaft, in Hotels und der Sisalproduktion. Zweimal im Jahr reist er nach Frankreich.

Alle Neugründungen vollzieht er heute zu 50 Prozent mit Madagassen. Die Finanzierung wird den Madagassen vorgeschossen, dafür wird in den ersten fünf Jahre kein Lohn gezahlt, danach besitzen die madagassischen Aktionäre 30 Prozent der Firma. Das französische Konsulat verfügt über eine Radioverbindung zur Botschaft der Hauptstadt, über die jeden Morgen um zehn Uhr mit den Konsulaten in Tulear und Majunga gesprochen wird. Monsieur de Heaulme hat ein eigenes Flugzeug, um seine verschiedenen Besitzungen auf der Insel erreichen zu können. Der Vater de Heaulme war Konsul seit der Unabhängigkeit, zu einer Zeit, als 40.000 Franzosen in Madagaskar lebten. Monsieur de Heaulmes Sohn lebt heute in der Hauptstadt und repräsentiert eine Reihe von europäischen Gesellschaften in Madagaskar. Er beteiligt sich an dem Gespräch und moniert, daß heute in Madagaskar ein Mangel an Technikern herrsche, daß es zu starke Verwaltung gebe. In den Unternehmen darf nur derjenige Devisen besitzen, der exportiert. Die demokratische Verfassung fördert heute einen exzessiven Wirtschaftsliberalismus, Investitionen sollen vor allem neuen Unternehmen zugute kommen. Unter dem Regime Ratsiraka war der Franc Malgache nicht konvertibel. »Die Wahlen von 1992«, sagt Jean de Heaulme, »wollen mit dem Sozialismus abrechnen; er soll ein für allemal aus der politischen Wirklichkeit des Landes verbannt und durch die freie Marktwirtschaft ersetzt werden.« Monsieur de Heaulme weist darauf hin, daß die Madagassen Selbstversorger waren, auch nach der Unabhängigkeit 1960. »Der Staat hatte von 1960 bis 1972 eine ausgeglichene Handelsbilanz. Dann setzte die Mißwirtschaft Ratsirakas ein, auch mit kubanisch-sowjetischer und nordkoreanischer Hilfe. So ließ etwa der nordkoreanische Diktator den Präsidentenpalast in Tananarive bauen. Die Zurückweisung und Ächtung der Europäer erfolgte weniger bei der Unabhängigkeit als nach 1972 mit Beginn des Regimes Ratsirakas. Dann kamen die Verstaatlichungen und Anfeindungen. Die französische Armee blieb auch nach der Unabhängigkeit von 1960 bis 1972 im Lande, der Riß kam erst 1972 mit dem Austritt Madagaskars aus der französischen Zone.« 1992, während der Phase der demokratischen Verfassung, spricht man nicht mehr vom schlechten Kapitalismus und Imperialismus. Die Schulen führen wieder das Französische ein. Die madagassische Regierung sucht vor allem die europäischen Investitionen, macht den Amerikanern Avancen, sich über die Weltbank einzukaufen. Auch die Kirche macht eine besondere Entwicklung durch: eine deutliche Form des Ökumenismus zwischen protestantischen und katholischen Gruppen hat eingesetzt; die Kirche ist hier eine moralische Instanz für den Prozeß der Demokratisierung, bedeutende spirituelle aber auch politische Kräfte werden freigesetzt. Die politischen Veranstaltungen beginnen mit einem Gottesdienst, die Kirchen haben einen befriedenden Einfluß. Auch für die Ausübung der Disziplin lautet die Losung: Wandel mit Weisheit, wobei die Kirchen für die maßvolle Weisheit zuständig sind. Monsieur de Heaulme berichtet etwa von einer Hochzeit zwischen einer protestantischen Inderin und einem katholischen Chinesen, die in einer muselmanischen Moschee heirateten.

»Dies ist Ausdruck für die Zusammenarbeit der Kirchen. Es gibt keine Zurückweisung der Kirche, jede Konfession sucht die andere, der Ökumenismus wird zur Speerspitze gegen die Diktatur Ratsirakas. Auf den Schild ist der Respekt vor der Würde des anderen Menschen geschrieben.« »Noch vor 15 Jahren«, berichtet Jean de Heaulme, »wäre dieser Ökumenismus nicht möglich gewesen, die Rivalität zwischen Katholiken und Protestanten stand noch in der Tradition des 19. Jahrhunderts.« Auch bei Beerdigungen treten animistische Priester neben katholische und protestantische Geistliche und verstärken jene besondere Variante des Synkretismus in Madagaskar. Vor der sozialistischen Machtübernahme 1972 gab es zum Beispiel in Fort Dauphin 500 Franzosen. Innerhalb von zwei Jahren nach der Machtübernahme Ratsirakas reduzierte sich diese Zahl auf zehn Personen. Die Devise lautete: jeder, der bleibt, tut dies auf eigenes Risiko. Jean de Heaulme selbst wurde auf persönliche Veranlassung des Machthabers fünf Monate eingekerkert, die Anklage hieß lapidar: Spionage für Frankreich, der Vorwand war gefunden. Die Militärs drangen während eines Mittagessens mit ihren Kalaschnikows in sein väterliches Haus ein und verhafteten ihn. Die gesamten Unternehmungen der Familie de Heaulme wurden verstaatlicht. Die Familie wich nach Frankreich aus, sowohl der Onkel wie auch der Vater de Heaulme. Nach seiner Freilassung lud der neue Machthaber Ratsiraka Jean de Heaulme nach Tananarive ein und erlaubte ihm, seine unternehmerische Arbeit wieder aufzunehmen, die Unternehmen wurden wieder schrittweise privatisiert. Ratsiraka erklärte seine Motive: die Familie sollte als Flaggschiff des alten Frankreich gedemütigt werden, zugleich war der Diktator von dem ungebrochenen Willen des jungen de Heaulme, Madagaskar nicht verlassen zu wollen, beeindruckt. Freilich mußte Jean de Heaulme auf jede politische Aktivität verzichten. Die Regierung Ratsiraka begann ab Mitte der 70er Jahre einzusehen, daß die Verstaatlichungen volkswirtschaftlich nicht tragfähig waren, so erfolgte eine etappenweise Privatisierung per Dekret: zunächst das Wasser, dann die Elektrizität. Ab 1980 wurde nach neuen Formen der wirtschaftlichen Zusammenarbeit gesucht, die Verstaatlichungen wurden ganz eingestellt, da sie sich als hinderlich erwiesen. Zu diesem Zeitpunkt befanden sich über 80.000 Madagassen in Frankreich, wo vor allem die Kinder der Elite lebten und studierten. Die Regierung mußte wieder Anreize für eine Rückkehr bieten. In den kritischen Jahren der beginnenden sozialistischen Diktatur 1975-78 wurden die englische und amerikanische Botschaft geschlossen, ebenso die amerikanische NASA-Station in Tananarive. Zu Beginn wollte Ratsiraka das Sprachrohr der Afrikaner in der Phalanx der *Non Aligned Countries* sein und konnte deshalb die Bindungen an die alte Kolonialmacht nicht länger aufrechterhalten. Nach 1985 erfolgte die erneute Annäherung an Frankreich. Ratsiraka besuchte wie alle anderen afrikanischen Staatschefs die Feierlichkeiten zum 14. Juli in Paris. Bis heute hat François Mitterrand nicht mit Didier Ratsiraka gebrochen. »Frankreich weiß noch nicht«, sagt Jean de Heaulme, »wie der Prozeß der Demokratisierung tatsächlich ausgehen wird und will nicht einen Regierungschef aus seinem Amt vertreiben, auch wenn er undemokratisch regiert. Frankreich gibt deshalb auch keine finanziellen Mittel für das nationale Forum zur Vorbereitung der Wahlen. Dahinter verbirgt sich die Absicht, sich nicht in die Innenpolitik einer ehemaligen Kolonie einzumischen. Dies würde man nur allzu gerne als imperialistische Kolonialpolitik ausgelegen. Die USA dagegen helfen dem Forum, ebenso die europäischen Staaten. 18 Parteien bewerben sich um die Macht. Entscheidend bleibt die Haltung Ratsirakas, der nicht freiwillig von seinem Amt als Staatspräsident zurücktritt, obgleich er die faktische politische Macht an eine Übergangsregierung mit eigenem Premierminister und Außenminister abgetreten hat.« Madagaskars Bevölkerung ist überwiegend ländlich, zu 80 Prozent. Gerade in der ländlichen Bevölkerung und in Teilen des Militärs findet Ratsiraka immer noch Unterstützung. Unmittelbar nach seiner Machtergreifung wurde Ratsiraka von der Sowjetunion militärisch unterstützt, und zwar mit der üblichen Parade aus Kalaschnikows und MIG-Flugzeugen. Im Gegenzug verlangte die Sowjetunion, wie auch Nordkorea, Nibelungentreue. Freilich ist Ratsiraka nach den Unruhen von 1990 ein hohes Maß an Flexibilität zu bescheinigen. »So herrscht«, sagt Jean de Heaulme, »ein hohes Maß an Pressefreiheit, die Parteien wurden in die politische Landschaft eingeführt, sie wurden offiziell 1990 zugelassen. Ab 1989 begann eine gewisse Liberalisierung des politischen Lebens, freilich widersetzte sich Ratsiraka jeder Verfassungsänderung, die ihn als Diktator in seiner Macht beschnitten hätte; er war für eine Liberalisierung in Maßen, ohne freilich seine Stellung zu gefährden.« Hierin ruhte der innen- und außenpolitische Konflikt. Anfang 1991 kehrte Ratsiraka aus Frankreich nach Madagaskar zurück, erkannte die Streikwelle, vermochte aber keinen Weg zur Umkehr zu sehen. »Im Rückblick«, meint Jean de Heaulme, »hätte er an der politischen Macht bleiben können, wenn er zum damaligen Zeitpunkt die Verfassungsänderung akzeptiert hätte. Doch dann traten die Kirchen auf den Plan, ein Generalstreik legte das gesamte öffentliche Leben lahm. Im April 1992 zeichnete sich Madagaskar durch den Versuch des gegenseitigen politischen Verstehens aus, ein Verstehen, das für die Insel typisch ist. Eine im Wortsinne friedliche Revolution.«

FREITAG

Am Abend, auf der Terrasse des Hotel Libanona, unmittelbar über dem Meer, fällt die Nacht rasch herein. Patrick Miller nippt an seinem Rumpunsch. Er ist ein südafrikanischer Edelsteinhändler aus Johannesburg und wartet seit Tagen auf seinen Fahrer aus der Hauptstadt, dem er vorausgeflogen war. Patrick kauft Rohedelsteine *en gros*, er läßt in den entlegensten Gegenden Madagaskars danach graben; er beliefert einen Zwischenhändler in Bangkok mit der Ware tonnenweise. In Südmadagaskar ist er auf der Suche nach neuen Fundstellen. Sein Übersetzer flüstert ihm zu, daß er am nächsten Morgen bei Sonnenaufgang in ein kaum bevölkertes Gebiet aufbrechen muß, um neue Steine zu finden. Er wäre lieber auf der Terrasse des Hotels geblieben, stößt einen kurzen Fluch aus – *Gott verdammt!* – und streicht sich seinen Schnurrbart. In diesem Moment wendet sich ein brauner Lockenkopf vom Nachbartisch herüber und sagt sanft aber bestimmt: »Eric Mac Donald,« in englischer Sprache mit stark französischem Akzent, »ich handel auch mit Edelsteinen und kann Ihnen helfen.« Er weist auf seinen blütenweißen Range Rover, der mit dem wartenden Fahrer auf dem Parkplatz des Hotels steht. Eric kommt gleich zum Geschäft. »Ich kenne Edelsteinschürfer in der Gegend besser als Sie, besorgen Sie mir Abnehmer in Europa und Asien.« Das Abkommen zwischen Patrick und Eric ist rasch getroffen, und die nächsten Tage werden geplant. Eric hat eine sehr eigenwillige Biographie. Seine Vorfahren waren Schotten, die sich bereits im 18. Jahrhundert auf der französischen Insel Reunion niedergelassen hatten. Eric studierte an der Sorbonne und gilt heute als einer der führenden Edelsteinhändler Madagaskars. Er gefällt sich in der Rolle des Schürfers vor Ort, der zugleich über Abnehmer in Rio oder bei Tiffany in New York verfügt. Auf der Nase trägt er eine ovale Hornbrille, das neuste Modell, das er bei einem seiner Geschäftsbesuche in Paris erstanden hat. Der Fünf-Tage-Bart bezeugt die lange Reise von der Hauptstadt bis nach Fort Dauphin in Südmadagaskar, die er mit seinem Range Rover bewältigt hat. Seine Rhetorik wirkt im Vergleich zu der Hemdsärmlichkeit Patricks geschliffener, eines Südafrikaners der vierten Generation, der mit seinen französischen Wortfetzen in Madagaskar auf verlorenem Posten steht. So wird er zu einem gefundenen Fressen für die Gerissenheit Erics, die sich hinter einer mitfühlenden Maske verbirgt. Am nächsten Tag brechen beide im Morgengrauen auf, der hochbeinige Range Rover rumpelt den Steinweg zwischen den Palmen hinauf, ehe er hinter der nächsten Biegung verschwindet.

MONTAG

In den frühen Morgenstunden wähle ich eine Flugverbindung, die es einmal die Woche gibt, und katapultiere mich in zwei Flugstunden von Fort Dauphin im Süden an die Nordspitze; mit dem Wagen ist die Strecke noch heute wegen der schlechten Straßen kaum zu bewältigen.

Die Stadt Diego Suarez liegt im Norden Madagaskars an einer natürlichen Bucht, die an Schönheit kaum zu überbieten ist und keinen weltweiten Vergleich zu scheuen braucht. Die Luft flirrt vor Hitze, die Horizonte auf dem Flugfeld verschwimmen. Vor dem Flughafengebäude stehen Muslime mit Kaftanen, besteigen alte Taxis, überwiegend ältere Modelle aus der Reihe Renault 4 oder Citroën 2CV, vollgepackt mit bis zu acht Personen: Inder, Pakistani, Komoren, Chinesen – alles Madagassen –, wie die Schwarzen aus Mozambique. Deutlicher noch als in anderen Städten kommt in Diego Suarez die ethnische Vielfalt Madagaskars zum Ausdruck. Die Straßen sind um die Mittagszeit wie ausgestorben, das Taxi fährt vorbei an alter Pracht aus französischer Kolonialzeit, die Villen haben noch tropische Gärten, Palmenhaine im

Vorhof, dazwischen kreuzen verrostete Lastwagen die Straße, deren Antriebswellen schleifen, da sie in der salzigen Meeresluft rosten. Die Gebäude an den quadratisch aufeinander zulaufenden Geschäftsstraßen waren vormals weiß getüncht und strahlen noch heute eine gewisse Vornehmheit, aber auch Verlorenheit aus, sie vermitteln das Gefühl, aus historischen Zeiten gefallen zu sein. Vor allem die indisch-pakistanische Bevölkerung betreibt Schmuckgeschäfte mit Schildpattauslagen, Ohrringen, silbernen Armreifen; dazwischen führt ein schlauchartiger Gang in eine alte Hofeinfahrt, die von der Hauptstraße abzweigt und heute zu einem Videogeschäft umgestaltet wurde. Die Tradition des Lichtspielhauses existiert kaum noch in Madagaskar, verdrängt von einem immer größeren Angebot von Videos. Die hübsche Inhaberin ist Inderin der vierten Generation in Madagaskar; sie trägt einen kleinen Silberknopf im linken Nasenflügel und erklärt ihr Geschäft: die linke Wandfläche ist gefüllt mit französischen und amerikanischen Videos, zumeist Aktion- und Polizeifilme, oder französische Liebesfilme und Romanzen, vor allem aus den 50er und 60er Jahren. Die gesamte Palette der französischen Filmgrößen ist vertreten, von Romy Schneider bis Michel Piccoli oder Jean Louis Trintignant. Auf der anderen Seite der Wand befinden sich hunderte von Kassetten aus Indien. Die junge Inderin klärt mich auf, daß die indische Filmindustrie die größte der Welt ist. Die Kassetten werden in Mauritius gekauft und illegal nach Madagaskar eingeführt. Große, farbige Filmplakate zeigen die indischen Filmhelden, gierige Augen brachialer Gewalt verführen unschuldiges Blut, lammfromm von der Plakatwand blickend, mit einem Kopftuch verhüllt. In der indischen Filmwelt herrschen archaische Zustände, irgendwie wirken die Plakate rückständig, wie die ganze Stadt. Die amerikanischen Filme der 40er und 50er Jahre, die ebenfalls angeboten werden, lassen Erinnerungen aufleben an Gary Grant, Kirk Douglas, Robert Mitchum – weite, ausstaffierte Anzüge mit breiten Aufschlägen. Die Madagassen stehen mit großen staunenden Augen vor den Videoauslagen. Unmittelbar um die Ecke zieht sich die Uferpromenade hin, die den zeitentrückten und unwirklichen Eindruck der Stadt verstärkt. Kurz vor der Abbiegung zur Hafenstraße steht ein völlig verrostetes Gartenpalais und ein Orchesterpodium, wie es jede französische Kleinstadt von Pau bis Bayonne schmückt. Heute ist Gras gewachsen über die Stiegen und die einfassenden Fliesen, die unregelmäßig zerbrochen sind, aber noch an die schmucken Offiziersgattinnen erinnern, die in ihren hochbeinigen Pumps zur Tanzfläche stöckelten. In der alten Präfektur nebenan wuchern im Innenhof Bäume und mannshohes Gras, das Gebäude selbst ist seit Jahren verlassen. Bis 1972 war Diego Suarez Standort der Fremdenlegion, ein historischer Tatbestand, den man noch heute deutlich spürt; die Legion hinterließ Spuren in allen Bevölkerungskreisen. Weiße Bastarde bevölkern die Cafés, kennen ihren Vater nicht, streunen abends an der Hafenpromenade entlang, rauchend und trinkend. Die Fremdenlegion verfolgte die Politik der verbrannten Erde, als sie 1972 außer Landes gewiesen wurde. An Kasernen wurde Feuer gelegt, das Inventar zertrümmert, die Scheiben zerschlagen, das Holz verbrannt. Geblieben ist das Hotel de la Poste, Treffpunkt und Nachrichtenbörse in einem. Auf seiner Terrasse treffen sich die lokalen Geschäftsleute, die Freudenmädchen und die wenigen Durchreisenden. Der Besitzer des Hotels ist ismailitischer Madagasse, dessen Vorfahren zu Beginn des 19. Jahrhunderts eingewandert sind. Er ist heute Präsident der islamischen Gemeinde von Diego Suarez und ein sehr freundlicher Herr, der wieselflink aus seinen Augen blinzelt und auf einen Whisky einlädt. Der Kellner des Hotels ist ebenfalls Sohn eines Fremdenlegionärs und einer Madagassin. Er trägt heute lange Haare bis auf die Schultern, in den Mundwinkeln klebt eine filterlose Zigarette. Er mag Ende 20 sein, das weiße Kellnertuch trägt er mit einer tropischen Lässigkeit, zuweilen wischt er sich unwirsch die Schweißperlen aus der Stirn. Es ist heiß in Diego Suarez. Die Luft steht still und auch nachts gibt es kaum eine Abkühlung. Pierre spricht nicht über seinen Vater, er weiß nicht einmal, ob er noch lebt. Der Vater ließ ihn achtlos zurück, als er die Insel verließ. Aus dem Blick, aus der Schlaksigkeit der Bewegungen spricht jener Gleichmut dem eigenen Schicksal gegenüber, jene Gleichgültigkeit, die der Flüchtigkeit entspricht, mit der er gezeugt wurde, und jene Vergeblichkeit jeglichen Planens. Pierre will niemals nach Europa, er fühlt sich zu Hause in Diego Suarez, diesem Niemandsland, im Hotel de la Poste. Es ist der einzige Ort, der ihm Zuflucht geben kann, und eine Identität, die ihm die Herkunft verweigert.

Diego Suarez verfügt über zehn Moscheen, fünf katholische und zwei evangelische Kirchen. Das *Insitut pour les études superieurs en théologie et philosophie* liegt etwas außerhalb von Diego. Man fährt die weißen französischen Bürgerhäuser entlang mit den gleichermaßen weiß getünchten Kolonaden. Die Häuser erinnern etwas an die nordamerikanischen Südstaaten, mit ihren Verandas, auf denen sich das Leben abspielt. Die große Markthalle dazwischen ist verschlossen und macht mit ihrer übergroßen, rostigen Laube einen leblosen Eindruck. In der Kolonialzeit war sie das Zentrum der Aktivität. Auf der Straße zum Flughafen biegt man nach etwa fünf Kilometern links auf einen Sandweg ab, an dessen Ende die katholische Mission steht; ein Neubau aus den 80er Jahren, mitten in ein Feld hineingestellt, schmucklos, aber beeindruckend mächtig. In den saalartigen Gemäuern hängen Ventilatoren von der

Decke. Punkt 12 Uhr wird im Speiseraum das Mittagessen serviert. Ich nehme es gemeinsam mit den Priestern ein. Es gibt Reis, eine Salatschüssel und aus Anlaß meines Besuches eine Flasche madagassischen Biers. Nach dem Essen gehen wir in das Gästezimmer im ersten Stock, in dem auch – Zeichen des Luxus – ein Fernseher und eine Garnitur roter Samtsessel stehen. Das Gespräch wird sofort lebhaft. Pierre Emanuel, der intellektuelle Kopf des Hauses, übernimmt die Rede. Er trägt eine randlose Brille, ist sehr belesen und hat in Straßburg Theologie studiert. Bei seinen Reisen nach Deutschland war ihm das Schwarzwalddorf Titisee im Gedächtnis geblieben. An dem Gespräch nimmt auch Modeste Rakotondrabe teil. Sie geben mir einen groben Überblick über ihre Vorgänger und die eigene Hierarchie, den Jesuiten Henri Sutter, der mit anderen vor Jahrzehnten nach Madagaskar kam und seitdem die Mission leitet. Das Gespräch konzentriert sich rasch auf die aktuelle politische Lage. Modeste spricht von der Zusammenarbeit der Konfessionen: der protestantischen, katholischen und islamischen. Ein gewisser Unterschied besteht allerdings zwischen der protestantischen und katholischen Kirche. Während die protestantischen Pastoren sich unmittelbar an der Politik beteiligen und auch politische Ämter anstreben, handeln die katholischen Geistlichen eher mittelbar. Ich höre ein Beispiel. Bei dem Protestanten Richard Andriamajoto, der zugleich Parteichef und Kopräsident des staatstragenden CRES, des *Comité pour le redressement économique et social* ist, fallen religiöses Engagement und politische Aktivität zusammen. Dies trifft auch auf die Moslems zu. Einige übersetzen die Gebete ins Arabische, andere in die madagassische Sprache. Viele Moslems wurden in ihrer Jugend in arabische Staaten geschickt, etwa nach Libyen oder Indonesien, um dort den Islam zu studieren. Henri Sutter hat die Regierung Ratsirakas genau beobachtet. »In den ersten Jahre seines Regimes«, sagt er mir später, »von 1975 bis 1980 zeigte Ratsiraka Ansätze, die Infrastruktur zu verbessern. Danach versickerten die politischen Aktivitäten des Regimes immer mehr und machten einem korrupten Verhalten Platz. Die katholische Presse wurde in diesen Jahren stark zensiert, aber auch die laizistische Organe waren davon betroffen. Erst seit der Öffnung 1989 gibt es wieder eine pluralistische Presse.«

Lange Zeit war es üblich, junge Studenten zur Ausbildung in die Staaten des Ostens zu schicken. Nach Rumänien, Polen oder in die Sowjetunion. Während seiner Amtszeit ließ sich Ratsiraka durch zwielichtige Plebiszite bestätigen, die ihm immer wieder den Vorwurf des Wahlbetrugs einbrachten. Heute gibt es 53 Parteien, davon fünf große: die Christdemokraten, die Sozialisten, Liberalen, Zentralisten und die Grünen. Seit 1989 öffnete sich Ratsiraka zwar einem gewissen wirtschaftlichen Liberalismus, blieb außenpolitisch aber auf Osteuropa ausgerichtet. Der Widerspruch war offensichtlich. Auf der einen Seite Kontakte zu osteuropäischen Geheimdiensten und Zugeständnisse an die orthodoxe Linie, auf der anderen Seite dubiose Beziehungen zum Westen. So hatte der inzwischen zurückgetretene Afrikaberater im Elysée Palast, der Sohn François Mitterrands, stets besondere Beziehungen zu Ratsiraka unterhalten. Der Volksmund spricht von illegalem Export von Edelsteinen und einer fast folgerichtigen, unrechtmäßigen Bereicherung des französischen Staatspräsidenten. In wenigen Worten wird mir noch einmal der Demokratisierungsprozeß geschildert, so, wie er sich im April 1992 darstellt. Zunächst erfolgt das Referendum für die neue Verfassung, dann die Präsidentschaftswahl, zwei Monate später die Wahl der Abgeordneten der Nationalversammlung. Wieder etwas später finden die Regionalwahlen mit den Leitern der Departments statt. Gegen drei Uhr verabschiede ich mich von den Missionaren und nehme ein Taxi in die Stadt. In den Auslagen liegen Plüschbären neben modernen koreanischen Musikanlagen und alten mechanischen Wanduhren Schwarzwälder Produktion; Kunden gibt es nur wenige. Der monatelange Generalstreik legte das Geschäftsleben lahm. Geld für Neueinkäufe ist nur noch sehr begrenzt vorhanden, der Umsatz ist gering. Trotzdem scheint sich die indisch-pakistanische Gemeinschaft gegenseitig zu stützen. Auch das einzige Reisebüro der Stadt, Colbert, ist seit Wochen ohne Kunden und dennoch nicht geschlossen. Auch Anhänger des Aga Khan bevölkern die Straßen. Im Hafen liegen ein französisches und ein spanisches Schiff. Mit Tiefladern werden Thunfische aus dem Bauch gehievt und in große Kühlcontainer verladen. Die baskischen Seeleute binden sich Taschentücher vor Mund und Nase, um gegen den stechenden Geruch von faulendem Fisch in der glühenden Mittagshitze anzukämpfen. Der Weg zum Hafen führt auf einer alten Freitreppe hinab, die mit grauem Moos überwuchert ist. Auf der einen Seite knien Bettler auf hölzernen Krücken, auf der anderen bieten fliegende Händler getrocknete Früchte an. Der Hafen selbst ist zu groß für die wenigen Schiffe, die sich in ihm verlieren.

Der Besitzer des Hotel de la Poste, Monsieur Dael, ist der Lokalmatador in Diego Suarez. Er verstand es sogar, in der sozialistischen Ära ein großes Vermögen anzuhäufen. Heute besitzt er Supermärkte in Frankreich und auf Reunion, kauft ganze Straßenzüge in Diego auf und baut Hotels in Madagaskar. Er ist von kleinem Wuchs, trägt Schlurfpantoffeln und weite Kakihosen, in die an den Armen weit heraufgekrempelte Oberhemden hineingestopft sind. Sein Imperium umfaßt auch eine Reihe von alten Frachtschiffen, die auf allen Weltmeeren kreuzen. Das Hotel de la Poste kaufte er Mitte der 80er Jahre. Es war heruntergewirtschaftet und erinnerte kaum noch an die Zeiten der Fremdenlegion. Damals war auf der Terrasse kaum ein Platz zu finden, wenn man ein Bier trinken wollte. Der ismailitische Finanzakrobat blickt wach aus seinen Augenwinkeln – kaum zu erkennen zwischen dichtem Bart und zottigen Haaren, aber man ahnt eine besondere Persönlichkeit. Früher fuhr er selbst als Seemann auf den Weltmeeren, legte Geld beiseite und paktierte mit den Ministern Ratsirakas, die ihm zu guten Immobiliengeschäften verhalfen. Seit der Liberalisierung steigen die Gebäude drastisch im Wert. Nachts lädt mich Monsieur Dael zu einer Fahrt in den Hafen ein, um eines seiner Schiffe zu besichtigen, das in den frühen Morgenstunden nach Tamatave auslaufen wird. Der Frachter steht bereits unter Startflagge, wir steigen in den Maschinenraum, der noch heißer ist als die schwüle Hitze der Nacht. Der Kapitän steht angetrunken in der Offizierskajüte, die Mannschaft, ehemalige Sträflinge aus madagassischen Gefängnissen, lümmeln sich verstreut an Bord herum, ein Geisterschiff kurz vor dem letzten Amen. Dann fährt mich Monsieur Dael durch das nächtliche Diego Suarez. Entlang der ehemaligen Kasernen der Fremdenlegion, die heute heruntergewirtschaftet sind und als Baracken für die madagassische Armee letzte Dienste leisten. Der Atem der Vergangenheit reicht weit. Der *Grand Patron* von Diego erzählt von madagassischen Geschäftsleuten. Alle haben sie mit der Nomenklatura paktiert und wettern doch gegen die Arroganz der ersten Welt, gegen die Waffenproduktion Amerikas und Europas, gegen den Irak-Krieg der Amerikaner –, ein verkappter Humanismus, der nur den Eigeninteressen gehorcht und ins Leere läuft.

SAMSTAG

Am nächsten Morgen um 6 Uhr erfolgt die Abfahrt von Diego Suarez auf die Insel an der Nordwestküste, Nosy Be. Das Taxi Brousse ist bis auf den letzten Platz gefüllt, und dennoch kreist der Fahrer über zwei Stunden durch die Vororte, um nach weiteren Passagieren Ausschau zu halten. Zeit scheint keine Rolle zu spielen. Madagaskar hat seine eigene Vorstellung von Zeit, Stunden verrinnen, ohne daß einer der Fahrgäste dagegen aufbegehrt. Eine alte Frau steigt zu, ihr Bündel geschnürt, ein junges Mädchen steigt wieder aus und ich begreife nicht, warum sie vor Stunden überhaupt eingestiegen sind. Sie scheint es sich anders überlegt zu haben und verschwindet in den Wellblechhütten, zwischen Unrat und verrosteten Citroënwracks aus den 30er Jahren, die aufgebockt ohne Reifen in einer Ecke stehen und bis zur letzten Schraube ausgeschlachtet wurden. Um 9 Uhr verlassen wir endlich die Stadt, links neben der Fahrbahn steht eine alte Kolonialvilla mit der Aufschrift *École privée Rosignol,* eine ehemalige Privatschule der Franzosen aus der Jahrhundertwende, die sich bis auf den heutigen Tag erhalten hat. Das Gebäude ist allerdings verwittert, die Glasvitrinen des ersten Stocks sind zersplittert, Efeu wuchert über der Eingangshalle. Die Stufen der Steintreppe neigen sich altersschwach, die Palmen, die einst im Garten gepflanzt wurden, überschatten nun das gesamte Gebäude. Es ist fast wie in Indien, und ich denke an die alten Kolonialbauten Kalkuttas und Bombays, deren Balkone ebenfalls keine Rosetten mehr aufweisen, da sie in den Stürmen der Zeit herausgebrochen sind. Und doch ist die Schule voller Leben, springen Schüler in blauen Uniformen über die Treppen. Sie scheinen stolz darauf zu sein, auf diese Schule gehen zu dürfen und treiben fröhlich auf der Straße einen Reifen vor sich her.

Auf der Strecke nach Nosy Be machen wir mitten im Busch in einem kleinen Dorf halt, um einen Reifen zu wechseln. Plötzlich taucht aus einem Seitenweg ein Ford Kombi auf. Sein Fahrer stellt sich mir als der Priester des Dorfes vor, ein Schweizer Missionar aus St. Gallen, der seit über 40 Jahren in Madagaskar lebt. Er ist sichtlich froh, einen Europäer zu treffen. Er erzählt mir, daß er gerade aus Diego komme, wo er Wellblech für das Dach seiner Kirche gekauft habe. Zwei Jahre habe er dafür gespart. Nicht ohne Wehmut berichtet der alte Mann, der einen Tag zuvor seinen 72. Geburtstag gefeiert hat, von seinen Skiferien als junger Mann im Wallis. Er denkt oft an Europa, doch nicht an Heimkehr. Als die Nacht über die Landschaft hereinbricht, machen wir in einem kleinen Küstendorf auf der gegenüberliegenden Seite von Nosy Be halt. Der Tag war anstrengend, die Straßen gleichen Steinbrüchen, auf denen man sich nur im Schrittempo fortbewegen kann. Jeden Moment kann der Wagen in einem großen Schlagloch aufsitzen, dann müssen alle Fahrgäste aussteigen, damit ein Zebugespann ihn befreien kann. Es gibt ein Hotel im Dorf. Die Nacht wird heiß, kein Lüftchen weht, der Ventilator ist mit dem Strom ausgefallen. Mein Körper ist mit Schweißperlen bedeckt, obgleich ich nur unter einer dünnen Leinendecke liege.

SONNTAG

Am nächsten Morgen stehe ich um 4 Uhr auf. Die Sonne ist noch nicht aufgegangen. Die Barke nach Nosy Be soll um 5 Uhr auslaufen. Die Gezeiten machen diese frühe Stunde notwendig. Das Schiff ist überfüllt und verrostet. Hunderte von Madagassen drängen sich in der Dunkelheit des frühen Morgens auf den Bänken. Hühner werden verfrachtet, Geräte verstaut. Gegen 5.30 Uhr macht das Schiff langsam los. Die Farblosigkeit der Nacht weicht einem zarten Blau. Als das Schiff Minuten später durch den Riß in der Landzunge schlingert, ist das Blau schon intensiver und wird plötzlich zum milchigen Weiß des Tages, als der erste Sonnenstrahl über den Horizont fällt. Das Rot des glimmenden Balls ist zuerst wie Rauch, dann ist auch das vorbei. Die Passagiere an Deck atmen auf, vereinzelt ziehen sie stumm an ihren Zigaretten, der Tag hat wieder einmal den Sieg über die Nacht davongetragen und das Bild eines düsteren Geisterschiffes verwandelt sich in eine vernarbte, tagklare Fähre. Die Überfahrt dauert mehr als zwei Stunden und es ist fast 8 Uhr, als wir in Helleville auf Nosy Be landen.

Die Stadt scheint in einem kolonialen Schlummerschlaf Jahrzehnte überdauert zu haben. An den Straßenrändern stehen prachtvolle alte Villen, von denen der Putz abbröckelt, ein Zustand, der mir langsam vertraut wird. In der Mitte liegt der Marktplatz; mit auffallenden Kaftanen flaniert die arabische Bevölkerung auf und ab, und ich finde in einem kleinen Dorf am Strand im Dachgeschoß eines Holzhauses eine Unterkunft. Das Haus gehört dem Bürgermeister von Nosy Be.

MITTWOCH

Der Abflug auf die Ostseite Madagaskars, auf die andere große Insel, St. Marie, die der Hauptinsel Madagaskar vorgelagert ist, vollzieht sich in Etappen. Abfahrt ist wie immer bisher früh am Morgen; ich soll mich um 6 Uhr auf dem Flugfeld befinden. Der Weg dorthin führt an Zuckerrohrfeldern vorbei, die der Rumerzeugung dienen. Die kleine Propellermaschine läßt Helleville unter sich und zieht südwärts entlang der Westküste bis Majunga. Dort werden die Flugzeuge gewechselt. Nun ist es eine Maschine aus den 60er Jahren. Sie sieht aus wie eine ins Große verzerrte Zigarre. Das Gepäck wird vor der Maschine ausgebreitet, jeder Passagier muß seinen Koffer vor dem Einstieg identifizieren, das politische Klima macht Bombenanschläge wahrscheinlich. Zudem wird ein Minister an Bord erwartet. Er läßt sich mit einem weißen Mercedes samt Staatsflagge bis aufs Rollfeld chauffieren. Als er aussteigt und pfauenhaft die Gangway hinaufstolziert, wird er von einer Staffel Gefolgsleuten begleitet, die seine Koffer und die Aktentasche tragen. Selbstverständlich geht er als erster an Bord und besetzt im Flugzeug eine gesamte Reihe. Die Zwischenlandungen in Tananarive und Tamatave sind kurz; gegen 1.30 Uhr landen wir auf dem Rollfeld der Insel St. Marie.

Die Temperaturen sind wesentlich angenehmer als an der Nordostküste, freilich hängen die Wolken tief, sehr tief über der Insel. Am nächsten Morgen erwache ich durch das rhythmische Trommeln von Regentropfen, die auf das Dach meiner kleinen Bambushütte am Meer fallen. Ein stürmischer Wind bläst. Trotzdem ist die Vegetation tropisch, vor kilometerlangen Stränden liegen palmenübersäte Sandbänke, an denen die Straße vorbeiführt. Links und rechts stehen alle Kilometer lang Hütten auf kurzen Stelzen, immer einige beisammen – kleine Dörfer. Auf dem Dorfplatz befindet sich meist eine Feuerstelle, daneben ein Depot für Medikamente. Es ist nur unzureichend bestückt. Die kleine Hauptstadt der Insel hat eine lange Geschichte: die erste christliche Kirche Madagaskars steht auf einer Anhöhe unterhalb des Hafens, gleich dahinter der Friedhof der Insel, der bis auf den heutigen Tag benutzt wird und doch ein Bild völliger Verlassenheit darbietet. Umgestoßene Grabsteine, mit Moos überwucherte Steinplatten, die an vielen Stellen Risse zeigen. Namen, an die sich kein Mensch mehr erinnert, nicht einmal die Familien selbst –, zuweilen noch ein Name aus der Kolonialzeit. Marcel Dedalier zum Beispiel, der 1953 verstorben ist. Eine Familie Chan-Kan hat ein besonders großes und ausnahmsweise gepflegtes Marmorgrab. Dann wieder die Kirche, die auf einem kleinen Hügel erbaut ist und das Meer überschaut. Und die tief dahinrasenden Wolken, Spielball sich ständig drehender Winde. Schwere Regenschauer gehen regelmäßig nieder. Die Vorstellung, hier begraben zu sein, ist mit dem Gefühl verbunden, von der Welt vertrieben, aus dem Strom der Zeit gestoßen, vollkommen vergessen zu sein. An der Hauptstraße steht ein großer Steinbau mit Balkon, im Erdgeschoß werden Postkarten verkauft. Im ersten Stock wohnt Père Paul, der Priester der Insel. Als ich ihn besuche, kann er nicht gehen, seit Wochen hat er schweres Rheuma und liegt mit nassen Wickeln im Bett. Er stammt aus Nordfrankreich, einem Ort nicht weit von der belgischen Grenze. Er ist seit sieben Jahren auf St. Marie, davor war er auf Madagaskar selbst tätig. Père Paul berichtet von verdeckten Morden, die im persönlichen Auftrag von Ratsiraka ausgeführt sein sollen; er hat dieses Regime nie gemocht, dieses regelmäßige Abstürzen von Oppositionspolitikern in ihren Helikoptern und vieles mehr. Père Paul sagt, daß er Beweise dafür habe, daß ein katholischer Priester von Regierungstruppen in der Brousse enthauptet wurde, sein Kopf wurde nie gefunden. Der Fall wurde nie untersucht, geschweige denn zur Aufklärung gebracht. Père Paul beklagt, daß die Infrastruktur des Landes in einem beklagenswerten Zustand sei: »Wird Madagaskar von einem Zyklon getroffen, trifft aus aller Welt Hilfe ein, die aber niemals in die wirklich betroffenen Gebiete kommt, sondern im Korruptionssumpf der Hauptstadt versickert.« Père Paul ist ein mutiger Mann, den seine Aufrichtigkeit immer wieder in lebensbedrohliche Lagen gebrecht hat. Nun ist er alt. Seit Wochen kann er sich nicht mehr aus seinem Bett erheben. In guten Zeiten bereiste er die 60 Kilometer lange Insel mit seinem Mobylette. Père Paul hat sich wie so viele auf den Synkretismus der madagassischen Kultur eingerichtet, auch auf den Ahnenkult. St. Marie, die Insel an der Ostseite Madagaskars ist ein entlegener Ort, daran ändern auch die zuweilen aus Europa kommenden Badegäste nichts, die sich in die wenigen Strandhotels zurückziehen.

Geht man von Père Pauls Haus über den Hügel, kommt man zu zwei Deichen, die zu einer kleinen Insel führen. Auf ihr steht ein erstaunliches Gebäude, das aus dem 18. Jahrhundert datiert. Damals war es ein Palast für die madagassische Königin Betti. In den folgenden Jahrhunderten, auch zu französischer Zeit und danach wurde es als Verwaltungsgebäude genutzt. Der Bau wirkt majestätisch, großzügig gebaut mit seinen vier Stockwerken, verziert mit grünen Fensterläden; er liegt unmittelbar neben dem Hafen. Im Hintergrund kehrt ein schwarzer Arbeiter den Innenhof des Palastes, der voller verrosteter, aufgebockter Fahrzeuge ist, uralte französische Modelle, deren Ölwannen und Getriebe unter der Veranda thronen, als wären sie Ausstellungsgegenstände eines gepflegten Museums. Wieder umfängt einen dieses Gefühl, aus Zeit und Geschichte gefallen zu sein, dieses Empfinden endgültigen, totalen Verlorenseins im ausgehenden 20. Jahrhundert. An der Ostflanke des Palastes ist heute der *trésor public* untergebracht. Eine lange Schlange geduldiger Menschen wartet vor der Tür, in dem Raum selbst steht ein verschimmelter Holzschreibtisch, gestapelte Ordner, ein Telefon, dessen Kabel abgeschnitten in der Luft baumelt und dann ein Beamter, der bedächtig, scheinbar ohne Sinn, einige Ordner von der linken Seite des Schreibtisches auf die rechte Seite schiebt, um dann, nach wenigen Minuten, die gleichen Ordner wieder auf ihren alten Platz zu schichten. Die wartenden Menschen beobachten ihn stumm und tatenlos. So vergeht der Vormittag. An der Nordseite des Gebäudes liegt der Eingang zu den politischen Verwaltern mit der Aufschrift *Président comité exécutif* und *Délégué.* Vor der Tür prangt ein Plakat des Juntachefs Ratsiraka. Der Abgeordente glaubt weiterhin an seinen Präsidenten, der finstere Blick des ehemaligen Kadetten kann ihn nicht schrecken, der Abgeordnete ist Zögling der besten Verwaltungsschule in Tananarive. Sie wurde zur Zeit Ratsirakas ins Leben gerufen. Das verpflichtet natürlich. Der Nepotismus ist die stärkste Waffe im politischen Kampf Madagaskars. Der Abgeordente sitzt in einem großen quadratischen Zimmer mit ausgetretenem Holzfußboden, aus dem zum Teil die Planken herausgebrochen wurden. Auch hier ein kabelloses Telefon. Die

Geländer der Stiegen, die in den ersten Stock führen, sind zusammmengebrochen. Rene Randriamandimby sagt, dies sei schon seit zehn Jahren so, sein Amtsvorgänger sei dafür verantwortlich. Der Piratenfriedhof von St. Marie ist eine historische Attraktion. Er datiert aus dem 18. und 19. Jahrhundert und ist nicht leicht zugänglich. Der schmale Weg schlängelt sich am Innenufer des Deiches entlang, zwei oder drei Kilometer, dann tritt man auf eine Anhöhe und der Atem des großen Abenteuers erfaßt den Besucher. Die Grabsteine liegen ungeordnet, die meisten Gräber sind aufgelassen, nur wenige Inschriften des letzten Jahrhunderts sind noch lesbar. Der Piratenfriedhof liegt dem eigentlichen Friedhof St. Maries gegenüber, getrennt allein durch ein Binnengewässer, über das der Deich führt. Es ist wie eine selbstgewählte Abschottung, eine Zweiteilung in gut und böse, Bürger und Piraten oder umgekehrt. Aber auch die Piratengräber haben ihren Kodex, auch hier wird gebetet, so heißt es etwa: *ne passez sans prier pour lui*, ein religiöses Relikt. Auf vielen Grabsteinen sind die Beinamen der Piraten zu lesen, so steht auf einem: *August le Foucheur 1877* oder *Joseph Pierre le Chartier 1788, arrivé sur la flûte La Normande, mort à St. Marie 14. 3. 1834* auf einem anderen. Unterzeichnet ist die Grabinschrift mit den Worten *par son ami Huli.* Darunter findet sich das klassische Piratenzeichen mit gekreuzten Knochen unter einem Totenkopf. Die kleinen Jungen, die mir den Weg zu dem Piratenfriedhof zeigten, sind sich der Besonderheit ihres Schatzes nicht bewußt und betrachten stattdessen den Besucher mit großen staunenden Augen. Auf dem Rückweg ins Städtchen bleibt mein Blick an einem Türschild mit der Aufschrift *AICF Action International contre la faim* hängen. Eine freundliche Angestellte klärt mich auf, daß es auf St. Marie zwar selten Hungertote, aber dafür Fälle von chronischer Unterernährung gibt. Auch seien Wachstumsstörungen bei Kindern verbreitet. Die Zyklone verhindern die Ankunft der Schiffe von der Hauptinsel und damit auch der Nahrungsmittel. Der Anbau von Reis ist nicht ausreichend, eine einseitige Ernährung der Bevölkerung die Folge. Die Organisation bemüht sich um neue Formen des Ackerbaus und ihrer Anwendung; Bewässerungsmethoden wurden neu eingeführt, die eine größere Vielfalt der Agrikultur zulassen. Die Bevölkerung erweist sich dafür dankbar.

Am nächsten Morgen treffe ich mich in der Hauptstadt der Insel mit dem Leiter der Schule, einem Mann um die 50 Jahre, der einen beachtlichen Überblick über die Geschichte Madagaskars besitzt. Vor allem der Reichtum der Sprache Madagaskars finden sein reges Interesse.

»Der arabische Beitrag für die madagassische Sprache ist bedeutend«, sagt er. »Nicht was die Anzahl der Worte betrifft, sondern die Qualität. Das madagassische Wort für *schreiben* ist *manoratra*, das die arabische Wurzel *surat* enthält. Papier heißt *tarastasy*, vom arabischen *karatasy*. Die Namen der Wochentage sind alle aus dem Arabischen übernommen; Alahady, Talata, Zuoma. Es ist interessant, wie die europäischen Sprachen in das Madagassisch Eingang gefunden haben. Assimilierte Worte«, sagt er, »sind sekoly für school, pensily für pencil, solaitra fur slate und boky für book.« »Die Kolonialisierung von Madagaskar«, sagt Jacques Robolvindo, »war verschieden von den benachbarten Staaten, auch die französische Eroberung von 1896 stellte die Übernahme eines politisch organisierten Staates dar, ähnlich der britischen Annexion von indischen Staaten im neunzehnten Jahrhundert. Die Dekolonisierung Madagaskars war somit die Übergabe der Macht an eine organisierte Minderheit, was einen vergleichsweise milden Übergang möglich machte.«

Franzosen und Engländer stritten sich um das Alphabet, bis König Radama, der neben Arabisch und Madagassisch beide Kolonialsprachen beherrschte, ein salomonisches Urteil fällte: Die Vokale wurden nach dem Französischen benannt, die Konsonanten nach dem Englischen. Auch in der Kolonialzeit haben die Madagassen nicht aufgehört, ihre Sprache zu sprechen, und deren Bilderreichtum weiterzuentwickeln. Madagaskars reiche mündliche Überlieferung wurde im 19. Jahrhundert zum Ausdruck schriftlich fixiert, und zwar von den Merinakönigen und den englischen Missionaren. Radama I. kommt das Verdienst zu, die Schriftsprache für sein Volk eingeführt zu haben, wobei ihm ausländische Christen halfen, die ihm die lateinische Schreibweise beibrachten und die Druckpresse in sein Land einführten.

»Die madagassische Version der Bibel«, sagt der Lehrer, »übersetzt von den Protestanten, beeinflußte tief den Stil madagassischer Schriftsteller. Die Druckpresse half den Madagassen Französisch und Englisch zu lernen und sich in diesen Sprachen auszudrücken. Die originellsten madagassischen Beiträge wurden nicht auf dem Gebiet der bildenden Künste geleistet, sondern in der Literatur. Die Schriften haben die Form von Vorworten, Erzählungen, journalistischen Texten und vor allem lyrischer Dichtung, die sich besonders gut für diese Sprache eignet.«

Am Abend erfolgt der Abflug von St. Marie nach Tamatave; es ist ein kurzer, ruhiger Flug in einer zweimotorigen Twin. Das Wetter bessert sich schlagartig, als wir die Hauptinsel Madagaskars erreichen; die Temperaturen bleiben weiterhin tropisch. Tamatave selbst ist eine weitläufig wiedererrichtete Stadt, nachdem sie von Zyklonen und Bränden wiederholt in Schutt und Asche gelegt worden wurde. Am Weg vom Flughafen liegt das französische Konsulat in einer Villa mit Park, ebenso das dänische mit einer Handelsgesellschaft. Das

Hafenbecken ist weit; vor turmhohen Silos liegen ein halbes Dutzend Frachter, die mit dem Löschen beschäftigt sind; alle Nationalitäten sind vertreten: französische, amerikanische und polnische Schiffe. Im Hafenviertel stehen alte Bankgebäude, oft rokokohaft verspielte Villen mit Palmen im Garten, daneben Frachtgebäude, deren eiserne Tore verhangen sind. Es ist Samstagabend 6 Uhr, und die Arbeit ruht im Hafen. Einige indische Geschäftsleute halten ihre Läden offen und schauen mit ihren bärtigen Gesichtern hinter den Gittern hervor. Bambusmobiliar wird ebenso feil geboten wie japanische Elektronik. Tamatave wirkt irgendwie aufgeräumt nach den Zyklonen, neugeordnet, und dennoch liegt in der Abendstimmung Schwermut über der Stadt. Die Heimatlosigkeit der Matrosen, die durch die Stadt streichen, die Bars bevölkern und die Freudenmädchen aushalten, paart sich mit dem Los der Pousse-Pousse Fahrer, die für Groschenbeträge die feine Gesellschaft von Tamatave die breite Allee zum Bahnhof hinunterschieben, schweißnaß und atemlos. An der Uferstraße steht eine islamische Moschee, in der bei dunklem Licht Gebete gesprochen werden, die bis auf die Straße dringen. Das College St. Joseph steht neben zusammenfallenden Steinsäulen, unmittelbar neben dem Gebäude der Caritas, vor dem eine Traube von Menschen versucht, Brot und Kleidungsstücke zu ergattern. Tritt man in den Innenhof des College St. Joseph, ist man von einem wildwuchernden Garten umgeben, mannshohe Gräser wechseln mit Palmensträngen, die zwischen zertrümmerten Kacheln aus dem Boden schießen und sich an die bemoosten Wände klammern. Auch hier ist die Zeit über die Geschichte Tamataves hinweggegangen; die Gebäude gehören einer anderen Epoche an, spielende Kinder, in Fetzen gekleidet, jagen einem grauen Gummiball nach. Vor den Toren des College tritt man in die Abendglut, singende polnische Seeleute wiegen ihre Mädchen im Arm. Die Flüchtigkeit des Augenblicks tritt neben die Vergeblichkeit des menschlichen Bemühens im politisch-wirtschaftlichen Überlebenskampf und hinterläßt die Schimäre gleichgültiger Nichtigkeit.

Am nächsten Tag stehe ich um 6 Uhr auf. Der letzte Tag der Rundreise durch Madagaskar ist angebrochen. Um 8 Uhr fährt der Zug nach Tananarive. Wieder nehme ich mir in der Morgendämmerung ein Pousse-Pousse zum Bahnhof. Es ist fast noch dunkel, als ich das Gepäck auf das schwache Gestänge mit dem hageren Schieber hebe. Im Hintergrund liegt der Hafen, die Schiffe entladen auch nachts, die Silos sind im Betrieb, das Stampfen der Maschinen dringt über die Bay und wirkt gespenstisch in der frühen Morgenstunde. Wir fahren wieder die Kais entlang, Tamatave ist bereits um diese Uhrzeit tropisch feucht und heiß. Dann der Bahnhof und die Ernüchterung. Der Zug aus der Gegenrichtung, der Hauptstadt, ist noch gar nicht eingetroffen und wird nicht vor zwei Uhr nachmittags erwartet. Rasch frage ich nach dem Taxi Brousse, jenen betagten Peugeots 504 mit Heckfläche, auf der die Passagiere aufgeladen werden. Um 8 Uhr fährt tatsächlich ein Wagen bis in die Hauptstadt, 9 Stunden auf geteerter Piste. Wieder diese Weite, Hunderte von Kilometern offene Strecke ohne Ortschaft, tropische Vegetation, fächerartig gewachsene Palmen, Zugvögel mit breiten Schwingen. Als wir in die Umgebung von Tananarive kommen, nimmt die Bevölkerungsdichte zu, wieder tauchen die hochgestellten Häuser aus rotem Stein auf, mit Strohdächern wie am ersten Tag der Reise nach Antsirabe. Sie sind typisch für das Hochland um Tananarive. Ich halte an der gleichen Taxi Brousse-Station, an der ich Wochen zuvor den Wagen nach Antsirabe bestiegen habe, neugierig, wissensdurstig. Heute aber ist dieser Rausch vorbei, dieses Schweifen quer über die rote Insel. Wieder das Hotel Colbert, es ist Sonntagnachmittag und still. Ich sehe mich noch an der gleichen Stelle stehen, dort vor der Rezeption mit der Landkarte in der Hand, im Aufbruch und durch nichts zurückzuhalten. Und nun die Rückkehr, wieder die gleiche Rezeption, das gleiche Gesicht der Concièrge, nichts schien sich verändert zu haben, und doch war ich ein anderer Mensch, voll der Eindrücke, der Begegnungen; wie immer bei der Rückkehr von einer Reise scheint die Umgebung statisch geblieben zu sein, man selbst aber hat sich verändert, ist nicht frei von einer Wehmut, die nur die Reisenden kennen. Ich trete auf die Straße und sehe im Halbdunkel Patrick Miller, den Edelsteinhändler aus Südafrika, den ich in Fort Dauphin getroffen hatte, Wochen zuvor. Er hat sich ein Appartement gemietet und wohnt gleich um die Ecke, er scheint mit seinen Geschäften erfolgreich gewesen zu sein. Wir sind beide froh über das Wiedersehen, gehen in die Bar des Colbert und trinken ein Glas zusammen. Nachts kann ich lange nicht einschlafen. Die Sauberkeit des Hotelzimmers befremdet mich nach den letzten Wochen, die blankgebohnerten Böden, die gewiehnerten Kacheln im Bad des Hotels; die Sicherheit der Umgebung gibt einen Vorgeschmack auf Europa, und doch habe ich eine Woche vor mir, in der ich eine Vielzahl an Gesprächen in der Hauptstadt führen werde. Die letzte Woche hatte ich mir hierfür reserviert. Indem ich um eine Erfahrung reicher werde, weiß ich mich zugleich um eine andere ärmer. Hinter der Erfüllung steht eine leise Tauer.

MONTAG

Am Abend im deutschen Institut treffe ich Elie Rajaonarison, den Dekan der anthropologischen Fakultät. Wir verabreden uns zu einem Abendessen in der Cafeteria des Colbert und es entwickelt sich ein intensives Gespräch.

»In Madagaskar«, sagt er zum Auftakt, »ist jeder ein Anthropologe, die Anthropologie ist eine verinnerlichte Lebenshaltung der Neugier des Menschen auf das Andere, womit immer auch die andere Ethnie gemeint ist. Die Madagassen sind in ständige Sucher nach sich selbst; sie wollen wissen, wer sie sind. Jedes Dorf legt Wert darauf, seine Geschichte in speziellen Geschichtsbüchern aufgeschrieben zu sehen, und man schätzt die eigene Genealogie. Fragt man einen Europäer: Woher kommst Du, denkt er an die Vergangenheit und an seinen Geburtsort, ein Madagasse denkt indessen daran, wie er beerdigt sein wird, wohin er gehen wird, wenn er tot ist; dort, so denkt er, liegt seine Heimat.«

Die madagassische Kultur hat ein anderes Bewußtsein von Geschichte als die abendländische Kultur Europas. Hiernach gilt nicht als Geschichte, was uns nicht betrifft, Geschichte muß gelebt werden. Ein universelles Bewußtsein von Geschichte kann es demnach nicht geben. Geschichte muß betroffen machen, sie muß vital sein. Spricht man über die Geschichte einer Ethnie, so fühlt sich diese leicht irritiert, ja sie glaubt, man wolle die Ahnen in ihrer Ruhe stören; es gibt folglich eine Verknüpfung zwischen der Geschichte und den persönlichen Sitten und Gebräuchen. »Weltgeschichte«, sagt Elie, »kann kein rein akademisches Wissen sein, Geschichte ist immer auch Weisheit. Definiert sich ein Madagasse gesellschaftlich, muß er immer wissen, wo er begraben liegt. Die Frage, woher ein Mensch kommt, wird damit beantwortet, wohin er geht; hierin besteht die Poesie der madagassischen Weisheit. Das Leben soll man *moramora* verstehen, man soll es leicht nehmen. Baut ein Europäer ein Haus, macht er klare Pläne, im Januar entsteht das Erdgeschoß, im Februar der erste Stock. Der Madagasse hingegen sagt: Wir fangen einfach mal an, irgendwann und irgendwie werden wir schon fertig werden, früher oder später, der Zeitpunkt bleibt offen.«

Man lebt mit der Zeit, nicht gegen sie, man läuft der Zeit auch nicht hinterher, wie der Europäer, der immer das Gefühl hat, zu spät zu kommen. Diese Haltung schlägt sich heute ebenfalls bei der politische Reformbewegung nieder, die sich das Recht nimmt, ein gutes Stück Zeit für sich zu beanspruchen. Es gibt folglich ein hohes Maß an Geduld. Der Madagasse sagt nicht endgültig nein, er sagt zuerst immer ja, dann aber, zum Schluß, erfolgt vielleicht zögernd eine leichte Verneinung. Dies wirkt sich wiederum aus auf jene *douce violance*, die den politischen Kampf in der Demokratiebewegung seit 1989 kennzeichnet.

»Welche Auswirkungen ergeben sich daraus für das politische und wirtschaftliche Leben?« frage ich.

»Die traditionelle Kultur«, erklärt Elie, »ist durch ein praktisches Verständnis des Lebens gekennzeichnet. Der entscheidende Punkt ist: die indigene Religion kennt eine Transzendenz, aber sie bindet sie empirische ein, besonders durch den Kult der Ahnen, anders als in Lateinamerika, wo die Transzendenz tatsächlich jenseitig ist, ohne einen empirischen Bezug. Die madagassische Kultur kennt ein großes Naturbewußtsein.«

Elie bemerkt etwas spöttisch: »Ein Europäer liebt seinen Computer nicht so wie ein Madagasse seinen Fluß oder Wald.« Die Wirklichkeit ist nicht nur das, was man sieht und berührt, sondern verbirgt sich vor allem im Symbol. So mißt etwa ein Landstück nicht nur zwei Hektar, es ist vor allem die Erde der Ahnen. Aus dieser Einstellung wird deutlich, welch große Schwierigkeit sich hieraus für Entwicklungsprojekte auf dem Landwirtschaftssektor ergeben. Auch der Ökumenismus, die Rolle der Kirchen in der Reformbewegung, ist Ausdruck dieser empirisch-praktischen Transzendenz. Es herrscht die Einstellung, daß die christliche Botschaft unser Leben hier und jetzt verändern kann. Hieraus resultiert die Kraft der Kirchen im politischen Leben. Der Ökumenismus will in Madagaskar eine Form des Realismus ausdrücken, will sagen, wir glauben an den gleichen Gott; wir haben als Christen eine Botschaft die lautet: Du kannst dein Leben hier und jetzt ändern; dies trifft auch auf die Katholiken zu, die eine besondere empirische Transzendenz kennen. Vor der Zeit des Machtantritts Ratsirakas wurde die Transzendenz noch eher jenseitig verstanden, dann aber haben die Kirchen politisches Verantwortungsbewußtsein entwickelt, etwa ab 1975, zunächst die protestantischen Denominationen in ihrer traditionellen pragmatischen Tradition, dann folgten die Katholiken; die Muslime, die sich als religiöse Gemeinschaft etwas zurückhalten, nehmen jedoch als überragende Individuen an den Reformbewegungen aktiv teil. Die aktuellen Slogans der Reformbewegung sind der Bibel entnommen und betonen diese praktische Transzendenz. Elie ist optimistisch im Hinblick auf den Staatsaufbau, sollte die Verfassung zur Anwendung kommt, die in der Reformbewegung ausgearbeitet wurde. Nicht zuletzt setzt er auf jene *sagesse malgache*, die sich in der politischen Bewegung des Forums widerspiegelt, das sich auf jenen christlich-praktischen Glauben begründet, aber auch Raum läßt für die Religion der traditionellen madagassischen Kultur.

»Die ländlichen Madagassen«, sagt Elie, »sind kontemplative Bauern und Viehzüchter; zugleich ist dieses Leben aber auch aus Regularien und der Furcht vor der Verletzung solcher Regularien geboren, von höchst gebildeten Merina-Aristokraten bis hin zum einfachen Bauern.«

Elie wagt eine grundsätzliche Aussage: »Die Madagassen sind möglicherweise weniger diszipliniert als gelehrig, furchtsam reserviert und weniger dynamisch, zwar äußerst höflich zu Ausländern, aber zugleich ein wenig gleichgültig und bleiben schwer verständlich. Vor dem Hintergrund der insularen Situation Madagaskars ist die relative Homogenität der religiösen Glaubensrichtungen und Gebräuchen von Bedeutung. Abweichungen sind nicht zuletzt auf die christlichen Denominationen und den Islam zurückzuführen.«

»Welche Bedeutung hat der Ahnenkult für die madagassische Kultur?«

»Es herrschte eine mystische Verbindung zwischen den Nachfahren eines gemeinsamen Vorfahren,« antwortete Elie. »Madagassen tun wenig, um Außenstehende über ihre Glaubensinhalte aufzuklären oder über ihre Religion zu sprechen. Es herrscht ein weitverbreiteter Glaube an die Unsterblichkeit der Seele und an die Existenz einer übergeordneten Schöpfergottheit. Sie wird als allmächtig betrachtet, als wohltätig. Im madagassichen Pantheon sitzt sie an der Spitze einer Reihe von zweitrangigen Gottheiten, ehemaligen Königen und entfernten Ahnen und einer Vielzahl weniger mächtiger Geister. Die Geister können in Steinen, Flüssen, Bergen beheimatet sein, sie werden gewöhnlich als bösartig betrachtet. Für den Madagassen ist der mächtigste Geist in dem unmittelbaren Vorfahren verkörpert, der sich mit Familienangelegenheiten befaßt. In der Regel enthüllen sie ihre Wünsche den Nachfahren in Träumen, die vom Familienoberhaupt gedeutet werden. Das Familiengrab ist der heiligste aller Plätze, im Merin-Verhaltenscode wird die Hinrichtung eines Kriminellen als geringere Strafe gedeutet als das Verbot, im Familiengrab beigesetzt zu werden. Dem Familienältesten kommen besondere Rechte zu, die aus seiner Rolle als Vermittler zwischen den Lebenden und den Toten folgen. Der Respekt gegenüber den Toten wird durch Tabus (fady) auferlegt, von denen einige in der Gemeinschaft anderer individuell erlebt werden.«

Der Madagasse vermeidet Erneuerungen und lebt, wenn möglich, in den Traditionen seiner Vorfahren. Die politischen Konsequenzen dieser Haltung sind bis heute beträchtlich. Das Überschreiten der Tabus setzt ihn der Rache der Geister aus, die in Form des Verlustes seines Viehs, der Ernte, von Krankheit oder Tod eintreten können. Die Geister sollen durch Gaben von Honig, Reis, alkoholischen Getränken und durch das Opfern von Vieh besänftigt werden.

Die Verfassung Madagaskars verbürgt die Freiheit der religiösen Ausübung und den Respekt vor der traditionellen Kultur. So hat die madagassische Regierung nie Anstoß genommen am Ahnenkult, obwohl er die Produktivität des Staates behindert, da er Familienangehörige aus weitentlegenen Gebieten anzieht und eine längere Zeit am Familiengrab vereint. Der traditionelle Madagasse lebt ein nicht-individualistisches Leben, das durch Gemeinschaftsnormen bestimmt ist. Kinder erwarten, daß er ihnen die weltlichen Güter unbeschadet hinterläßt. Dabei vermeidet er das Unbekannte und Neue, weil er auf diese Weise nicht riskiert, ein Tabu zu verletzen. »Die madagassische Kultur ist voll von Märchen«, erläutert Elie, »das wahre Märchen ist *Angano,* was zugleich Erzählung, Fabel, Legende bedeuten kann. Es ist meistens *malaiisch-polynesischen* Ursprungs. Unter den einheimischen Sammlern dieser Märchen sind Rabezandrina und Rebearison als moderne Angano-Experten zu nennen. Wird im Madagassischen ein Märchen erzählt oder ein Lied erfunden, sucht man einzelne Worte und Klänge zu wiederholen; das gleiche Stammwort wird durch angehängte Silben vielfach abgewandelt, es kommt zu Wortverdoppelungen und Lautmalereien. Die Märchen werden außer beim Stamm der Merina, deren Dialekt als Hochmadagassisch gilt, in den jeweiligen Dialekten erzählt.« Elie erklärt, daß folgender Grundsatz hierbei zu bedenken ist: *»ny Fanahy no alona.* Die Seele bestimmt den Menschen, denn in der madagassischen Vorstellung gibt es ein Leben im Jenseits. Zwischen der Aufnahme in die Reihen der Ahnen und dem körperlichen Tod schwankt die Seele zwischen beiden Reichen hin und her. Freilich ist sie in diesem Zwischenstadium ansprechbar. Entsprechend ist Todesfurcht den Madagassen unbekannt; der Mensch entsteht nach seinem Tod noch mächtiger und vermag seinen Mitmenschen durch Ratschläge zu helfen, den Nachkommen kann er seine Wünsche mitteilen.«

Bereits zwei bis drei Jahre nach ihrem Tod werden die Ahnen aus dem Grab genommen, ihre Knochen gereinigt, eine frische Lambamena, ein verstärktes rotes Seidentuch wird ihnen wieder über die rechte Schulter gelegt. Die Lebenden tragen die lamba (Stola) über der linken Schulter. Die Ernte und die Neugeborenen werden ihnen gezeigt, anschließend bestattet man sie wieder in ihrem Haus. Dies geschieht vor dem Hintergrund der ersten Einwanderer aus Asien, die in dem noch *fremden* Land nicht für immer bestattet, sondern jederzeit bereit zur Rückkehr sein wollten. So ist das Totenfest die wichtigste kultische Feier, ein Ereignis, das nicht nur die Verwandten, sondern die gesamte Dorfgemeinschaft zusammenführt. Der geeignete Zeitpunkt für das Begräbnis wird durch den Medizinmann oder Zauberer bestimmt. Madagaskar verfügt in seinen Pflanzen über eine solche Fülle von Pharmaka, die als Heilmittel gegen Krankheiten und als Abwehrmittel gegen böse Geister verwendet werden.

»Hierbei wirkt vieles als *fady*«, sagt Elie, »als Tabu, und Tabus werden auf Madagaskar respektiert wie selten in einer anderen Kultur. Die Ältesten im Dorf bestimmen das *fady*. Örtlich sind die *fady* verschieden, es gelten zudem andere für Männer als für Frauen. Ein Dorfpatriarch verfügt über das Recht, sie aufzuheben oder neu zu bestimmen. Zuweilen sind Esel *fady*, in einem Märchen sogar ein Ochsenschädelknochen, vor allem aber die Kraterseen in vulkanischem Gebiet. Ein anderes Beispiel: Im Königreich der Merina wurde lange Zeit das Wort *Schmetterlingspuppe* verboten, weil eine Königin dieses Namens verstorben war. Die Geburt eines Kindes ist Anlaß für eine große Familienfeier. Eine Woche nach der Geburt trägt bei den Merina die Mutter, begleitet von den Verwandten, das Kind feierlich acht Mal um das Haus, um es vor bösen Geistern zu schützen. Der Madagasse ist Monotheist. Sein Gott, Zanahary, sendet Glück wie Unglück, der Mensch vermag lediglich durch Opfer Unheil abzuwenden. Zanahary, *der mit der Flammenlanze*, taucht in den Märchen immer wieder auf, er ist ein patriarchalischer Sonnengott und sein Namensursprung ist indonesisch. In einem Angano schafft er den Menschen aus Erde und Himmel, er zeichnet auf den Boden menschliche Figuren, er haucht ihnen Leben ein, in dem er vom Himmel Pfeile regnen läßt.«

»Wie ist das Verhältnis von Körper und Seele?«, frage ich.

»Die Philosophie der Madagassen«, sagt Elie, »betrachtet den Menschen aus drei Elementen: Körper (Vatana), Leben (Aina) und Seele (Fanahy). Gott Zanahary wird ursächlich mit dem Leben in Verbindung gebracht, mit Aina und dem Weiterleben der Seele nach dem Tod. Dies entspricht auch der mündlichen Lehre des bedeutenden Königs Andreanam-poinimerina, der 1788 bis 1810 an der Macht war. Das Domizil des Königs liegt in den blauen Hügeln und im Radius der heutigen Hauptstadt Tananarive. Die Kulturen der einzelnen Ethnien blieben trotz der französischen administrativen Maßnahmen erhalten. Diese kulturelle Einheit verdeutlicht sich vor allem im Ahnenkult. Im Einklang mit dem madagassischen Jenseitsglauben, wonach die Seele nach dem Tod noch weiterlebt, gelten die Ahnen als Beschützer und vermitteln die Gebete der Lebenden an Gott.«

Hier vermochte auch das Regime Ratsiraks nichts zu ändern. Elie erinnert sich, daß er als amtierender Staatschef seine Neujahrsansprachen mit den Worten schloß: »Im Namen Gottes werde ich euch im Geiste der Ahnen und mit deren Hilfe in das sozialistische Paradies führen.« Auch unter den Christen in Madagaskar ist es nicht selten, daß der Name Christi in Verbindung mit den

Ahnen auftaucht, oft in einer synkretistischen Form. Über das Land verstreut findet man heilige Stätten, Ahnengräber; dort hofften Lebende, den Geistern der Ahnen zu begegnen. Da die Toten noch im Reich der Lebenden handeln können, muß man sie ehren, ihnen gehorchen. Der Madagasse möchte nicht weit von seinen Toten entfernt wohnen; er glaubt immer, wenn er weit entfernt von ihnen stirbt, daß er nicht zu ihnen zurückkommen kann, um die ewige Ruhe zu finden. Die wirkliche Einheit des Dorfes gründet sich auf diesem Respekt vor den gemeinsamen Vorfahren. Die traditionelle Religion der Madagassen kann nicht durch Dogmen definiert werden. Zunächst, weil sie von einem zum anderen Jahrhundert geringfügig variiert. Weiter, weil sie sich nicht darauf beschränkt, Gott zu erkennen, sondern auch eine Weise ist, die Welt zu erfassen, sowie die Beziehungen der Menschen zueinander. So ist es in der madagassische Kultur kaum möglich, eine Unterscheidung zwischen dem Profanen und dem Sakralen zu machen. In der traditionellen Kultur ist alles sakral, die Nahrung wie das Haus, der Reis wie die Ehren, die den Toten bezeugt werden. Wenn man die madagassische Religion mit einer anderen vergleichen will, so nicht mit dem Christentum, sondern mit dem Paganismus der *cité antique*.

»Die Elemente dieser Religion«, sagt Elie, »kommen aus zwei Richtungen: einerseits aus dem Respekt vor den Ahnen und dem Familienkult, der eine Gesellschaft zusammenhielt, die sich auf Genealogie gründet, wie sie die malaiisch-polynesischen Immigranten gekannt haben; andererseits sind Fetischpraktiken und kulturelle Regularien von Bedeutung, die arabischen Ursprünge haben. Dieser Synkretismus ist bis heute ein wesentliches Merkmal der madagassischen Kultur.«

Ihre markantesten Kennzeichen sind die Beerdigungszeremonien und die Mitgift, die man den Toten gibt. Diese Rituale bestätigen die Einheit der Familie über die Jahre und die Generationen hinweg. Von großer Bedeutung im Denken der Madagassen sind das Tsiny und das Tody. Das Leben des Madagassen ist in seiner Gesamtheit durch das Tsiny bestimmt. Die geringste Handlung, die knappste Ansprache und Redewendung, kann nicht ohne das Bewußtsein des Tsiny verwirklicht werden.

»Das Tsiny ist zugleich Selbstzensur, Vorwurf, und kann sich in allen inneren und äußeren Merkmalen des madagassischen Lebens manifestieren«, sagt Elie.

»Wie ist dies gemeint?«, werfe ich ein.

»Der Madagasse fühlt sich leicht schuldig, wenn er spricht oder handelt. Es gibt eine Serie von Regularien, die aus der Vergangenheit abgeleitet werden, ein kulturelles Testament, daß es um jeden Preis zu beachten gilt. Es entsteht so etwas wie Schuldbewußtsein. Für jedes Individuum, gleichgültig, was es macht, gibt es immer ein Detail, das vergessen wurde, es ist nicht leicht, so zu handeln, wie es die religiös-kulturellen Normen vorschreiben. Es gibt das elementare Bedürfnis der Madagassen, von irgend etwas oder von irgendwem abzuhängen. Sei es von den Eltern, den Brüdern oder vom *fokonolona*, dem Rat der gemeinsamen Dorfbevölkerung, oder von Gott selbst. Der Madagasse weiß, daß er die Folgen seiner Fehlentscheidungen selbst tragen muß.«

»Tritt hier das *Tody* auf?«

»Ja«, antwortet Elie. »Eine gewisse Art der immanenten Gerechtigkeit, eine Bestrafung für den, der eine ewige Ordnung durchbricht. Die Organisation des Staates und seiner Strukturen hat in Madagaskar auch eine besondere Tradition. Obwohl etwa Andrianampoinimerina ein absoluter Herrscher war, bediente er sich doch der öffentlichen *kabary*, bei denen durch Reden seine Absichten zum Ausdruck kamen, den Menschen aber eine gewisse Art der Beteiligung zugestanden wurde, eine Art von Basisdemokratie. Diese *kabary*«, fährt Elie fort, »bleiben ein integraler Bestandteil des öffentlichen Lebens in Madagaskar, auch heute, und werden von allen öffentlichen Personen benutzt, vom Präsidenten bis hin zu den Bürgermeistern.«

Hört man einem Kabary zu, ist man verwundert über die Vielseitigkeit der Höflichkeitsrituale und der Entschuldigungen angesichts der Autorität der Ahnen, die das Individuum fast vergessen machen. Der traditionelle Madagasse kann sich keine Freiheit ohne die Gemeinschaft vorstellen, er lebt im Bewußtsein des Gehorsams gegenüber den Ahnen und befindet sich auf halbem Weg zu einem gewissen Fatalismus. Wird ihm Schmerz und Schaden zugefügt, stützt er sich nicht auf Gott: es sind die Menschen, die für sich selbst verantwortlich sind.

Die Grabrituale der Madagassen sind besonders interessant. Familiengräber sind wichtige Gegenstände. Es sind große Konstruktionen und variieren von Grashügeln zu ausgearbeiteten, handgeschnitzten Gräbern mit blinden Türen und Fenstern. Dies konnte ich während meiner Reise an mehreren Orten beobachten. Nach madagassischem Glauben sind auch die Toten von der Welt verschwunden, führen aber eine neue Existenz in der nächsten Welt und bleiben in Kontakt mit den nachfolgenden Generationen, indem sie über die Träume ihren Gehorsam und die überlieferten Sitten kontrollieren, ihnen Rat geben und Mißfallen ausdrücken. In Opfern und Gebeten wird den Toten gehuldigt; Tote und Lebende bilden so eine Gemeinschaft. Der Tod, wenn er nicht durch das hohe Alter eintritt, wird als Strafe Gottes (Zanahary) oder der Ahnen wegen eines Mangels an Respekt aufgefaßt. Hieraus resultiert die

Vielzahl an Tabus, die das Leben in Madagaskar bestimmen. Es herrscht der Glaube, daß das Vieh dem Menschen in die nächste Welt folgt. Beim Tod eines Menschen wird der Körper sorgfältig in das Tuch aus roter Seide, das *lambamena* gewickelt. Der Tod vereint die Familie im Grab; so wird bekräftigt, daß die Toten weiter existieren und auch noch handlungsfähig sind. In der Hoffnung auf diesen ewigen Frieden widmet der Madagasse der Konstruktion eines Grabes mehr Zeit als der des Hauses, da er in ihm ja nur einige Jahre verbringt.

»Man muß zwischen dem Körper, der im Grab bleiben wird und dem Doppel, das sich davon trennen wird, mit dem aber in Wirklichkeit gerechnet werden muß, unterscheiden«, sagt Elie. »Das Doppel des Körpers hat seinen Ehrenplatz im Haus, in der nordöstlichen Ecke. Es kann in einem Stein verborgen sein, oder in einem Baum. Gott existiert wirklich, ihm verdankt der Mensch sein Leben.«

Es gibt eine grundlegende traditionelle religiöse Glaubenshaltung in Madagaskar, die nicht nur die Sexualität betrifft. Alle glauben an ein höchstes Wesen, das verschiedene Namen hat. Etwa Zanahary und Andriamanitra, alle glauben an die Unsterblichkeit der Seele und an ein Leben nach dem Tode. Die traditionelle Kultur kennt auch die Geister in dem Brunnen im Walde. Die *fady,* so habe ich es immer wieder erfahren, sagen, daß ein Dorf an einem bestimmten Tag nicht arbeiten darf, oder daß Mann und Frau eine bestimmte Arbeit nicht ausführen dürfen. Das Unglück, das aus einer Verletzung des Sakrilegs der Ahnen resultiert, ist eben als *tody* bekannt.

Hier liegt eine besondere Variante der traditionellen madagassischen Theodizee vor. Den Ahnen wird eine größere Kraft zugesprochen als den Lebenden. Die Seelen der Verstorbenen umgeben den Einzelnen, sie haben immer teil an all seinen Aktivitäten, und überwachen gemeinsam die kulturellen Normen. Die Furcht vor dem Zorn der Ahnen trägt weit. Darin findet sich ein bewahrender Grundton in der Religion. So erklärt sich auch die Weigerung der Bauern, traditionelle Techniken des Ackerbaus aufzugeben und zu neueren Methoden fortzuschreiten, die ihre Väter noch nicht gekannt haben. Der traditionelle Madagasse vertraut sich der Weisheit der Vergangenheit an, wobei die Toten am Ursprung der Lebenden stehen. Dies ist die besondere Form der madagassischen Transzendenz. Das Leben hört nach dem Tod keineswegs auf. Die Geister der Toten kehren zurück; einem Menschen, der stirbt erklärt man, er sei aufgebrochen, um ein Ahne zu werden.

Die besondere madagassische Eschatologie, die auf das Vorrecht des Älteren pocht, läßt die Würde des Alters entstehen. Es versteht sich, daß es einen Todestanz der Hinterbliebenen gibt, der nur den Zweck hat, sich zu zerstreuen, bevor der Tote die Welt der Lebenden verläßt. Diese Fröhlichkeit resultiert aus der bevorstehenden Zusammenkunft mit den Ahnen. Der Kult der Toten findet seine Fortsetzung in dem Kult der Ahnen. Es wird offensichtlich, daß in Madagaskar die Wirtschaft nicht von der Kultur und der Religion getrennt werden kann, da es einen fließenden Übergang von der Welt der Lebenden zu den Toten gibt. Klar ist auch, daß von der Geburt bis zu seinem Tod der traditionelle Madagasse mit der Magie lebt und eine physische Angst vor dem Unbekannten hat, worin seine Metaphysik in ihrem wesentlichen Kern zum Ausdruck kommt: in der Furcht vor der Nacht, wobei die Nacht, als Quelle des Bösen betrachtet wird. Es herrscht eine gewisse Abhängigkeit von *ody*, dem Talisman, von dem *Fanafody* oder Heilmittel, dem *Sikidy* oder der göttlichen Ahnung, dem Glauben an das Schicksal.

»Die indigene Religion ist nicht frei von einer gewissen Tradition der Hexerei und des Fetisch«, sagt Elie, »woraus auch jene Sensibilität des religiösen Glaubens sowie die besondere Gefühlsbetontheit folgt, die den traditionellen Madagassen auszeichnet. Es herrscht jene Verweigerung der Aktion, die auf das Konzept des *Tsiny* zurückgeht, das allgegenwärtig ist; man ist passiv, weil man Angst hat, in der Nichtkonformität zu handeln und den Ahnen zu widersprechen. Der andere Mensch bedeutet viel für den Madagassen, so entsteht jene besondere Höflichkeit, die man bei den Orientalen kennt.« Das Opfer erhält seine besondere Bedeutung in Beziehung zum Totenkult, in der Verbundenheit mit den Ahnen, in einer metaphysischen Furcht vor dem Unbekannten und dem Ungewohnten; all dies führt immer wieder zum Opfer, sei es in Form der Zeburinder, oder als Opfer aus Gründen der Selbstreinigung.

Das Heilige *hasina*, das dem Leben die Kraft gibt, findet seine Verkörperung in einer großen Anzahl von Wesen: zunächst in Gott dem Schöpfer, *Zanahary*, der immer zuerst genannt wird, weiter in Gottheiten des zweiten Rangs, männlich oder weiblich, aber auch in Gewässern, Bäumen, Steinen, die lebendiges Wesen beinhalten und die den Menschen tanzen machen können: *bilo*, *tromba*. Die Lemuren, Krokodile, gewisse Schlangen vervollständigen diese Mythologie. »Liegt hier nicht auch die Besonderheit des Todes?« frage ich.

»Der Übergang von Leben und Tod«, sagt Elie, »gibt Raum für die Riten des Übergangs, die als wesentliche Feste gefeiert werden, mit gemeinsamen Mahlzeiten. So entstehen die Todesfestivitäten, Umbettungen, um die Ahnen zu befrieden, ihren Zorn zu vermeiden. Die Toten leben in einem Grab der Familie oder des Stammes, das eine Grotte oder ein heiliger Baum oder eine Steinöffnung in einem Haus sein kann. Von dort aus beobachten sie ihre Nachfahren. Die heiligen Orte sind der Nordosten der Hauses, die Türe nach

Osten. Die soziale Hierarchie schreibt sich im Tode fort. Die Religion ruht somit auf den Ahnen, die Natur steht im zweiten Range.«

All das ist einsetzbar als schwarze oder als weiße Magie, zur Heilung etwa. Der Verteiler der Schicksale, *mpamosavy*, handelt meist in der Nacht, er ist für die Krankheiten und den Tod verantwortlich. Die fady (Tabua) dauern ein ganzes Leben an, etwa bei Essensvorschriften, die *ody* (Talismane) sind oft Lebensmittel oder Pudersorten, aber auch Glasperlen und Tierzähne. Hinzu treten die *fanafody* (Heilmittel), wie die Infusion von Pflanzen, vor allem gegen das Fieber. »Welche Bewandtnis hat es mit jener madagassischen Weisheit?« werfe ich ein.

»Die Begriffe von Zeit und Raum sind ziemlich ungenau,« erklärt Elie. »Stunden werden nach dem Stand der Sonne mit Blick auf das Haus gemessen, die Tage der Woche haben arabische Bezeichnungen, aber ein großer Teil der traditionellen Bevölkerung hat den Sanskritkalender bewahrt, die Jahre formen einen Zyklus von 7 Jahren, von dem jeder den Namen eines Tages der Woche bezeichnet. Die Zeremonien, die Nächte des Vollmondes sind Gelegenheiten für literarische Manifestationen, auch für Lieder und Tänze. In ihnen äußert sich fragmentarisch jene madagassische Weisheit. Es gibt den berühmten Ausspruch *Mamy ny aina*, das Leben ist süß; Ziel des Lebens ist es, sich seiner selbst in Frieden zu erfreuen, und das Leben fortzuschreiben durch seine Kinder. Der Mensch lebt in Einklang mit der Welt, er ist ein Teil der Natur, die ihrerseits heilig ist. Die Moral leitet sich nicht von einem kategorischen Imperativ ab, sondern aus der Praxis des Lebens selbst. Hier liegt ein Empirismus vor, ein Sinn des Möglichen und des Passenden, eine Kunst des Lebens, die das *tsiny* verständlich macht; jene Furcht vor der Schande, die man auf sich ziehen könnte bei der Verletzung eines Rituals, aber auch durch eine Innovation, die mit Althergebrachtem bricht. Dies erklärt eine Vorsicht, eine Beschneidung, ein Formalismus, aber auch einen gewissen Fatalismus; sicherlich aber auch den Respekt der anderen Menschen, der Ahnen, aber auch eine bestimmte Höflichkeit, die soweit gehen kann, niemals zu widersprechen. Die Vorstellung des Lebens ist auf Ausgeglichenheit gerichtet, etwa zwischen Natur, Religion und Gesellschaft; hieraus bezieht der Mensch seine Sicherheit und seine Kraft. Eine Gesellschaft, die auf der Moral der Ahnen aufgebaut ist, auf einer stabilen Welt beruht, dauerhaft ist und gerecht, das sind die Ingredienzen der Weisheit der traditionellen madagassischen Kultur. Die primordiale Bedeutung der Kontinuität beruht auf dem Kult der Ahnen, die Fortschreibung in den Kindern und Kindeskindern.«

Die Geburt scheint immer als ein glückliches Ereignis, die Aufzucht von

Kindern ist mit zahlreichen Tabus umgeben. Mit zwölf Jahren führt die Beschneidung den Jungen in die Welt der Erwachsenen ein, in einer kollektiven Zeremonie. Beide Geschlechter haben bis zur Hochzeit die gleichen Freiheiten. Der Zölibat ist ein anormaler Zustand. Polygamie ist an der Tagesordnung –, die Merinakönige hatten zwölf legitime Frauen und einige Konkubinen.

Liebe ist für den Madagassen eine Art Freundschaft, am häufigsten eine Art sinnlicher Freude. Das Leben ähnelt einem heiteren Tanz, der die Figuren verschlingt. Eine unbekümmerte Leibesfröhlichkeit strahlt aus vielen Liebesliedern. Der Begriff der Dauer ist dem Madagassen weniger bekannt, der Augenblick ist die Dauer.

»Welche Auswirkungen hat dies auf die Sexualität?« frage ich.

»Die Sitten und Gebräuche der Madagassen haben sehr aufgeschlossene Sexualpraktiken. Jungen wie Mädchen beginnen vor der Pubertät mit Sex zu experimentieren, und die meisten hatten Geschlechtsverkehr mit weniger als 14 Jahren, Mädchen werden früh schwanger, zumeist vor der Ehe. Für die Madagassen, etwa die Bara, sind männlich und weiblich die primären Kategorien der menschlichen Existenz, nicht Individuum und Gruppe, Körper und Seele, oder politische, wirtschaftliche oder religiöse Kategorien. So ist die Trance der Bara explizit um sexuelle Ekstase gruppiert. Die bilo Trance der Bara feiert eine Befreiung von den Begrenzungen der eigenen Persönlichkeit. Bezeichnende Veränderungen vom Zustand de menschlichen Wesens (etwa in einen Ahnen, in einen Bilo Geist) können nur erreicht werden als ein Art der sexuellen Transformation. Dies geht auch aus den Begräbnissymbolen hervor.«

Die sexuelle Symbolik des Begräbnisrituals ist instrumentell, und der Zweck ist es, die Toten aus der Welt der Lebenden zu stoßen, zu ihrer Inkorporation mit den Ahnen. Die Trance ist etwas verschieden. Obgleich die heilenden Kräfte ein unleugbarer Zweck des Bilo-Rituals sind, ist es doch zugleich eine *sui-generis*-Feier der Freude und des machtvollen Gefühls, aus der Sexualität zu schöpfen und so auf wunderbare Weise die eigene Schöpfung zu transzendieren – eine Zelebrierung des Lebens. Noch heute sind die Bewegungen der verschiedenen Ethnien in Madagaskar nicht beendet. Ganze Familien verlassen ihren *tanindrazana*, was bei genauer Übersetzung *Land der Ahnen* bedeutet. Dies gilt für die Sakalava, Betsileo, Bezanozano oder Sihanaka. In allen Fällen gilt das Gleiche: Die Erde ist die Welt der Lebenden, die dem Himmel entgegengesetzt ist, als dem Ort des Übernatürlichen. Gott ist der erste Ahne des Königs und verleiht ihm seine Autorität und Legitimität. Der unmittelbare Kontakt mit Gott stellt sich in Form der Talismane dar, *ody* genannt. In der Sakatava-Kultur gibt es etwa den Ausspruch: *ampanjaka tsy ampody avelo,* Die

Götter sterben nie. Hier liegt eine Anspielung auf die Ewigkeit und den Tod vor. Der Gott stirbt nicht, weil er sich auf der logischen Weiterentwicklung der Zeit im Sinne der Schöpfung der Welt befindet. Wirf man von einer Krankheit befallen, deren Ursprung man nicht kennt, ist es die Schuld des *tsiny*. Die Kategorie des *tsiny* vereinheitlicht Raum und Zeit und ist umfassend. Dies gilt auch für die Arbeitsethik. Sich einer Arbeit mit gewissen Werkzeugen und Technologien unterwerfen heißt auch mit Blick auf die Ziele und die Organisation der Arbeit grundsätzliche Ideen über die Natur der Menschheit und Gesellschaft anerkennen. Es gibt folglich auch eine symbolische Dimension der Arbeit. Diesem Phänomen bin ich in den abgelegenen Gegenden immer wieder begegnet. Die Sakalava kennen etwa zwei Arten von Arbeit: *asa*, die eigene heimische Arbeit, und *fanaompoana*, die Arbeit für den König auch als Dienstleistung, als politische, religiöse und wirtschaftliche Dienstleistung gegenüber der Monarchie. Die Sakalava sind Teilnehmer einer göttlichen, organisierten Arbeitsteilung. Bestimmten Menschen werden im königlichen Auftrag bestimmte Aufgaben zuteil. Die Sakalava haben eine klar umrissene Arbeitsethik. Jede Person hat gleichsam einen Anteil am Leben, der nur dieser allein zugehört. Kommt es zu Übergriffen auf diesen Anteil, so folgt Bestrafung. Eine Person, die versucht, ihrem Schicksal zu entkommen, etwa dadurch, daß sie von ihrer Arbeit wegläuft, wird leiden und die Nachkommen nach ihr ebenso, bis die Person vor den königlichen Nachkommen um Gnade gebeten hat. Der Sakalava ist gezwungen, sich der königlichen Autorität zu unterwerfen. Die Antwort auf einen königlichen Befehl lautet stets: *tomboko*, abgeleitet aus einer Grußform des Swahili und zugleich eine Unterwerfungsgeste. Religiöse Symbole wurden gebraucht, um die sakrale Dimension des Königreichs zu steigern. Dies trifft mit dem Anwachsen der säkularen Macht auch auf die Merina zu. Durch das sakrale Element erreichte die säkulare Macht eine Reichweite, die sonst nicht möglich gewesen wäre.

In Madagaskar wird den Verstorbenen zuweilen noch ein neuer Name gegeben, ehe sie zu den *Razana*, den Ahnen eingehen. Die farbenprächtigste Verbindung mit dem Jenseits ist die Zeremonie des Herausholens der Toten. Im Hochland, wo die Merina und die Betsileo ihre Toten in Familiengräbern bestatten, werden jedes Jahr während der kalten Wintermonate viele Grabstätten geöffnet. Bei der festlichen Zeremonie, zu der Musik, Tanz und natürlich Ansprachen zählen, werden die sterblichen Überreste der Verwandten aus der Grabkammer genommen und in neue Tücher gehüllt.

Ich komme auf die madagassische Weisheit zurück und bitte Elie um Präzisierung. Er spricht von *Fanahy fahendrena*, der madagassischen Weisheit.

»Von gleicher Wichtigkeit ist der zweite Pfeiler für die Weisheit, das *Fihavanana*. Es umreißt zugleich die Blutsverwandtschaft, die Freundschaft und die zwischenmenschlichen Beziehungen. Hiermit ist auch eine Konvivialität gemeint, die spezifische Weise, Mensch zu sein in dieser Welt. Die Weltanschauung Madagaskars versteht einen Humanismus, dessen Charakteristik darin besteht, ein Mensch zu werden nach den Gesetzen des *Fihavanana*. In seinem Kern konstituiert es das *aina*, das Leben. Hierin zeigt sich auch eine madagassische Ontologie, die mit der madagassischen Weisheit gleichzusetzen ist. Das *Fanahy* macht den Menschen aus und unterscheidet ihn vom Tier. In der madagassischen Existenzphilosophie gibt es nicht das Verb *sein*, vielmehr besteht eine Interaktion zwischen Gott Zanahary, der Natur des Lebens, *Aina*, und den verschiedenen Imperativen, die das Leben des Menschen begleiten, genaugenommen das *Fanahy* und das *Fihavanana*. In der Philosophie der Madagassen ist die persönliche Existenz eine Funktion der kollektiven Existenz. Leben heißt immer sich mit der Gemeinschaft, dem Kosmos, den Ahnen, Gott oder den Gottheiten abstimmen, um *olom-banona*, eine vollständige Person, und schließlich *olonkendry*, ein Weiser, zu werden. Es gibt eine gewisse Familiengebundenheit als Voraussetzung für das Glück. Der Madagasse versucht am Lebensfluß tatsächlich teilzunehmen.«

In der madagassischen Weisheit kommt der Primat der Kollektivität über das Individuum zum Ausdruck. *Aza miala ny maro*: sich niemals von der Mehrheit trennen, im Glück wie im Unglück. Die Madagassen betrachten die Frau als Symbol der Weisheit. Vier Aspekte sind von Wichtigkeit für die madagassische Seele: das *Aina* als Fundament der madagassischen Weisheit, das *Fanahy* als wichtigste Stütze, das *Fihavana* als Ort des *Aina* und zweiten Pfeilers.

Aina umfaßt mit Blick auf den Menschen vor allem den Atem, die physische Existenz, das Bewußtsein, die Stärke, den letzten Atem, *fara fofon aina*. Der Atem markiert die Existenz des Lebens, alle Lebewesen verfügen über ihn. Es herrscht zugleich die Vorstellung, daß unser Leben nicht von uns selbst abhängt. Das Leben ist ein Schatten und eine Wolke: es zieht vorbei und es ist nicht mehr. Der Madagasse begreift das Leben als das schönste Geschenk, das der Schöpfer Zanahary gemacht hat und die Ahnen (Razana) ihm verliehen haben. Gemeinsam haben sie das Ziel, das Leben zu erhalten, man kann aber nicht an *aina* denken ohne das *Fanahy* einzubeziehen. Darunter versteht man auch eine gewisse Unruhe, auch die Fähigkeit zu urteilen. Selbst wenn der Madagasse die Welt nicht versteht, akzeptiert er sie doch, er ist in gewisser Weise Fatalist.

»Es gibt ein fundamentales Bedürfnis«, sagt Elie, »in harmonischer Weise mit den Mitmenschen zusammenzuleben, ein wichtiges Sprichwort lautet: Es ist besser, seine Geldbörse zu verlieren, als seine Freunde. Zugleich herrscht auch eine fortschritthemmende Einstellung in der Betonung des Sich-Zeit-Nehmens für das Leben und der Abneigung, sich dem Zeitfluß entgegenzustellen. Die religiöse Dimension manifestiert sich letztlich in der Suche nach dem Mysterium und dem Absoluten.«

»Wie stellt sich folglich heute in Madagaskar das Verhältnis von Tradition und Modernität dar? Mit anderen Worten, worin kommt die kulturelle Identität Madagaskars heute zum Ausdruck? Welche Bedeutung haben heute noch Gebräuche und Sitten und Glaubenshaltungen?« frage ich.

»In Madagaskar war die Annahme der Modernität immer sehr zweiseitig: sie ist zugleich von der Faszination geprägt und von der Zurückweisung. Das Proverb modern *Alika ny vazaha*, (der Weiße ist ein Hund) kennzeichnet diese Ambiguität. Dies stellt nicht unbedingt eine Beleidigung dar. Der *Vazaha* ist ein Hund, weil er intelligent und erfindungsreich ist. Man bewundert seine Intelligenz und weist doch seinen Einfluß zurück. Bis zum Beginn der Kolonisation war die Geschichte der Merina gekennzeichnet von dieser Dialektik der Faszination und der Zurückweisung. Während Ranavlona I. (1828-1861) ein Traditionalist und Xenophobe war, war sein Sohn und Nachfolger Radama II. ein Mensch, der Madagaskar den Franzosen ›verkaufte‹. Er öffnete sich allem, was europäisch war. Von den Notabeln als Verräter eingestuft, wurde er in seinem Palais ermordet.«

Die Haltung von Rainilaiarivony, Premierminister von 1864 bis 1896, war ebenfalls sehr doppeldeutig. Er konvertierte zum Protestantismus, um den Engländern zu gefallen, blieb aber zugleich eifersüchtig auf die Unabhängigkeit seines Landes bedacht. Was ihn wiederum nicht hinderte, sich nach der neuesten europäischen Mode zu kleiden. Ein anderes Beispiel: Die großen Dichter der Kolonialepoche, die virulente Nationalisten waren, schrieben zugleich in Französisch (Jacques Rabemananjara, Jean-Joseph Rabearivelo, Flavien Ranaivo). Der Dichter Flavien Ranaivo publizierte eine Reihe von Gedichten *L'ombre et le vent* (1947), die nichts anderes waren als Paraphrasen der alten *hain-teny*-Dichtung auf französisch. Zugleich wird das Malagasy als Sprache der Dichtung nicht nur in der traditionellen Dichtung, sondern auch in der modernen Dichtung gebraucht. Schriftsteller wie Dox, Ny Avana und andere haben dies in ihren Werken gezeigt. Die madagassischen Intellektuellen lebten stets, nicht nur in der Kolonialzeit, in einer Ambiguität zwischen ihrer eigenen Kultur und abendländischer Einflüsse. Selbst im modernen Sprachgebrauch erfolgt eine Mischung aus französischen und madagassischen Ausdrücken; anstelle des madagassischen Wortes *kapila* wird das Wort *lasety* gebraucht, eine Abwandlung des Wortes *assiete* oder *nastelle* von *tale* oder *sefo* von *chef* etc. Natürlich stellt sich heute die Frage: Existiert noch eine spezifisch madagassische Kultur? Es muß gefragt werden, ob die Identität einer Kultur auf einem System von Erkenntnissen, Glaubenshaltungen und Riten beruht, oder auf einer spezifischen Weise, die Wirklichkeit zu verstehen? Begreift man die madagassische Wirklichkeit als eine gewisse Weise, der Wirklichkeit entgegenzutreten, jenseits der Gebräuche, die sich ändern können, so kann man heute noch von einer spezifischen madagassischen Identität sprechen.

»Diese Kultur muß aber mehr sein als eine empirische Entität«, wirft Elie ein, »die es zu beschreiben genügt. Man kann leicht einen Ritus festmachen, aber den Geisteszustand, der ihn hervorbrachte, läßt sich erst in einer langen Analyse beschreiben. Es geht dabei weniger darum, theoretisch zu erkennen, als tatsächlich die innere Stimme der madagassischen Kultur zu verstehen. Hier setzt die Voraussetzung ein, mit den Menschen zu arbeiten und zu leben, um ihre Kultur zu begreifen, anstelle sie von außen wie Objekte einer theoretischen Analyse zu betrachten. Zwei Prinzipien legen Zeugnis von der Vielseitigkeit der Zivilisationen ab: zum einen die Hierarchie der Werte, zum anderen die Art und Weise, die Wirklichkeit zu strukturieren. Es kann sich folglich nicht mehr darum drehen, die verschwundenen Praktiken wieder zu rehabilitieren, sondern man muß sich zu fragen, welche Maßnahmen und Maßstäbe die neuen Kohärenzen ausmachen, die die Madagassen in ihrer spezifischen Weise weiter entwickeln. Gerade bei der jungen Bevölkerung ergibt sich ein Phänomen, einerseits fasziniert zu sein von der abendländischen Kultur und dennoch nicht als *Vazaha* (Europäer) gelten zu wollen. Diesem Tatbestand bin ich immer wieder begegnet. Stolz zu sein, Madagasse zu sein, zu wissen, daß irgend etwas ihn von dem Abendländer unterscheidet, ohne genau zu wissen, was es ist, und ohne es bestimmen zu können. Gleichzeitig kann sich die junge Generation nicht mehr unter den Zeichen der Ahnen definieren. Es geht darum, den alten Werten neue Inhalte zu geben. Es kann nur darum gehen, die wirkliche Kultur der Menschen von heute zu begreifen, und nicht eine ideale Kultur, die nicht mehr sein kann als ein theoretisches Konstrukt.«

»Die Gebräuche verschwinden nicht unbedingt, sie können sich auch umwandeln. Es gilt zu verstehen, daß die Besonderheit Madagaskars weniger in der Aktualisierung alter Werte liegt als in den Werten selbst«, werfe ich ein. »Die Verweigerung einer althergebrachten Existenz bedeutet nicht die Negation der Werte, die diese Art des Lebens bezeugen. In diesem Sinne läßt sich gewiß auch heute noch von einer madagassischen Identität sprechen, mag sie auch gefährdet sein«, antwortet Elie. »Gewiß sind die Madagassen auf der Suche nach einem neuen Gleichgewicht. Hier gewinnt die Inkulturation der Moderne besonderes Gewicht und eine Dynamik, weniger im Sinne erstarrter Traditionen als unter den Vorzeichen jener madagassischen Weisheit.«

Als wir das Gespräch beenden, bemerken wir, daß sich die Tische um uns in der Cafeteria längst geleert haben. Es ist weit nach Mitternacht, und ich begleite Elie mit freundschaftlichem Dank zum das Hotel.

MITTWOCH

An einem Mittwoch besuche ich den Nuntius des Vatikans, um aus erster Quelle über das politische Engagement der Kirche im Demokratisierungsprozeß unterrichtet zu werden.

Der Nuntius hat seine Residenz außerhalb der Stadt, in einem Villenvorort, der von Diplomaten gerne bewohnt wird. Die Zufahrt ist ein wenig pompös, der Villenflachbau ist von Palmenreihen und gestutzten Hecken umgeben, dahinter steht pflichtgemäß die Kapelle. Blumentöpfe schmücken die Zufahrt und den Aufgang. Auffallend bei Blasco Francisco Collaço, in welchem Maße er für die religiöse *cohabitation* im politischen Kampf gegen Ratsiraka eintritt. Den Staat heute bezeichnet er als Schiff ohne Kapitän, die Gesetze finden keine Anwendung, auch nicht bei Verbrechen. Die Politik der Regierung Mitterrand findet der Nuntius verwerflich, da 60% der wirtschaftlichen Hilfe für das alte Ratsiraka-Regime aus Frankreich kam. Frankreich übt heute kaum Druck auf Ratsiraka aus, die Macht aus den Händen zu geben. Frankreich frage nicht, wie die finanziellen Mittel verwendet werden, mit denen Ratsiraka sich 17 Jahre lang an der Macht hielt. Der Nuntius ist weltgewandt, in Goa geboren und erzogen, später Botschafter in Panama, der dominikanischen Republik und Kolumbien. Wir sprechen über die Befreiungstheologie, Gustavo Gutierrez, Leonardo Boff, über den 500. Jahrestag von Kolumbus. Immer wieder blitzt auf, wie stark der Nuntius gegen das Regime Ratsirakas eingenommen ist. Er ist die Anlaufstelle für viele politische Instanzen im Öffnungsprozeß Madagaskars. Tatsächlich interessiert ihn die Gewaltlosigkeit im Umbruch, und er erkennt die Unterschiede zu anderen Staaten der Dritten Welt. Dies betrifft auch die ethnische *cohabitation* Madagaskars, die Friedfertigkeit. Dieser Synkretismus in Madagaskar bedeutet auch, daß man Christ sein kann und zugleich Anhänger des Ahnenkults. Wichtig ist in Madagaskar die Insularität als Zeichen der kulturellen Identität. Die *sagesse malgache* bedeutet den Respekt zwischen den Menschen, die Suche nach Harmonie; hier läßt sich eine Brücke zur indonesischen Kultur schlagen, zum Begriff des *kasar*. Sich jemandem gegenüber unfair zu verhalten, ist hiermit ausgeschlossen; die madagassische Kultur versucht Brüche zu vermeiden und hat einen versöhnlichen, vermittelnden Charakter. Der Vergleich zur indonesischen Kultur, vor allem Javas, drängt sich auf; so der Begriff *halus*, der alles, was fein und höflich ist, umschließt. Hier findet sich jene besondere Tradition der Gewaltlosigkeit als Wurzel der Beziehungen der Menschen untereinander. Madagassen, die in andere Teile der Welt auswanderten, zeichnen sich folglich durch eine große Akkulturationsfähigkeit aus. Der Nuntius bittet um Diskretion, um seine politische Arbeit vor Ort nicht zu gefährden.

Am Abend treffe ich in der Bar des Hotel Colbert den Chefredakteur Stephan Jacob von Midi Madagaskar, der einer der Auguren des politischen Lebens in der Öffentlichkeit Madagaskars ist. Er verfolgt und deutet die vielschichtigen Prozesse der madagassischen Politik, vor allem nach den Unruhen 1989. Die Verfassung von 1975, faßt er zusammen, untersagte jede politische Aktivität außer der Verteidigung der Revolution Ratsirakas. Andere Parteien hatten keine Existenzberechtigung. Ab 1989 erfolgte eine Öffnung der Parteien.»Die sozialistische Revolution Ratsirakas«, so sagt Stephan Jacob, »wurde nicht von der Mehrzahl der Bevölkerung getragen. Im März 1989 wurde Ratsiraka mit 62% der Stimmen wiedergewählt. Freilich vermutete man Wahlbetrug, der nie bewiesen werden konnte.«

Seit 1989 versucht die Opposition das Ergebnis der Wahlen anzufechten und bemüht sich um eine Verfassungsänderung, die Ratsiraka im Juli 1991 akzeptierte. Im Mai 91 gingen 300.000 Menschen auf die Straßen, am 10. 8. 91 lief die Menge auf das Präsidentenpalais zu, die Streitkräfte des Präsidenten eröffneten das Feuer. Es gab 20 Tote und Hunderte von Verletzten. Die Haut Autorité wurde am 31. 10. 91 durch eine *Convention* verabschiedet, danach gewann sie an Macht. Ratsirakas Machtfülle hingegen hatte immer stärker nur symbolischen Charakter. Heute liegt die Macht in den Händen der Kräfte des Übergangs; die Convention ist für 18 Monate gültig, das Forum *Nationale* wurde zur Ausarbeitung der neuen Verfassung eingesetzt, die Kirchen unterstützen in ökumenischen Weise die Arbeit des Forums. Dies ist wichtig, weil die Kirchen der Autorität des Staates nicht unterstellt sind. 1990 kam François Mitterrand zum 30. Jahrestag der Unabhängigkeit. Wegen des damaligen Wahlbetrugs Ratsirakas war sein Besuch in Frankreich umstritten. Heute versucht man alles, um Ratsiraka daran zu hindern, sich an den Präsidentschaftswahlen zu beteiligen, mit der Begründung, er könne sich nicht ein drittes Mal zur Wahl stellen. Die Zeitung von Stephan Jacob, *Midi Madagaskar*, bezeichnet sich gerne als unabhängig, zumindest wird sie von keiner Partei finanziert und vertritt keine bestimmte Richtung. Sie ist folglich auch nicht unbedingt gegen Ratsiraka, sondern eher unparteiisch.

MONTAG

Am Tage vor der Abreise treffe ich den Außenminister Madagaskars, der auch Präsident der *Académie Malgache* ist und vor allem Kenntnisse über die madagassische Geschichte seit der Besiedlung der Europäer hat, besonders über ihre legendären Königtümer. Er war früher Botschafter in London, von wo ihn Ratsiraka zurückberief. Er ist im Augenblick gleichsam der Kompromißkandidat zwischen den Kräften der *Haut Autorité* und der schweigenden Präsenz des Diktators. Das Vorzimmer des Ministers ist im Empirestil eingerichtet, französisches Empire versteht sich, das unwirklich wirkt in dem kalten Neubau. Dann öffnet sich die Tür zu dem Allerheiligsten, der Minister tritt auf und zelebriert seinen Auftritt. Er ist schmächtig, sich seiner Bedeutung jedoch durchaus bewußt: ein politisches Chamäleon, das die verschiedenen politischen Kräfte des Landes in der eigenen Person austarieren muß.

»Die Polizei gehorcht heute den Kräften des Übergangs«, sagt er, »freilich gibt es immer noch Kräfte in der Armee, vor allem im Offiziersrang, die sich auf die Seite Ratsiraks schlagen.« Der Außenminister zeigt sich skeptisch-pessimistisch für die Zukunft Madagaskars. Der Außenminister Anosy Cesaire Rabenovo bekennt, daß bis 1984 die DDR stärker vertreten war als die BRD, sukzessive wären die Kubaner und die Nordvietnamesen verschwunden; heute wird offiziell eine offene Politik betrieben. Madagaskar will ein vollwertiges Mitglied der internationalen Gemeinschaft werden, diese Tendenz bestand bereits vor dem Zusammenbruch der Sowjetunion. Der Außenminister deutet an, daß die Durchführung seiner Aufgabe heute angesichts der politischen Konstellation einem Eiertanz gleiche, glaubt aber, daß sich die demokratischen Kräfte in Madagaskar durchsetzen werden. Freilich räumt er ein, daß dieser Optimismus heute eher unbegründet ist. Über seinem Schreibtisch hängt immer noch das offizielle Staatsfoto Ratsirakas, auf das er vor jeder Aussage einen schüchternen Blick wirft, so als würde er um Erlaubnis fragen, bevor er antwortet. Das Außenministerium steht in der Nähe des Hilton Hotels in der Unterstadt, in der die Ministerien wie in Brasilia, der futuristischen Hauptstadt

Brasiliens, schachbrettförmig aufgereiht sind. Der Empfang beim Außenminister ist sehr höflich, eingeleitet vom deutschen Botschafter. Der Minister meidet aktuelle politische Stellungnahmen, die ihm in Zeiten des Umbruchs zu heikel erscheinen. So konzentriere ich mich im Gespräch auf die historische Herleitung des modernen Madagaskars, wie sie an der Académie Malgache vertreten wird. So komme ich am vorletzten Tag meines Besuchs wieder auf die Königtümer zurück, die mich am ersten Tag im Museum so gefangen hielten. Der Kreis schloß sich.

Bis zum Ende des 18. Jahrhunderts beschränkte sich die Kenntnis der Europäer, mit wenigen Ausnahmen, auf gewisse Küstenstreifen. Die Bevölkerung des Hinterlandes, die Antankarana (Menschen der Felsen) hatten wenig Kontakt zur restlichen Bevölkerung. Gegen Ende des 18. Jahrhunderts waren die Bara die aufstrebende Macht; sie verteilten sich über die südlich-zentrale Region zwischen dem Isalo Massif und den östlichen Küstenstrichen. Ihre Größe und die dunkle Hautfarbe lassen auf Verbindungen zu Afrika schließen. Die Sakalava erweiterten ihren Machtbereich an der Westküste bis hinauf in den Norden und erreichten den Gipfel der Macht um die Mitte des 18. Jahrhunderts, bevor sie in eine Periode des graduellen Niedergangs abglitten. Mit Ausnahme der Sakalava-Konföderation und dem Betsimisaraka-Königtum waren alle anderen ›Staaten‹ klein und schwach, unsichere Stammeseinheiten mit internen und externen Konflikten. Eine Ausnahme bildete der Imerinastaat, der auf den Hochebenen gelegen war, gegründet von einem Volk, das *Merina* genannt wurde und überwiegend malaiisch-indonesischen Ursprungs war. Es gab häufig Stammesfehden, doch konnten sie sich gegen Ende des 19. Jahrhunderts zu einer einheitlichen Führung unter einem fähigen Königs aufschwingen.

»1787 kam auf den Thron der Imerina ein bemerkenswerter Prinz mit dem Namen *Andrianampoinimerina*«, erzählt der Minister. »Er gründete die Hauptstadt Tananarive und errichtete seine Herrschaft über die anderen Merinastämme. Andrianampoinimerinas Merina-Reich basierte auf der Grundlage paternalistischen Autorität, mit einer Administration, die ihm direkt unterstellt und verantwortlich war. Er ließ aber auch Spielraum für Initiative und Verantwortung auf der Grundlage von sozialen Strukturen: Stammeshäuptlinge und Dorfkonzile, *Fokonolona*, die die Aufgabe hatten, die öffentliche Ordnung in ländlichen Gebieten aufrechtzuerhalten. Recht wurde im Namen des Königs gesprochen. Die Todesstrafe betonte nicht nur die sakrosankte und absolute Autorität der Monarchie, sondern wurde auch bei Diebstahl, Hexerei und den Gebrauch von Alkohol verhängt.« Er erklärte, daß unter der Herrschaft von Andrianampoinimerina die Merina-Gesellschaft immer stärker gestaffelt und gestrafft wurde. An der Spitze der sozialen Hierarchie unter dem König stand die Aristokratie, *andriana*, die wieder in zwei Gruppen geteilt war. Unter den Andriana standen die freien Bürger oder *hova,* die eine Mittelschicht von Kaufleuten, Handwerkern und Farmern verkörperte. Die niedrigste Gruppe in der Gesellschaftsordnung waren die Sklaven, *andevo.*

Die Besteigung des Thrones der Merina durch Radama I. 1810, dem Jahr der britischen Inbesitznahme von Mauritius, bedeutet einen kardinalen Wendepunkt in der Geschichte Madagaskars. Die Ambitionen des jungen Königs trafen sich mit der Politik des britischen Gouverneurs von Mauritius, Robert Farquhar, und führten zu einer Eroberung der Insel durch die Merina, die damit Madagaskar sicher ins 19. Jahrhundert führen sollten. Radama I. mußte das Königreich, das er von seinem Vater geerbt hatte, zunächst konsolidieren. In dem vergleichsweise dicht besiedelten Merinakönigreich hatte er keine Mühe, eine Armee bereitzustellen, die alle anderen Stämme übertraf.

»Radama I. modernisierte und reorganisierte die Armee der Merina«, sagte der Minister, »erweiterte sein Königtum an der Ostküste auf Kosten der Betsimisaraka und errichtete Militärposten in dem Sakalavaland. Besonders gut war er auf Europäer zu sprechen, die nach Madagaskar kamen, vor allem Engländer und Franzosen. Er dachte ihnen eine führende Rolle bei der Erschließung der Insel zu, akzeptierte aber auch fremde Kulturelemente; protestantischen Missionaren wurde erlaubt, Schulen und Kirchen zu eröffnen und die Druckpresse einzuführen. Trotz des Widerstandes einflußreicher Ratgeber wollte der König den Sklavenhandel verbieten. Er starb jedoch 1828 mit 36 Jahren, ehe er Zeit fand, Madagaskar den Weg in die Modernität zu weisen.«

»Welche Auswirkungen hatte sein früher Tod auf den Fortgang der Geschichte?« frage ich.

»Seine Nachfolgerin, Königin Ranavalona I., unterbrach die guten Beziehungen zu Europa und stellte die Uhr zurück. Den Missionaren wurde verboten zu predigen und zu lehren, madagassische Christen wurden zu Märtyrern. 1845 verloren alle Europäer das Recht, sich wirtschaftlich zu betätigen, und wurden auch außer Landes gewiesen. Die meisten Europäern wurde von einer anglo-französischen Expeditionsarmee repatriiert. Mit der Herrschaft von Königin Ranavalona I. endete die Eroberung der Merina. Nachfolgende Monarchen vermochten es nicht, ihre Herrschaft auf die gesamte Insel auszudehnen.«

Für nahezu ein ganzes Jahrhundert haben die Merina zwei Drittel von Madagaskar beherrscht, Imerina wurde direkt durch die Königin regiert, und zwar mit Hilfe eines Aristokratenrates und von Versammlungen, die für Madagaskar einen typischen Charakter haben, die *kabary*. 1861 wurde die Nachfolge Prinz Rakotos auf dem Merina-Thron als Radama II. von allen Europäern mit großer Erleichterung aufgenommen. Ein hohes Maß an Idealismus, gepaart mit einem Schuß Naivität verbreiteten sich, weitreichende Reformen wurden angekündigt, wie etwa die Befreiung der Gefangenen, das Verbot der Todesstrafe, die Freiheit des Handels und der Religionen. 1862 wurde ein Vertrag ewiger Freundschaft mit Frankreich geschlossen, so daß die englischen Protestanten mit Feindseligkeit wegen der Privilegien, die die Franzosen genossen, reagierten. König Radama II. wurde 1883 erwürgt. Die Merina versuchten, sich den Anschein eines modernen Staates zu geben und zugleich ihre Position zu sichern. Polygamie wurde verboten, der Schulbesuch obligatorisch, der Sonntag wurde zum Ruhetag gemacht, alles vollzog sich unter dem wachsenden Einfluß der englischen Protestanten am Merinahof. 1869 wurde diese Tendenz verstärkt, als die Königin und Teile der Aristokratie von englischen Missionaren konvertiert wurden, und die protestantische Kirche zur offiziellen Kirche von Imerina avancierte. Britische Offiziere wurden als Militärberater eingesetzt, von denen einer zum Oberbefehlshaber der Merinaarmee gemacht wurde.

»Mit der Öffnung des Suezkanals 1869 wollte England den französischen Einfluß in Ägypten ausschalten«, sagte der Minister, »und war willens, im Gegenzug Frankreich freie Hand in Madagaskar zu lassen. 1883-85 war der erste französisch-madagassische Krieg, die französische Flotte besetzte Diego Suarez, Vohemar, Majunga und Tamatave. Ein Ultimatum der Franzosen an die Merina-Regierung lief 1894 ab, und der Krieg brach erneut aus, der bis zur Bombardierung des königlichen Palastes in Tananarive dauerte, wo prompt eine weiße Flagge gehißt wurde. Der schnelle Zusammenbruch des Merinaregimes offenbarte seine eigene strukturelle Schwäche und die der Politik seines Premierministers.« »Welche Auswirkungen hatte das auf die protestantische Kirche im 19. Jahrhundert?« werfe ich ein.

»Ja, ein wichtiger Einschnitt beim Regime von Radama war bereits die Einsetzung britischer Missionare gewesen«, antwortete der Minister. »Sie waren nicht die ersten christlichen Missionare auf Madagaskar. Jesuiten aus Portugal siedelten sich kurz nach der europäischen Entdeckung der Insel an, aber ihre Missionstätigkeit sollte ohne Erfolg bleiben. Die Arbeit der *London Missionary Society* war hingegen von lang andauernder Wirkung. Sie wurde 1795 gegründet, und schloß am Anfang alle Fraktionen der protestantischen Kirche Englands mit ein. Die ersten Missionstätigkeiten erstreckten sich auf

Tahiti 1796 und Südafrika 1798, aber bereits 1796 begann die Arbeit in Madagaskar. Radama leitete einen weiteren bedeutenden Wandel ein: er führte für die Schriftsprache das römische anstelle des arabischen Alphabets ein, wobei die Frage auftauchte, wie die Buchstaben des lateinischen Alphabets die verschiedenen Laute der madagassischen Sprache darstellen sollten. Madagassisch sollte zu einer wirklich phonetischen Sprache werden. In seine Herrschaft fiel auch das Verbot des Exports von Sklaven, die Annahme einer allgemeinen Schulbildung nach christlichen Prinzipien und die Schaffung neuer lokaler Industrien, begründet auf europäischer Handwerkskunst. In der madagassischen Geschichtsschreibung wird Radama wegen der Modernisierung seines Landes gerne mit Peter dem Großen verglichen.«

Die kurzbeinige, schwerleibige Frau in mittleren Jahren, die ihm auf den Thron folgte, war eine enigmatische Figur. Ich war ihr bereits am ersten Tag meines Besuchs im Museum der Königin auf meinem Rundgang als *bête méchante* begegnet. Zeitgenössische Schilderungen aus missionarischen Quellen schildern sie als einen weiblichen Nero. Heute wird sie gerne als madagassische Nationalistin betrachtet und rehabilitiert. Tatsächlich löste ihre Politik eine große, rückwärtsgerichtete Wende aus. Ihre Machtübernahme bedeutete das Ende der persönlichen Herrschaft durch die Merinakönige, getragen von einer kleinen Gruppe von *Andriana*. Von nun an, bis zum Ende der Monarchie, lag die wirkliche Macht in den Händen der Oligarchie, die sich wesentlich auf die Hova Mittelschicht stützte, die eine immer staatstragendere Rolle spielte und sich unter Radama durch die neuen Handelsmöglichkeiten immer stärker bereicherte.

»Die Königin«, fährt der Minister fort, »erhielt nun einen Wächter *mpitaiza andriana*, der tatsächlich ihr offizieller Liebhaber war. Wegen seines großen Einflusses war sein Amt gewöhnlich mit dem des Oberbefehlshabers der Streitkräfte und des ersten Ministers verbunden. Einer der ersten, der diese Position bekleidete, war Andriamihaja, der sicherlich auch der Vater des einzigen Sohnes der Königin war, geboren mehr als ein Jahr nach dem Tod Radamas, trotzdem genannt Rakotond Radama (Radamas Sohn). Die letzten Jahre von Ranavalonas Herrschaft waren eher friedlich. Die alte Königin amüsierte sich mit ihrer Lieblingssportart, den Stierkämpfen, und mit Vergnügungsreisen durch das Land, was bei der Bevölkerung, die sich ihrem Troß anschloß, im Jahre 1845 einen Blutzoll von 15.000 Menschen forderte, bedingt durch Hungersnöte und Seuchen. Sie wollte die Krone ihrem Sohn Rakoto weitergeben, bevor sie 1861 starb und mit großem Pomp in Ambohimang beigesetzt wurde – der heiligsten der zwölf heiligen Dörfer der Imerina. Den neunzehn Kilometer langen Weg von der Hauptstadt zu der Grabstätte säumten die geschlachteten Kampfstiere der Königin, neben 25.000 anderem getöteten Vieh.«

Für Europäer und Madagassen bestand das Regime der Königin in blutrünstigem Terror und Unterdrückung. Tatsächlich wurde aber auch das Schreiben und Lesen eingeführt, ein schriftlicher Rechtscode wurde verabschiedet, europäische Kleider und Hofsitten wurden gepflegt, ein gewisser Prunk wurde zelebriert, Bankette gefeiert, auf chinesischem Porzellan serviert, elegante Abendkleider aus Paris getragen.

Breite Bevölkerungskreise litten freilich unter Bedrückung und Verfolgung. Eine Gruppe von Oligarchen stieg zu Günstlingen auf. Für das Volk von Madagaskar insgesamt war ihre Herrschaft ein Verhängnis.

»Der neue König Radama erklärte zunächst eine Amnestie für alle Anhänger des Christentums«, schloß der Minister, »gefolgt von einer Amnestie für politische Häftlinge und Gesetzesbrecher. Die Amnestie wurde auf Gefangene der Sakalava und anderer Küstenstämme ausgedehnt, die nach Raubzügen in die Hauptstadt verschleppt worden sind.« Im 19. Jahrhundert begann ein Ringen zwischen Frankreich und England um die Gunst der königlichen Führung in Madagaskar. Die Engländer waren mit der Sicherung des Suez-Kanals befaßt und suchten die Kontrolle über Sansibar zu erlangen. Deutschland wurde 1890 in einem Vertrag zum Austausch Sansibars mit Helgoland bewogen und zur Anerkennung des britischen Protektorats über Sansibar. Frankreich sollte mit Madagaskar abgefunden werden. Im Vertrag vom 5. August 1890 anerkannte England den französischen Besitz Madagaskars, im Gegenzug Frankreich den Anspruch Englands auf Sansibar. Die britischen Bevölkerungsteile in Madagaskar waren schockiert über diese Entwicklung; die Missionare sandten eine Petition an Königin Victoria, die jedoch abgewiesen wurde. »Vielleicht kann man die Zeit des Königtums nochmal in wenigen Worten zusammenfassen?« bitte ich den Minister.

»Gerne«, antwortet er. »Das 19. Jahrhundert ist in drei Perioden geteilt. Die erste sah eine rasche Penetration europäischer Religion und Technologie in Imerina, als ein Resultat der politischen Vereinigung der Merina unter Andrianampoinimerina 1787-1810, verlängert durch Radama I. 1810-1828. Die zweite Periode sah eine extreme Xenophobie unter Königin Ranavalona I. 1828-1861, dies wurde gefolgt durch wachsende Durchdringung des Merinastaates, die in der Eroberung durch Frankreich 1896 gipfelte. Der Tod von Radama 1828 veränderte die Politik völlig, mit Blick auf die christliche Religion und die Beziehungen zum Ausland. Es begann eine Periode der Xenophobie und der

Isolation, die mehr als 30 Jahre dauerte. Hier sehe ich eine Ähnlichkeit zu Marokko, Japan und China, die ebenfalls versuchten, ihre politische Unabhängigkeit während der Periode der kolonialen Expansion zu bewahren, indem sie ihre internationalen Kontakte abbrachen. Von 1828 bis zur französischen Eroberung 1896 herrschten vier Königinnen, ausgenommen die kurze Regierungszeit des Königs Radama II. 1861-1863, der von der Oligarchie ermordet wurde. Diese Königinnen hatten meist einen besonderen Ratgeber, genannt *mpitaiza Andriana*, wörtlich: *jemand, der sich um die Königin kümmert, als wäre sie ein Kind*. Meist waren sie die Liebhaber der Königin. Der Abreise der Missionare folgte die Verbrennung von Bibeln und religiösen Schriften. Einige der alten Manuskripte, die in arabischer Sprache geschrieben waren und magische Formeln enthielten, wurden ebenfalls vernichtet. Die offizielle Politik bestand in einer strikten Rückkehr zur Orthodoxie und Religion der Ahnen. Politischer Widerstand gegen die Monarchie wurde gleichgesetzt mit einem Bekenntnis zum Christentum.

Mit der Konvertierung der Königin (Ranavalona II.) setzte eine Welle von Bekehrungen ein, 16.000 allein im ersten Jahr; darunter auch der persönliche Astrologe der Königin sowie die Wächter der königlichen Talismane, die folglich arbeitslos wurden.«

»Wie weit erstreckte sich das Reich der Merina wirklich?« frage ich.

»Das Merinareich erzielte nie sein Ziel, die ganze Insel zu beherrschen«, entgegnet der Minister. »Auf der Höhe seiner Macht reichte es sich bis in das Betsileo-Territorium südlich von Ambalavan und schloß somit den größten Teil des Territoriums zwischen dem Plateau und der Ostküste mit ein. Es kontrollierte auch den Hafen von Mahajanga«. »Und das Verhältnis zwischen der protestantischen und der katholischen Kirche?« schiebe ich ein.

»Verschiedene protestantische Denominationen strömten im 19. Jahrhundert ins Land«, antwortete der Minister. »1864 die Anglikanische Kirche, die norwegische und amerikanische lutherische Mission 1866, die Quäker 1867, es wurden Schulen gegründet, und 1885 waren etwa 132.000 von den 145.000 Kindern im Schulalter in Imerina in christlichen Schulen. Die französische Eroberung Madagaskars gab der katholischen Kirche starken Auftrieb. Eine beträchtliche Anzahl von Madagassen konvertierten zum Katholizismus. Die Franzosen standen vor der schwierigen Aufgabe, ihre Autorität in einem Staat durchsetzen zu müssen, der mit seinen indigenen Kulturen das Christentum oft als fremde Einflußnahme ablehnt, und wo die indigene Elite fast geschlossen protestantisch und probritisch war. In der Zeit nach dem Zweiten Weltkrieg jedoch ließ in der Bevölkerung die Rivalität zwischen Katholizismus und

Protestantismus deutlich nach, so daß man von einer einheitlichen Christianisierung sprechen darf. Als Madagaskar 1960 unabhängig wurde, war etwa die Hälfte der Bevölkerung christlich, 1,03 Millionen Katholiken und 929.000 Protestanten.«

»Wie erlebten die Merina das Ende ihrer Herrschaft?« schließe ich an.

»Eine anthropologische Deutung des Zusammenbruchs des Merinareiches ist hilfreich«, antwortet er mir. »In Imerina wurde der rasche Zusammenbruch dahingehend interpretiert, daß die Götter zornig auf Königin gewesen seien, weil sie mit ihrem Hof zum Christentum übertrat und europäisch beeinflußte Veränderungen in der sozialen Ordnung durchführte. Um die traditionellen Ahnen zu besänftigen, mußten die Eindringlinge und ihre Innovationen zerstört werden. So wurden die ersten Opfer der Revolte englische Missionare und Konvertiten. Der Übergang von der heidnischen Defensive zur Xenophobie vollzog sich ohne Verzögerung, und so nahmen die Aufstände einen immer nationalistischeren Charakter an. Dann erfolgte der Schritt vom Protektorat zur Kolonie. Am 6. August 1896 wurde Madagaskar zum französischen Besitz erklärt, die französischen Abgeordneten votierten zugleich für eine unmittelbare Befreiung aller Sklaven in Madagaskar. Die zivile und militärische Macht ging in die Hände des Gouverneurs *Joseph Gallieni* über, der auf fast allen Gebieten des öffentlichen Lebens seine Spuren hinterließ.«

Tatsächlich entwickelte Gallieni die berühmte *politique des races*, nach der alle ethnischen Gruppen in einer Kolonie von ihren eigenen Führern auf der Grundlage von Gleichheit regiert werden sollten. Die zweite Politik war die *tache d'huîle*, die Ausstrahlung des Einflusses von einem gegebenen militärischen und administrativen Zentrum. Mit dieser Politik und einer Armee von weniger als 9000 Mann, von denen mehr als die Hälfte Senegalesen waren, unterwarf er zunächst die Merina, dann 1897 die Sakalava und bis zur Jahrhundertwende war die Insel militärisch befriedet. Die Königin selbst wurde zunächst 1897 ins Exil geschickt, nach Réunion, dann nach Algier. Sie starb 1917. Die Rückführung ihrer sterblichen Überreste nach Tananarive 1939 führte zu nationalistischen Aufständen. Gallieni sorgte von Beginn an für eine Verringerung des britischen Einflusses, die erzieherische Rolle der britischen Missionare wurde eingeschränkt, die englisch-französische Rivalität wurde weiter ausgetragen. Die Merina-Oberschichten hatten Verbindungen zum aristokratischen englischen Protestantismus und die Küstenstämme, *cotiers*, zum französischen Katholizismus oder säkularen Republikanismus. Gallieni ermutigte auch die lokale Selbstverwaltung, belebte das *fokonolonu*, die Dorfkonzile, und siedelte sie in Gebieten an, wo sie bislang unbekannt waren. Dies diente dazu, den Stolz der Merina zu brechen und ihren Feudalismus zu schwächen. Gallieni schaffte es tatsächlich, englische Sprache und Einfluß von der Insel zu verbannen. Das dritte Ziel Gallienis, die Macht der Merina zu brechen, wurde sicherlich erreicht, insoweit als die Königin, der Hof und die Armee an Macht einbüßten. Aber die Merina-Oberschicht vergab den Franzosen niemals die Leichtigkeit, mit der Gallieni die Insel unterwarf, was ihren eigenen Monarchen niemals in dieser Weise gelang. So blieb ein Merina-Nationalismus lebendig. Madagaskar sollte sehr verschiedene Gouverneure erhalten, im Juni 1939, weniger als drei Monate nach Ausbruch des 2. Weltkriegs wurde *Marcel de Coppet* berufen, ein Mitglied der französischen Sozialistischen Partei, ein Protestant und Intellektueller, der die literarischen Zirkel von Paris frequentierte. Aber auch er konnte nicht vermeiden, daß 15.000 madagassische Truppen während des II. Weltkrieges nach Frankreich gesandt wurden. Der Minister ist sich in einem Punkte sehr sicher: »Es läßt sich festhalten, daß Madagaskar 1895 weiter in allen zivilisatorischen Errungenschaften entwickelter war als die meisten der anderen schwarzafrikanischen Staaten bei Erreichung ihrer Unabhängigkeit 60 oder 70 Jahre später.«

Das Christentum war für viele Madagassen immer noch eine Frage einer nach außen gekehrten Konformität. Der Gang zur Kirche hatte bis dahin nur wenig Auswirkungen auf die traditionelle Weise des Lebens. Während seiner neun Jahre als Gouverneur der kolonialen Verwaltung baute Gallieni einen Staat mit Provinzen und Distrikten auf. Ein madagassisches Volk, verbunden durch Sprache und Kultur, existierte seit langem. Gallieni jedoch war der erste, der einen einheitlichten madagassische Staat schuf.

Es bildete sich von der ersten Stunde eine nationalistische Opposition zum kolonialen Regime. Eine starke zentralistische Tradition und das Vertrauen in die zivilisatorische Kraft der französischen Kultur begünstigte eine Ausweitung der Macht Frankreichs auf dem afrikanischen Kontinent. Im Zweiten Weltkrieg, im Dezember 1941, als Japan in den Krieg eintrat, erlangte die strategische Bedeutung Madagaskars als Station auf dem Seeweg zum Nahen Osten und Indien aktuelle Brisanz. General de Gaulle schlug Churchill eine militärische Aktion vor, um das freie Frankreich in Madagaskar zu etablieren. Churchill hatte Angst, daß die Vichy-Regierung den Japanern erlauben würde, das große natürliche Becken von Diego Suarez als Hafen zu benutzen.

»Während der 500 Jahre vor der Ankunft der Europäer haben die *tompontuny*, die ursprünglichen Madagassen, die Herren des Landes, sich immer weiter über das leere Land ausgebreitet. Die unterschiedliche geographische Umgebung prägte ihre Lebensformen und ist auch verantwortlich für die

Verschiedenheiten zwischen den Stämmen Madagaskars heute. Der fruchtbare feuchte Küstengürtel des Ostens förderte den Ackerbau, während die weiten Hochebenen des Südens und Westens das Züchten von Viehherden hervorbrachte. Signifikantere Unterschiede gibt es im Südosten, wo verschiedene Stämme, die Antemoro, die Antambahoaka, die Ananosy Rückschlüsse auf arabisch-islamischen Einfluß zulassen. Unter den Sakalava der Westküste und den Bara des Inlandes des Südens war der Einfluß Afrikas auf Ethnie, Sprache und Kultur besonders stark. Unter den Merina im nördlichen Plateau um Antanarivo war es der indonesische.«

»Und heute«, frage ich abschließend den Minister, »welche Rolle können die Kirchen heute spielen?«

»Es ist nicht nur wichtig, daß alle Christen an der ökumenischen Bewegung beteiligt sind«, antwortet er, »sondern daß es die ökumenische Bewegung als Motor für den demokratischen Prozeß gibt, der nicht nur Christen, sondern auch Animisten und Islamisten miteinschließt, die in ihrer Bedeutung auch staatstragend sind, und so eine ganze Nation in Atem hält. Die ökumenische Kraft ist aktionsgerichtet. Anders als in der Befreiungstheologie Lateinamerikas kennt diese ökumenische Bewegung keine militant-gewalttätigen Züge und ist auch nicht klassenkämpferisch beeinflußt. Die Bewegung ist ein Hoffnungsträger, der die gesamte Bevölkerung erfaßt und alle Parteien des demokratischen Spektrums miteinschließt. Die Kirche rät in Madagaskar zum praktischen politischen Handeln, nicht wie in Lateinamerika zu einem Hoffen auf Gnade und auf Erlösung durch Gott. Es herrscht eine praktische Bibelauslegung: Ihr seid das Salz der Erde, seid das Licht der Welt, weckt die anderen auf.«

Als er dies sagt, blickt der Außenminister wieder leicht verängstigt auf die große Fotografie seines Diktators Ratsiraka, der im April 1992 immer noch an der Staatsspitze stand. Er glaubt, er habe vielleicht zuviel gesagt; so verabschiede ich mich, nicht ohne ihm für die Bereitschaft für dieses Gespräch zu danken. Im Gebäude des deutschen Kulturinstituts treffe ich anschließend den Präsidenten der protestantischen Denominationen in Madagaskar. Ich habe ihn aufgesucht, da er in der aktuellen politischen Auseinandersetzung im Prozeß der Verfassungsgebung und der Demokratisierung seit 1989 eine herausragende Rolle spielt. Er ist eine Speerspitze im Kampf um eine parlamentarische Parteienstruktur, vor allem konzentriert sich in seiner Person die Macht der protestantischen Kirche in der Politik Madagaskars.

»Die Kirchen«, sagt er, »waren in der Zeit des Regimes von Didier Ratsiraka immer gegen den Marxismus gewesen. Ratsiraka suchte den Kontakt zu Colonel Gaddafi, hier erhielt er auch finanzielle Unterstützung. So wollte Ratsiraka das nordkoreanische Erziehungswesen einführen, die Kirchen lehnten sich dagegen auf. Im Jahre 1976 veröffentlichte Ratsiraka ein *livre rouge*, in dem er seine Absichten ähnlich klar darlegte wie im *Grünen Buch* Gaddafis.«

Der Präsident glaubt, daß Ratsiraka noch heute überzeugter Marxist sei und sich nur durch Druck von außen zu Stellungnahmen hinreißen läßt, die nicht seiner wirklichen Einstellung entsprechen.

»Das MMSM, *Mouvement malgache socialisme*«, sagt er, »die Partei Ratsirakas, ist eine schlagende Kraft, die immer noch ein verschöntes Bild von der Sowjetunion zeichnet. Das Ende des Sozialismus wird von Ratsiraka nicht wirklich annerkannt. In seinem politischen Kampf unterstützt Ratsiraka heute mit Korruption den Förderalismus auf der Insel; er fördert die Kämpfe der Volksgruppen untereinander, um den Einheitsstaat zu unterminieren.«

Der Premierminister Guy Willy Razanamasy und der Präsident der *Haut Autorité*, Albert Zafy, kämpfen gegen dieses Bestreben der Auflösung wie es von Ratsiraka verfolgt wird. »Ratsiraka selbst droht mit Bürgerkrieg, wenn er daran gehindert wird, sich an den Wahlen zu beteiligen«, sagt er.

Die protestantische *Eglise Réformé* umfaßt 1.5 Millionen Mitglieder, 3000 Pfarrgemeinden, 1000 Pfarrer, und ist somit Mitglied des Ökumenischen Rates. Bei politischen Veranstaltungen hält man religiöse Kulte ab, die aus katholischen und protestantischen Traditionen zusammengesetzt sind. 1989 war der Papst in Madagaskar und sprach sich gegen das Regime Ratsirakas aus. Norwegen, die Schweiz und Deutschland unterstützen die Ökumene. Man ersucht diese Staaten, Beobachter bei den Wahlen zu schicken; es hat sich bereits ein *Comité nationale observation des élection (CNOE)* gegründet.

»Ratsiraka ist heute eine Marionette geworden«, sagt der Präsident. »Er glaubt sich aber nicht verloren.« Wie ich selbst beobachten konnte, wird an den Sonntagsgottesdiensten immer mehr von Politik gesprochen, die Gottesdienste mutieren zu politischen Veranstaltungen. Es gibt kaum Stammesfehden unter dem Volk, höchstens Feindschaften zwischen Stammesführern auf nationaler Ebene, die politisch genutzt werden sollen.

»Ratsiraka hat sich mit seiner Familie und seiner Nomenklatura durch starke Korruption unermeßlich bereichert«, sagt er. »Die Protestanten zusammen zählen etwa 2.5 Millionen, die Katholiken 4 Millionen, der Rest der Bevölkerung sind Anhänger der traditionellen Religion, die sich auf dem Ahnenkult aufbaut. Die Muslime zählen etwa 500.000 Menschen. Auch reiche Inder und Pakistani bauen Moscheen. Die protestantische Kirche bekommt Unterstützung aus Europa, von den Presbyterianern und Lutheranern aus Amerika. Die

Reformierten erhalten finanzielle Mittel aus Frankreich, der Schweiz, Holland, England und Deutschland. Mitglieder der Ökumene sind Reformierte, Lutheraner, Anglikaner und Katholiken.«

Der Präsident der protestantischen Kirchen ist ein erfahrener Mann. Er hat bereits die 1. Republik unter der Regierung von *Philbert Tsiranana* von 1960-1972 miterlebt. Damals hatte er mehr Hoffnung als heute. Dennoch mache ich ihm Mut, da er in seiner Arbeit nicht zuletzt zu jener religiösen Konvivialität der 18 verschiedenen ethnischen Gruppen Madagaskars beiträgt, zu jenem gelebten Synkretismus, zu jener madagassischen Weisheit und relativen Gewaltlosigkeit, die auf der gegenwärtigen Welt wenige Vergleichsmomente kennt.

Während ich diese Zeilen schreibe, im August 1992, erfahre ich aus den Zeitungen, daß die Wahl für eine neue Verfassung, für die bei meinem Besuch im März und April gerungen wurde, mit überwältigender Mehrheit von der Bevölkerung angenommen wurde.

Lebt man in seiner gewohnten Umgebung, lebt man oft in einer Art Niemandsland dahin und behält nichts zurück von diesen Tagen als eine Dauer ohne Inhalt. Auch die Orte, an denen wir glücklich waren, sterben. Dennoch wird mir Madagaskar in Erinnerung bleiben, weil die Wochen und Monate nichts von jener Inhaltsleere des Gewöhnlichen hatten. Sie waren im Gegenteil gezeichnet von einer Vielzahl an Erfahrungen, die ich in dieser Form in keiner anderen Kultur der Welt gemacht habe. Mir wurde einmal mehr bewußt, daß der Angehörige eines vermeintlich primitiven Stammes, der in zehn Grundbegriffen seiner gelebten Philosophie und Religion die Welt besitzt, gebildeter ist als jener westliche Spezialist für sakrale byzantinische Kunst, der keine Vorstellung von erfahrener Zärtlichkeit, Konvivialität mit den Toten, herzlicher Mitmenschlichkeit und gleichsam stoischer Größe, von menschlicher Würde jenseits des Materiellen hat. Die technische Zivilisation verleitet zu oft zu der Einsicht, daß es in dieser Welt nicht mehr möglich ist, den Einbruch des Wunderbaren zu erwarten. Nun, die Zeit in Madagaskar glich in allen Begegnungen dem Wunder, dem Zufall, einem Hauch von Geheimnis und Poesie, aber nicht als literarische Gattung, sondern als gelebte Wirklichkeit des Alltags. Madagaskar markierte den Punkt, wo das Unsichtbare und das Sichtbare, jene besondere Welt der Zeitlichkeit und der Räumlichkeit zusammenfielen. Die Gespräche mit den Bewohnern des Hochlands mit seinen offenen Horizonten, verdeutlichten mir ein Paradoxon: die Herrschaft der Gegenstände, die wir in der ersten Welt kennen. Wie auch die Sammlerstämme Australiens, Neuguineas und Amazoniens vermeiden die Madagassen die Verantwortung des Besitzes, was kein Zeichen von Armut ist, sondern von Reichtum. Dort ermöglicht Besitzlosigkeit Freizügigkeit, auch Wanderschaft, eben: Freiheit.

Die Kadenz einer gesungenen Melodie, das Aroma eines gereichten Getränks verdeutlichte mir einmal mehr, daß nichts dauerhafter sein kann als ein vollkommener Augenblick. Er wurde Wirklichkeit in Madagaskar, wie auch die Augenblicke völliger Einsamkeit, in denen klar wird, daß wir nur ein Gesichtspunkt sind, ein flüchtiger Blick. Hierzu bedarf die madagassische Kultur keines Ritts durch die Jahrtausende, von Seneca zu Manrique, Montaigne oder Quevedo, sondern die gelebte Alltagskultur. Madagaskar war für mich nicht ein Gegenstand der Betrachtung, sondern im Verlauf der Zeit eine Errungenschaft meiner Erfahrung. Mir wurde deutlich, daß die meisten unserer Handlungen hier sinnlos steril sind. Unser Leben ist auf grauer, ebener Kette gewebt. Vielleicht sind unsere einzigen kostbaren und fruchttragenden Handlungen die zärtlichen Worte, die wir einmal gesprochen haben, eine Geste der Unerschrockenheit, die wir einmal zum Ausdruck brachten, eine zerstreute Liebkosung, die Stunden, die wir lesend oder ein Buch schreibend verbracht haben. Und weiter nichts. Eben diese Vorstellung transzendierte die Erfahrung in Madagaskar. Das Leben wird uns gegeben und genommen, aber es gibt Augenblicke, da wir es selbst verdienen, da es uns bewußt wird. Solche Augenblicke kannte die Zeit in Madagaskar. Kaum gab es jene Tage, an denen ich morgens aufstehe, durchs Fenster schaue, dem Tag ins Gesicht sehe und mich entschieden weigere, ihn zu empfangen, da er etwas trübes, hinterhältiges, kleinliches, heuchlerisches in sich birgt, das mich abhält, ihn einzulassen. Kaum gab es in Madagaskar jene versiegelten, toten Tage, die außerhalb unseres Lebens abzulaufen scheinen und uns in Grübeln und ins Schweigen zwingen. Mein Kapital an Leben war noch nicht aufgezehrt, dies wurde mir täglich freudig bewußt. Das Schicksal wurde nicht durch Zerstreutheit oder Mitleid herausgefordert, sondern aus Neugier. Das große, wunderbare Abenteuer des Seins wurde jeden Tag aufs neue gelebt. Gerade weil wir wissen, daß das Leben niederträchtig, enttäuschend, grausam und vergänglich ist, müssen wir versuchen, diejenigen Augenblicke der Zufriedenheit zu bewahren, die uns gegeben werden, ohne daß wir darum bitten. Madagaskar erzeugte eine Art von Zeitlosigkeit oder illusorischer Ewigkeit, die sich steigerte bis zu dem Wunsch, ohne Schmerz und Unruhe nichts mehr zu sein als ein letztes Sandkorn. Die einsame Insel, der *Locus amoenus* sind alte Themen der Philosophie und der Kunst. Freilich, das Glück, das ich empfunden habe, läßt sich kaum wirklich beschreiben, man kann das Glück nicht deklinieren. Irgend etwas war denkwürdig in den Erlebnissen Madagaskars, ja etwas war unvergänglich. Dauerhaft bleibt nicht nur in der Kunst das, was weiterschwingt in unserem Gedächtnis. Madagaskar konnte nicht die Wirklichkeit verändern, jedoch meinen Blick. Die Wirklichkeit bleibt die gleiche, aber wir sehen sie durch eine andere Linse. Dank dieser Linse gelangen wir zu Graden von Vielschichtigkeit, Sinn, Subtilität und Leuchtkraft, die in der Wirklichkeit vorhanden waren, die wir aber zunächst nicht wahrgenommen haben. Die einsame Magnolie, der Schatten der Eukalyptusbäume, in deren Laub ein Cuculi singt. Ein, zwei Sterne am noch hellen Himmel. Im Gras gelbe Spuren von alten, oft gegangenen Schritten in kleinen Dörfern, von der Welt abgeschieden. Das Leben hier hinterläßt zu oft das Empfinden, ein Spiel mitgespielt zu haben, dessen Regeln einem entgingen, folglich, die Lösung des Rätsels nicht gefunden zu haben. Man lebt im Gefühl, die Welt nicht begreifen zu können, und wenn man sie verläßt, ein undeutliches Bild von ihr mitzunehmen. Die Erfahrungen in Madagaskar, weniger die politischen als vielmehr die kulturell-religiösen, jene ethnische Demokratie, der man selten auf der Welt heute begegnet, läßt zumindest hoffen, eine verborgene Figur entdeckt zu haben, die von anderen Kulturen und Staaten auf der Welt nicht praktiziert wird. Man scheint den unüberwindbaren Konflikten der Weltpolitik des ausgehenden 20. Jahrhunderts mit ihren religiös-kulturellen und politischen Spannungen einen Schritt näher gekommen zu sein. Trotz der politischen Unsicherheit in Madagaskar war im kulturellen Raum ein Versuch spürbar, das Leben in eine Ordnung zu bringen, und sei es nur durch die Gewißheit, daß es keine politische Gewißheit geben kann. Hier begegnete ich einer gesunden Variante der madagassischen Weisheit. Diese besondere madagassische Weisheit läßt sich weniger beeindrucken vom Vergänglichen. Die Vorstellung vom Wesentlichen ist eine andere. Hier erfolgt eine Umkehr; zwar der Versuch, die Vernunft zu gebrauchen. Nicht aber, wie in der technischen Zivilisation, auf Emphatie und Gefühle zu verzichten, sie als weder dauerhaft noch vernünftig einzustufen, schließlich nicht der Versuch, unmenschlich zu sein.

Kulturentwicklung und Akkulturation

Ein Beitrag zur Geschichte der Indianer im Südosten Nordamerikas

Zur Methode

Das Verhältnis zwischen Weiß und Rot gehört zu den Grundproblemen der Amerikanistik. Wohin der europäische Einwanderer auch kam, er stieß auf den Indianer, den Vorbewohner in Amerika. Die Frage nach den gegenseitigen Beziehungen, nach dem Schicksal der verschwundenen Völker, nach ihrer früheren und heutigen Kultur, nach den Akkulturationsvorgängen der letzten Jahrhunderte verknüpft den archäologischen und ethnographischen Zweig der Amerikanistik mit der an die neuere Geschichte gebundenen Disziplin.

In dem hier vorgelegten Referat werden Akkulturationsvorgänge am Modell der Kulturgruppe im indianischen Südosten der Vereinigten Staaten untersucht. Dazu wird Literatur zur amerikanischen Archäologie und Ethnographie neben solcher aus der neueren Geschichte herangezogen. Akkulturation wird als ein historischer Prozeß verstanden, der sich über Jahrhunderte erstreckt und in verschiedene Phasen zerlegt werden kann. Die historisch-systematische Arbeit, die dafür zu leisten ist, wird, wo es möglich ist, durch Zitate aus Originalquellen gestützt, deren analytische Aufbereitung zu den reizvollsten Aufgaben der Untersuchung zählt.

Ausgangspunkt der Überlegungen ist der Tatbestand, daß die gleiche Ethnika den Südosten Nordamerikas seit mindestens 600 Jahren bewohnen bzw. bewohnt haben. Die territoriale und ethnische Identität der Träger geschichtlicher Akkulturationsvorgänge mit den Trägern einer hohen prähistorischen Kultur läßt das Phänomen der Akkulturation als das vorläufig letzte Glied einer langen Entwicklungskette begreifen. Da die Ethnologie die Südostindianer im allgemeinen zu den ›Naturvölkern‹ rechnet, wird die Frage nach der Berechtigung dieser Auffassung gestellt werden müssen. Die Gliederung des Referats in zwei Kapitel folgt dem Geschichtsverlauf. Das erste Kapitel umreißt die prähistorische Kultur des Raumes in den letzten Jahrhunderten vor Ankunft der Europäer.

Dabei werden Verbindungslinien zu den kulturellen Vorbildern in Mesoamerika gezogen; parallel damit geht die Bestimmung einzelner Elemente der erloschenen hohen Kultur, die in den historischen Reliktkulturen der Südostindianer, wenn auch häufig in verstümmelter Form, überleben konnten.

Das zweite Kapitel zerfällt in zwei Teile. Der erste Teil soll den Einfluß der franziskanischen Mission – die in diesem Zusammenhang noch kaum gewürdigt wurde – auf den indianischen Südosten untersuchen. Hier taucht zum ersten Mal die Akkulturationsproblematik auf. Linton gibt eine kurze Formel der Akkulturation: Bei ihr finde in aller Regel eine Ersetzung traditioneller Kulturelemente durch neue Faktoren statt, mit dem Ergebnis einer Umformung, oft sogar einer Umwälzung der Gesamtkultur. Im Sinne dieser Formel, die auch den Zusammenbruch der alten Kultursysteme einschließt, wird der Begriff hier verwendet, allerdings zum Zweck der phaseologischen Unterscheidung in die Unterbegriffe der ›konsumtiven‹ und der ›produktiven‹ Akkulturation zerlegt.

Der zweite Teil behandelt die Phasen der Akkulturation im 18. und 19. Jh. bis zum Ende der souveränen Indianerstaaten im Südosten Nordamerikas. Die Untersuchung endet mit der Vertreibung des Großteils der Cherokee aus dem Great Valley in den südlichen Ausläufern der Appalachen (1837), da die Akkulturationsfragen der späteren indianischen Minderheiten innerhalb der USA, d. h. der Reservats- wie der integrierten Indianer, nach anderen Kriterien behandelt werden müssen. Eine kurze Schlußbemerkung soll einige theoretische Probleme streifen.

I. *Kulturelle Grundlagen: Die Mississippikultur*

In den letzten Jahrhunderten vor Ankunft der Weißen blühte im südöstlichen Nordamerika die Mississippikultur, deren Ausläufer nach Norden bis in das spätere Minnesota, nach Westen bis Osttexas, nach Osten und Süden bis an die Küsten des Atlantik und des Karibischen Meeres reichten. Ihre Charakteristika faßt einer der führenden Kenner der amerikanischen Prähistorie folgendermaßen zusammen:

»Die Siedlungen waren zum Teil sehr umfänglich und weisen... gemeinsame Züge auf. Um einen zentralen meist viereckigen Platz, der oft mit Wällen und Palisaden umgeben war, scharen sich die Häuser, während auf künstlichen

Hügeln Baulichkeiten standen, die als Häuptlings- und Priesterwohnsitze, vorwiegend aber wohl als Tempel angesehen werden dürfen (daher der Name Tempelbergperiode). Diese Hügel – es kann nur einer sein, meist aber handelt es sich um zwei oder mehrere – hatten gewöhnlich die Form einer nach oben abgeplatteten Pyramide und erhoben sich bald innerhalb, bald am Rande der Plaza. Sie sind in Schichten aufgebaut, die Benützungsperioden entsprechen oftmals außen mit Lehm gepflastert und erreichen meist eine Höhe von 10-20 Fuß, manchmal aber auch viel mehr, wie z. B. der große Tempelberg von Cahokia mit 100 Fuß bei 1080:710 Fuß Bodenfläche. Die gewöhnlichen Häuser waren meist rechteckige Pfostenbauten mit Flechtwerkwänden und Lehmverputz von 10-25 Fuß Länge.«[1]

Über Rang und Bedeutung der Mississippikultur urteilt Menghin, im Einklang mit der herrschenden Meinung: »Die Mississippikultur ist, besonders in ihrer jüngeren Entfaltung, als der Höhepunkt eigenständiger Indianerkultur im Zentrum Nordamerikas anzusehen... Man darf ihr starkes Häuptlingswesen und eine einflußreiche Priesterkaste zuschreiben. Daß sie in ihren Kerngebieten mächtige politische Konföderationen kannte, läßt sich vermuten, aber nicht streng beweisen. Auf alle Fälle müssen große Kultgemeinschaften (Amphiktyonien) bestanden haben, wie sie ja Völker auf dieser Stufe der Kultur in der ganzen Welt eigentümlich sind.«[2]

Zu Ökonomie und Bewaffnung wird notiert:

»Der Ackerbau wurde mit Erdhauen aus Stein, Muscheln und Schulterblättern betrieben. Mais, Bohnen und Kürbisse – vor allem Cucurbita moschata – waren die Hauptfrüchte. Zum Aufbereiten der Körner scheinen hauptsächlich hölzerne Mörser verwendet worden zu sein. Speer und Speerschleuder waren vermutlich auf zeremoniellen Gebrauch eingeschränkt, wofür auserlesen schön geformte Beschwersteine sprechen. Die Bogenwaffe herrscht jetzt vor.«[3]

In dieser Kultur kommt das Hauptgewicht den geistigen und geistlichen Elementen zu, deren materieller Ausdruck das Fundgut beherrscht:

»Was man als ›südlichen Totenkult‹ bezeichnet hat, ist richtiger als eine große geistige Bewegung aufzufassen, in deren Mittelpunkt ein religiös bestimmtes kosmisches Weltbild von sicherlich höchst komplizierter Entwicklungsgeschichte steht. Sie drückt sich archäologisch nicht nur durch die Errichtung der großen Tempelberge aus, sondern auch in zahlreichen symbolischen

---

1 Linton (1940), 464f.; Lintori s Akkulturationsbegriff fußt auf der Formulierung des Social Science Research Council 1935

2 Menghin, 204

3 Menghin, a. a. O.

Schmuckgegenständen, Festtrachten und Kunstwerken. Solche sind monolithische Steinäxte spatelförmige Flachäxte aus weichen Steinen, Zeremonialkeulen, fein gearbeitete Farbpaletten, Muscheldisken und Kupferplatten mit Darstellung von Chunkeyspielern oder Kriegern, die mit Adlerfedern geschmückt sind, Schädeltrophäen tragen, kämpfen oder tanzen, Gesichter mit ›tränenden‹ Augen, Bilder von Händen mit Augen, Federschlangen, Spinnen, Kreuze und allerhand andere seltsame Zeichen. Die mexikanische Herkunft vieler dieser Dinge liegt klar zutage... Die Grab- und Zeremonialkeramik ist in den verschiedensten Techniken verziert, hauptsächlich durch Schnitt. gern auch plastisch (figurale Randaufsätze, Gesichtsurnen), in einem bescheidenen Umfang bemalt und zwar einfarbig rot oder rot, weiß und schwarz. Die Skala der Motive reicht von einfachen Zickzacklinien bis zu Spirale und Mäander. Fisch-, schlangen-, vogel-, säugetier- oder menschenförmige Gefäße und Figürchen von Buckligen verraten besonders deutlich mexikanischen Einfluß. Im Bestattungswesen ist der Grabhügel noch immer dominierend und weicht erst in der Spätzeit allmählich dem gewöhnlichen Friedhof. Es stellen sich auch neue Formen ein, wie Steinkisten und gemauerte Gräber. Die Beigaben pflegen sehr reichlich zu sein.«[1]

Sprachlich gehörten die Träger der Mississippikultur »in ihren Kerngebieten zweifellos der Muskogifamilie an, deren Wurzeln hier uralt sein mögen. Sie zeichnen sich durch mutterrechtliche Institutionen und Zweiklassensysteme aus.«[2] Zu den Muskogi rechnen als Hauptgruppen die Creek, Choktaw, Chickasaw, Seminolen, zu den kleineren Gruppen zählen die wegen ihrer politischen Rolle im 18. Jh. erwähnenswerten Yamassee. Neben den Muskogi gelten auch die Cherokee, historisch in Osttennessee und Westgeorgia ansässig, als Nachfahren der ›Moundbuilders‹. Im Gebiet der Cherokee existierte während der jüngeren Tempelbergperiode die Lamarkultur, eine lokale Variante der Mississippikultur. In der Lamarkultur wurden Plätze für das Chunkeyspiel festgestellt, »das als eine im Wesen auf den Südosten der USA beschränkte

---

1 Menghin, 204

2 Menghin, 205. Spranz, 40f. vermutet mit Wicke, 409ff. eine mesoamerikanische Herkunft der Tempelmounds wie der ›Burialmounds‹. Letztere sollen »zusammen mit dem Ackerbau um 1000 v. Chr. in den Südosten Nordamerikas gekommen« sein. Spranz schließt eine Übertragung mesoamerikanischer Gedanken, Morive und Gegenstände »durch Wanderung größerer Gruppen aus. Vielmehr ist hier, wie auch an anderen Orten zu beobachten, daß lediglich Ideen, Motive usw., nicht aber materielle Dinge weitergegeben werden... Die Übertragung und Übernahme eines religiösen Komplexes zum Beispiel, dessen Zeremoniell an das Vorhandensein von Pyramiden gebunden ist, wird sehr wahrscheinlich auch zum Bau von Pysamiden führen.« (Spranz, 41)

Variante des weit verbreiteten Ring- und Stabspieles anzusehen ist. Alle solchen Spiele sind mit kosmischer Symbolik getränkte Kulthandlungen.«[1]

Die Frage stellt sich sogleich, was von den sozialen, geistigen, technischen und ökonomischen Errungenschaften der Mississippikultur bei den Indianern des südöstlichen Nordamerika in das Zeitalter der europäischen Zivilisation hinübergerettet wurde. Die ersten spanischen Expeditionen von Narvaez (1528) und De Soto (1540) trafen in die Golfstaaten der Union auf eine hohe und noch funktionierende Kultur, die dem archäologischen Bilde im großen und ganzen entsprach:

»Die ersten Entdecker und Reisenden sahen die Indianer allenthalben Erdwälle, Plattformen und Grabhügel errichten. die sich in keiner Weise von den prähistorischen Werken dieser Art unterschieden... Es gab palisadenbewehrte Städte.«[2] Im 18. Jh. sind nur noch Relikte, verstreute Trümmer der vormals komplexen Kultur, vorhanden. Die kulturelle Kontinuität scheint weitgehend abgerissen, es werden keine ›Tempelpyramiden‹, keine Erdwerke, keine Grabhügel erbaut, die großen Städte mit ihren umfangreichen sakralen Zentren (wie Etowah/Südosttennessee im Cherokeegebiet) sind unscheinbaren Dörfern gewichen, die als die Städte zu bezeichnen der Reisende sich weigert:

»Die Creeks-Nation bestehet aus etlichen Städten, welche aber mehr unsern Dorfschaften. denn Städten gleichen. Die Häuser liegen hie und da zerstreuet, ohne Ordnung, und die Plantationes nahe dabey. Die Häuser sind von Leinen zusammengeschlagen, ohne Rauchfang, ohne Thür, ohne Abteilung, ohne Stockwerk. Das Feuer ist in der Mitte des Hauses, um welches sie sich auf der Erde die Asche mit ihren Weibern, Kindern und Hunden herum leben.«[3] Gelegentlich ist ›abgesunkenes Kulturgut‹ (im Sinne Naumanns) im Zeremonial zu erkennen, so bei den Cherokee; die Zeremonie des ›Busk‹ z. B. wird als Nachhall der alten Religion gedeutet, die bereits bei der ersten Berührung mit europäischen Berichterstattern starken Wandlungen unterworfen war. v. Reck gibt eine Beschreibung des Festes in der bei den Creek beobachteten Variante:

»Wenn die Nation auch das gantze Jahr nicht beysammen gewesen wäre, so versammlet sie sich doch um diese Zeit. In diesem Feste, welches 4 Tage währet, wird von Krieg, Frieden und anderen Sachen, welche das allgemein Beste betreffen, geredet, und wenn ein Krieg beschlossen wird, so gehet er gleich nach dem Busk an. Am ersten Fest-Tage nehmen sie eine Reinigung vor, laxieren den

1 Menghin, 205
2 Burke Leacook, 46
3 Menghin, 204

Leib, wozu sie viererley Kräuter gebrauchen...; darauf fasten sie, etliche 24 Stunden etliche länger. Den anderen Tag setzen sich einige Kriegs-Leute zusammen, und besingen die Thaten ihrer Helden: währenden solchen Singen kömmt hie ein Hauptmann, da ein Hauptmann, dort ein dritter etc. mit seinen Leuten in einer furie herzu gelaufen, singen und schreyen alle mit. Das Feuer wird in allen Hütten der Indianischen Stadt ausgelöschet, und ein neues Feuer gemacht... ein ieder steckt bey diesem Feuer seine Pfeife Tabac an, und nimmt davon etwas mit sich nach Hause. Auch wird in diesem Feste eine reiffe Korn-Aehre vom Felde geholet und aufgehänget, welche bis übers Jahr um solche Zeit aufbehalten wird. Vor und währenden Busk darf keiner von dem neuen Korn etwas backen oder essen, sondern erst nach dem Busk.«[1]

Von Interesse ist die in Bruchstücken weiterlebende Tradition der piktographischen Schriften (Bilderschriften als Partialschrift), vor allem aus Randgebieten der Mississippikultur (Sioux, Ojibwa, Delawaren), aber auch aus deren westlichem Zentrum (Natchez), die neben wichtigen Ereignissen (wie bei dem ›Walam Olum‹ der Delawaren: Kontakt mit den Weißen, Einführung des Pferdes, Wanderungen) auch mythische Vorgeschichte und lange Häuptlingsgenealogien brachten (bei den Natchez sind auf diese Weise die Namen von 40 bis 45 ›großen Sonnen‹, d. h. von Königen, überliefert). Auch im Südosten müssen piktographische Schriften gemalt und geritzt worden sein, doch ist davon nichts erhalten geblieben.

Ähnlich wie das Busk-Fest scheint der religiöse Mythos Züge des Weltbildes in der Periode des ›südlichen Totenkults‹ bewahrt zu haben. Eine Herausarbeitung ist naturgemäß außerordentlich schwierig und bleibt stets problematisch da nur auf Parallelen bzw. Vorbilder aus der mexikanischen Vorstellungswelt verwiesen werden kann, die aber selbst durchaus nicht statisch war, sondern von der Teotihuacan- über die toltekische bis zur Azteken-Ära erheblichen Veränderungen unterlag. So soll hier nur auf einen Mythos verwiesen werden, der von den Cherokee bis zu den nördlichen Irokesen und Algonkin verbreitet war: Einem ›Halter des Himmels‹ und ›Sprossenden‹, der zugleich Schöpfer, Erhalter und Kulturheros war, steht sein Gegenspieler, der Eisriese und Winterdämon gegenüber. Dieser wird als Steinmesser gedacht. Dazu das mögliche Vorbild aus Mexiko:

»Ins Mictlan, das Reich der Toten in der tiefsten (neunten) Unterwelt, gelangte man durch den ›Tod auf dem Krankenbett, der für die Mexikaner... niemals natürliche Ursachen hatte, sondern durch Verhexung herbeigeführt

---

1 v. Reck, bei Bematzik, 86

wurde... Das Mictlan ... wird mit allen Schrecken eines Infernos geschildert; es herrscht eisige Kälte, Obsidiansplitter wirbeln durch die Luft... Wer dieser Welt verfällt..., darf auf keine Rückkehr hoffen.«[1]

Die durch die Luft der neunten Unterwelt wirbelnden Obsidiansplitter und der Steinmesser-Eisriese gehören zu einem sehr alten religiösen Vorstellungskreis. Hier hatte vermutlich das für Menschenopfer verwendete Stein-(z. B. Obsidian-)messer eine Art Leitfunktion, worauf zahlreiche Funde von Opfermessern innerhalb der menschenopfernden Hochkulturen in Amerika deuten. Das Opfermesser war mehr als ein Werkzeug – es verkörperte die sakrale Potenz.

Bei den nordamerikanischen Indianern war das Opfermesser ursprünglich wohl auch im Gebrauch; es gibt alte Quellen, die über Menschenopfer berichten. Spätestens seit dem 18. Jh. kommen Menschenopfer aber kaum mehr vor, dafür tritt ein anderer Brauch in den Vordergrund: das Skalpieren. Man kann die Skalpnahme als eine Partialform des ›Schindens‹ betrachten, einer religiös motivierten Grausamkeit, die in vielen Hochkulturkulten gebräuchlich war: Dabei wurde dem Opfer die Haut am ganzen Körper abgezogen, während die Skalpnahme bekanntlich nur der Kopfhaut gilt. Mit dem Zusammenbruch der komplexen Theologie in Mesoamerika wie in der Mississippikultur geriet der Zusammenhang zwischen Opfermesser und Skalpnahme augenscheinlich in Vergessenheit. Das Skalpieren wurde ›profaniert‹, jeder Krieger war zur Skalpnahme ermächtigt, das gewöhnliche Kriegsmesser ersetzte das priesterliche Opfermesser. Eine ähnliche Entwicklung nahm wahrscheinlich die Gefangenenmarter; immerhin blieb sie eine ›soziale Veranstaltung‹ der Stadt oder des Dorfes, eine Zeremonie, die dem erloschenen Tempelkult näher stand als die Skalpnahme. Auf dem sozialen Sektor überdauerte die Clanorganisation – mit vorwiegend matrilinearen Erbvorschriften – den kulturellen Zusammenbruch ebenso wie die geschlossene Siedlungsweise; dabei decken sich Stadt bzw. Dorf und Clan nicht. Die matrilineare Verfassung der Clans hat im Raum der alten Mississippikultur keine nachweisbaren Auswirkungen auf die soziale oder politische Geltung der Frauen. Nur in der nördlich vorgelagerten Randzone zwischen Ohio, Atlantik und Lorenzstrom wird eine Clanverfassung ausgebildet, die den Frauen ein Mitspracherecht im politischen Leben sichert. In dem von europäischen Einflüssen länger unberührt gebliebenen Westteil der alten Mississippikultur hat sich ein vertikal geschichtetes Sozialsystem bis in das 18. Jh. erhalten:

---

1 Burke Leacook, 46

Bei den Natchez am unteren Mississippi war die Bevölkerung in zwei »Rangklassen, Adel und Volk«[1], geschieden, »deren erste sich wieder in drei Untergruppen, die ›Sonnen‹, die ›Edlen‹ und die ›Geehrten‹, abstufte; Heiraten waren nur aus einer Rangklasse in die andere gestattet, und die Kinder der Ehe gehörten im allgemeinen in die Klasse der Mutter stiegen jedoch, wenn eine ›Sonne‹ oder ein ›Edler‹ eine Frau aus dem Volke heiratete, in die Adelsklasse empor. Der ganze Staat der Natchez war eine Theokratie, an deren Spitze die ›Große Sonne‹ stand, König und Hoherpriester zugleich.«[2] Das vertikal geschichtete Sozialsystem der Natchez deutet in seiner fast widerspruchsfreien, geschlossenen Struktur auf einen Zustand von erheblicher Dauer – d. h., es wirkt nicht wie ein erst kürzlich eingeführtes System, das sich noch mit Resten älterer Systeme auseinanderzusetzen hätte. Diese Vermutung wird durch die Dominanz ›evolutionärer‹ Züge im archäologischen Bilde der Mississippikultur bestätigt. Das hochkulturelle Vorbild des Sozialsystems der Natchez darf daher nicht allzu nahe an die Gegenwart gerückt werden. Mit hoher Wahrscheinlichkeit ist das soziale (und kulturelle) Vorbild der Natchez im Umkreis der über einen Großteil Mexikos verbreiteten Teotihuacán-Kultur zu suchen, deren Ende um 600 n. Chr. datiert wird – also etwas später als der Beginn der ›Tempelbergperiode‹ bzw. der ›jüngeren Mississippikultur‹ in Nordamerika. Aus der Teotihuacán-Kultur, die nach ihrem archäologischen Erscheinungsbild allgemein als ›theokratische Kultur‹ bezeichnet wird, sollten die theokratischen Züge auch in der, wenn man so sagen will, ›kolonialen‹ Kultur der Natchez herrühren, vielleicht sogar ihre gesamte Sozialstruktur.

---

1 v. Reck, bei Bernatzik, 86. Die Vorbilder des Busk sind wohl in Form von ›Kulturstimuli‹ (Kroeber) Jahrhunderte früher von Mexiko in die Mississippikultur gewandert. Legt man mexikanische Verhältnisse zugrunde, so waren in der Busk-Zeremonie mindestens drei getrennte Feste mit sehr unterschiedlichen Bedeutungen zusammengeflossen: die ›Neufeuerzeremonie‹, die nur am Ende jedes zweiundfünfzigjährigen Zyklus, der großen Periode des mesoamerikanischen Kalenders, gefeiert wurde; das Augustfest (mit dem aztekischen Namen Xocotlhuetzi ›Xocotl fällt herab‹), ein Sonnenfest, das eigentlich den Seelen der toten Helden gewidmet war – die Helden lebten, nach dem Glauben dieser Hochkultur, in den Sternen fort, deren Herrschaft nun wieder begann, da sich die Vormacht der Sonne am Himmel ihrem Ende zuneigte, und schließlich das ›Erntefest‹ im September, in dessen Rahmen das große Kultdrama der Empfängnis und Geburt des Maises vorgeführt wurde (dabei zog ein Priester »die Haut einer geopferten Frau, die zuvor die Erdgöttin... verkörpert hatte über und stellte in seiner realistischen Weise dar, wie die Göttin, am Boden vor dem Aufgang zur Hauptpyramide sitzend, den Maisgott vom Sonnengott empfängt.« Überdies traten Phallustänzer auf und ein anderer Priester, der den neugeborenen Maisgott verkörperte, hatte Scheinkämpfe zu bestehen). Krickeberg (1956), 231, 237, 239. Die große kulturelle und religiöse Verarmung des Südostens nach dem Erlöschen der Mississippikultur läßt vermuten, daß die den mexikanischen Vorbildern entsprechenden Feste erst spät, vielleicht sogar kurz vor der Aufzeichnung, in das Sammelfest des Busk einmündeten.

2 Bernatzik, 75

Auch im Ostteil der Mississippi-Kultur bestanden solche Rangstufen:

»Pareja schildert uns von den Timucua Floridas folgende Kastengliederung: Von den obersten Kaziken leiten sich die Inihame, Ratgeber ab, die einzigen, welche jenen die Hand geben dürfen; auch die nächstfolgenden Anacotima sind noch Ratgeber; dann folgen die Afetoma, auf diese die Ibitano, deren Beruf es ist die Inihame zu begleiten und endlich noch fünf Kasten, die vom Paracussi abstammen. Alle diese Kasten sind streng endogamisch. Neben dieser Gliederung geht aber noch die in Sippen her, welche sich nach Tieren nennen; doch nahm auch diese Totemgliederung den Charakter eines Kastensystems an, denn ihr im tiefsten Kern exogamischer Charakter konnte neben jenen Kasten nicht aufrecht erhalten werden.«[1]

Im Hinblick auf Vaterfolge und Erblichkeit liegt ein weiteres Beispiel vor in der Rede des Creek-Herrschers von 1735: »sehen sie ihn (nämlich Tomo Chachi) an als den Vater und Senauki als die Mutter von ihnen allen und seyn alle entschlossen, daß, wenn er sterben sollte, Toanohow seines Bruders Sohn, als den obersten Regenten von ihnen allen anzusehen.«[2]

Auch hier erbt der Sohn des Bruders, nicht der eines weiblichen Verwandten. Rangklassen und Vaterfolge scheinen zusammenzugehören. Beides geht wohl auf Teotihuacán zurück, denn in Mexiko »war Vaterfolge die Regel«[3]. Dagegen geht die Matrilinearität offenbar auf eine ältere Kulturschicht zurück – vielleicht die der ›Olmeken‹. Das matrilineare exogame Sozialsystem der Clans setzte dem jüngeren System der Rangklassen, Endogamie und Vaterfolge so zähen Widerstand entgegen, daß der Überwältigungsprozeß bei Ankunft der Spanier noch nicht abgeschlossen war. Nach dem kulturellen Umbruch wurde der gesamte jüngere Komplex zuerst, und recht weitgehend abgestoßen. Die oberste Repräsentanz des theokratischen Staates der Natchez vertrat ein Königtum sehr altertümlicher Prägung; Parallelen sind vielfältig in Asien und Afrika, aber auch in der amerikanischen Frühgeschichte nachweisbar. Beim Tode der ›großen Sonne‹ wurden »seine sämtlichen Frauen getötet«[4], d. h. es wurde das sogenannte ›Gefolgeopfer‹ geübt. Alte Zeugnisse dieses Ritus sind

---

1 Krickeberg, 111

2 Krickeberg (1956), 189

3 Bernatzik, 75. Einer der ältesten Belege für die Skalpnahme stammt aus Zentralasien: In einem der Pazyryk-Kurgane des Altai (6./5. Jh. v. Chr.) war einer der dort bestatteten Fürsten skalpiert. Berücksichtigt man Herdodots Schilderung der umfangreichen Grabriten bei einer Königsbestattung der westlich benachbarten Skythen, so ist nicht auszuschließen, daß auch das Skalpieren des toten Altaifürsten zum religiösen zeremonial gehört haben kann. (Jettmar, 157)

4 v. Reck, bei Bematzik, 79 zeigt, daß sich die Veranstaltung der Gefangenenmarter seit dem Beginn des 18. Jh. kaum mehr verändert hat.

aus den Königsgräbern der 1. ägyptischen Dynastie in Abydos (um 3000/2800 v. Chr.), aus den Königsgräbern im sumerischen Ur (um 2400 v. Chr.), aus den Königsgräbern bei An-yang im China der Shangzeit (12./11. Jh. v. Chr.) ergraben worden.

Dem Gefolgeopfer liegt der Gedanke zugrunde, daß der König, der zu seinen Lebzeiten nicht unbedingt als Gott betrachtet werden muß, nach seinem Tode göttliche Qualität gewinnt. Die ›Königsahnen‹ werden häufig Schutzgottheiten des Staates, sie spielen auch im Mythos eine wichtige Rolle. Diesseits und Jenseits sind für ältere Religionen eng verbundene Existenzweisen, wobei das Jenseits meist als eine überhöhte Fortsetzung des Diesseits betrachtet wird. Wenn also der König seine Lebensweise im Jenseits fortsetzen sollte, so mußte er zur Erfüllung seiner Wünsche die ihm nächststehenden Personen zur Hand haben: seinen Hofstaat, vor allem aber seinen Harem. Für die zum Gefolgeopfer ausersehenen Personen mußte das nicht in jedem Falle etwas Negatives bedeuten, dann nämlich nicht, wenn sie den Glauben ihrer Umgebung an eine überhöhte Weiterexistenz nach dem Tode in der unmittelbaren Nähe des vergöttlichten Königs teilten. Einen archäologischen Beleg für das ›Gefolgeopfer‹ in der amerikanischen Frühgeschichte erbrachten die Grabungen in La Venta südöstlich Veracruz, also in Meso-Amerika:

Nördlich der großen Erdpyramide befand sich eine große, viereckige Einfriedung aus mächtigen Basaltsäulen, an deren Nordseite ein niedriger runder Mound lag. Der Mound enthielt »zunächst einen monolithischen Sarkophag aus Sandstein mit Deckplatte... Das Skelett, das er einst enthielt, war zwar längst zu Staub zerfallen, doch erkannte man noch an der Lage der Jadeobjekte, daß sie Gerät und Schmuck des Toten gebildet hatten. Vor dem Sarkophag wurde im Erdboden noch ein zweiter Fund gemacht: eine rechteckige Grabkammer von 7,3 m Länge, deren Wände und Decke, wie die Wände des großen Geheges, aus Basaltsäulen bestanden bis auf die eine Schmalseite, die aber auch nicht offen, sondern durch fünf schräg dagegen gelehnte Basaltsäulen versperrt war. Als man sie weggeräumt hatte, kam im Hintergrund der mit Erde gefüllten Kammer eine niedrige Plattform zum Vorschein, auf deren Steinfliesen über einer dicken Zinnoberschicht einst drei oder vier Leichen beigesetzt worden waren, von denen nichts übrigblieb, während die für alle olmekischen Gräber typischen Beigaben noch an Ort und Stelle lagen: ein wahrer Schatz wertvollster Jadeobjekte.«[1]

---

1 Gilbert, 285ff.; Eggan, 18; Spoehr, 42. Die Cherokee siedelten in 6 Städten: Birdtown, Yellow Hill, Painttown, Wolftown, Big Cove, Graham County. Die Bevölkerung war in 7 matrilineare

Der Beleg aus der La-Venta-Kultur zeigt, daß die Vorstellung einer der göttlichen Sphäre angenäherten sakral-sozialen Repräsentanz des Königs bereits in der ›olmekischen‹ Grundschicht der mesoamerikanischen Hochkulturen verbreitet war. In weiten Teilen der Mississippikultur blieb diese altertümliche Form des Königtums, wenn auch in mancherlei Variationen, erhalten:

»Die Häuptlinge der Calo genossen göttliche Verehrung und pflogen in Person mit den Göttem Rat, und die Häuptlinge der Timucua von Florida waren durch eine starke Leibwache gegen die Zudringlichkeit der Bevölkerung geschützt; ihre Speisen unterschieden sich von denen des Volkes... Als de Soto in Florida einbrach, trat er despotisch regierten Völkern gegenüber, deren Fürsten sich vor ihm erniedrigten und ihm Hunderte ihres Volkes in die Sklaverei mitgaben... Ein Häuptling der Timucua herrschte über dreißig Unterhäuptlinge von der Mündung des St. John's bis zum Savannahflusse und führte den Namen König der Unterhäuptlinge. Weiter nach Westen hin nahm die Macht dieser Unterhäuptlinge zu, während die der Oberhäuptlinge abnahm. Diese Unterhäuptlinge bilden eine Art Adel, der im Stamme sich eine hervorragende Stellung zu wahren sucht; sie liefern dem Stamme die Häuptlinge und sprechen sogar einen besonderen Dialekt.«[1] Das vorgelegte Material berechtigt zu der Feststellung, daß in den Staaten der Mississippikultur ein Königtum hochkulturlicher Prägung mit starker sakraler Komponente bestan-

---

Clans gegliedert: Aniwahiya (Wolf), dem 30% der Bevölkerung zugehörten; Anidjiskwa (Bird) mit 200%; Anigilohi (Twister) mit 15%; Anikawi (Deer) mit 15%; Aniwodi (Red Point) mit 7%; Anisahoni (Blue Pant) mit 7%; Anigotigewi (Wild Potato) mit 7%. Die Erhebungen von Gilbert, 285ff., spiegeln die Verhältnisse bei den östlichen Cherokee um 1930 wider, die Prozentzahlen vor der Aufspaltung des Stammes um 1820/30 sind nicht zu rekonstruieren. Interessant ist, daß 3 der 7 Clans Tier- und 3 Pflanzennamen tragen: Damit ist eine Vermischung theriomorpher (oder sog. ›totemistischer‹) und ackerbaulicher Elemente angedeutet wie sie in unterschiedlichen Formen auch die Kulte der Hochkulturen Mesoamerikas kennzeichnet. Dem Clan Aniwodi (Red Point) werden Fähigkeiten in Sexualmagie zugeschrieben, überhaupt scheint er als Hüter magischer Verfahren zu gelten. Aus Gilberto geht leider nicht hervor, ob sich einst auch diesem Clan die Priesterschaft rekrutiert hat – etwa analog der antiken jüdischen Amphiktyonie während der Richterzeit, in welcher sich der priesterliche Nachwuchs aus dem ›Stamme‹ Levi rekrutierte.

1 Gilbert, a. a. O.; v. Reck, bei Bernatzik, 79: Die Creek »sind... dagegen aber auch hochmütig, insonderheit gegen ihre Weiber welche nicht viel besser denn Sklavinnen sind.« Bei den Irokesen »gehört... das ganze Land der Ohwachira (Großfamilie) den Frauen.« Sie haben auch das »Recht, über das Los der Kriegsgefangenen zu entscheiden,ja sogar im Rat der Männer beschlossene Kriegszüge durch ihr Veto rückgängig zu machen. Selbst den Gentilgenossen ihrer Männer können die Matronen der Ohwachira befehlen, den Kriegspfad zu beschreiten, wenn Kampf oder Krankheit Lücken in den Bestand der Ohwachira gerissen haben und es ratsam erscheint, diese Verluste entweder durch Einbringung von Skalpen zu rächen, oder durch Adoption von Kriegsgefangenen zu ersetzen.« Krickeberg, 107; vgl. auch die verstreuten Stellen in der Irokesenmonographie von Wilson.

den hat. Ebenso ist eine vertikale Schichtung der Sozialsysteme zu erschließen. Die Herabstufung des Königtums zum ›Häuptlingswesen‹ ist teilwiese auf einen tatsächlichen Verfall der Institutionen in den indianischen Staaten des südöstlichen Nordamerika, z. B. wohl aber auch auf eine – gewollte oder ungewollte – Geringschätzung sog. ›naturvölkischer‹ Einrichtungen durch die Ethnographie des 19. Jh. zurückzuführen.

Die sakrale Komponente der Kultur wird nicht nur durch die mächtigen Bauwerke der sakralen Zentren dokumentiert. Es gab auch zahllose kleinere Bauten, die auf eine große Einheitlichkeit des religiösen Lebens schließen lassen: »Von der Südspitze Floridas bis an den Arkansas und nach Virginia gab es Sonnentempel von denen schon de Soto spricht, und welche wir 180 Jahre später bei Charlevoix wiederfinden. Es waren dies größere Hütten den Häuptlingshütten ähnlich, aus einer dicken Lehmwand von etwa 5 m bestehend und von einem domförmigen Dache gekrönt, auf welchem ein oder mehrere Adlerbilder zur Sonne schauten. Rundum zog sich eine Mauer, auf der die Köpfe der Feinde staken, welche der Sonne geopfert wurden. Oder es standen bemalte und mit menschlichen Gesichtern geschnitzte Pfähle umher. Das heilige Feuer brannte im Innern vor einer Art von Altar. Diese Tempel scheinen im 16. Jh. jedem Stamm, oft jedem Dorfe eigen gewesen zu sein, verfielen aber im Laufe der Jahre... Solange die Tempel mehr von ihrem heiligen Charakter sich erhalten hatten, scheinen Frauen von ihnen ausgeschlossen gewesen zu sein.«[1]

Zu diesen Tempeln – natürlich auch zu denen der sakralen Zentren – gehörte ein Priestertum über das leider so gut wie nichts überliefert ist. Bei den Cherokee, Choktaw, wahrscheinlich auch den anderen Völkern unseres Gebietes, war das Priestertum erblich. Ratzel berichtet von einer Cherokee-Tradition, die vielleicht eine vage Erinnerung an den kulturellen Umbruch widerspiegelt:

»Der Priestertotem der Tscheroki mißbrauchte aber seine Stellung so schamlos zu eignem Vorteile, daß er ausgerottet ward, und an seiner Stelle ernannte das Volk einen neuen Priester, in dessen Geschlechte dann diese Würde verblieb.«[2] Eine Verknüpfung mit dem salkralen Königtum liegt dagegen weiter im Süden vor, wo »die Würde des Medinzinmannes häufig mit der Häuptlingswürde vereint«[3] war.

---

1 Krickeberg, 108. Eine nach jüngsten Radiokarbonwerten korrigierte ›Valley of Teotihuacan Chronology‹ gibt Spranz, 12. Ratzel, 630f.
2 v. Reck, bei Bematzik, 96
3 Krickeberg, 184

Auf eine vormals recht differenzierte Hierarchie deuten Nachrichten über eine Scheidung der Priester in ›Propheten‹ und ›Krankenheiler‹ bei den Creek, die beide eine lange Ausbildung durchmachen müssen. Ähnliches ist auch von den Odjibwa in der nördlichen Randzone der alten Mississippikultur bekannt. Bei ihnen und anderen Stämmen der nördlichen Randzone (Delawaren) existierte auch ein halb medizinischen, halb sakralen Zwecken dienender Geheimbund, der vier Grade aufwies, und in den sich Frauen wie Männer einkaufen konnten. Die Staffelung in Rangstufen mag dem Priestertum der Tempelbergkultur nachgebildet sein, weniger die gleichberechtigte Teilnahme von Mann und Frau. Angesichts der engen kulturellen wie relitiösen Zusammenhänge im Bereich der Tempelberggkultur muß auf eine starke Verzahnung auch des politischen Lebens geschlossen werden: Entweder durch eine großräumige Reichsbildung – in der die einzelnen Sakralkönige der ›Stämme‹ zu Unterkönigen herabgesunken sind, wie oft im Alten Orient – oder durch »mächtige politische Konföderationen«, wie Menghin meint. In historischer Zeit, d. h. nach dem ersten Einbruch der Spanier, ist von beiden Alternativen nur wenig zu finden. Der oben erwähnte ›König der Unterhäuptlinge‹[1] ist vor allem durch seinen Titel interessant, der wohl richtiger als Schah in Schah ›König der Könige‹[2] zu interpretieren ist. Diese Titulatur hätte bei dem Timucuafürsten nur eine mäßige politische Berechtigung, sie deutet jedoch möglicherweise auf eine alte Tradition, an deren Beginn ein wirkliches Großreich gestanden haben mag, dessen Herrscher den Anspruch seines Titels in der politischen Realität voll erfüllen konnte.

Von den politischen Konföderationen, die in historischer Zeit bestanden, war im Südosten der USA lediglich die lose Konföderation der Creek von einiger Bedeutung.[3] Das politische Gewicht verschob sich nach Norden wo der Irokesenbund der ›Fünf Nationen‹ (seit 1722, nach Aufnahme der Tuscarora, ›Sechs Nationen‹[4]) ein indianisches Imperium begründete, das nach Westen bis an den Mississippi, nach Norden bis an die großen Seen und den Lorenzstrom

---

1 Bernatzik, 73

2 Emery, 138ff.

3 Nissen, zur Chronologie bes. Taf. 37

4 Watson, 269, 273. Bekannteste Beispiele sind wohl die Mythen um die sumerischen Heroen Tammuz/Dumuzi und Gilgamesch; beide wurden als Könige von Uruk/Kullaba bezeichnet. Für die Vergöttlichung des Königs nach dem Tode spricht z. B. bei den Natchez, daß »die Gebeine des Vorgängers der jeweiligen großen Sonne... nebst anderen Stammesheiligtümern im Tempel aufbewahrt« wurden. (Bernatzik, a. a. O.) Die Problematik der Menschenopfer und der Zustimmung des Opfers zu seiner Tötung kann hier nicht behandelt werden. Die Freiwilligkeit des Opfers wird aber oft genug bezeugt.

nach Süden tief in die Appalachen ausgriff. Die Grenzziehung im Süden, gegenüber den Nachfahren der Mississippikultur, wurde vermutlich durch einen Krieg erreicht, in den die zum Irokesenbund zählenden Seneca auf der einen, die Cherokee auf der anderen Seite verwickelt waren. Wie es heißt, kam es zu einer ergebnislosen Vermittlungsaktion der Creek im Jahre 1724 – die richtige Lesart dürfte sein, daß die Creek-Föderation im eigenen Interesse ihr politisches und militärisches Gewicht auf seiten der Cherokee einsetzte, wodurch dem Expansionsdrang des Irokesenbundes ein Riegel vorgeschoben wurde.[1] Wir fassen das Ergebnis der Untersuchung zusammen:

Die Mississippikultur ist in ihren wesentlichen Zügen als ein Ableger der mesoamerikanischen Hochkulturen zu betrachten. Vermischung mit regionalem Traditionsgut, vielleicht auch nicht überall mit gleicher Bereitwilligkeit aufgenommene neue Einflüsse aus Mesoamerika, führen da und dort – vor allem gegen Ende der Tempelbergperiode – zu lokalen Modifikationen, die aber das einheitliche Bild der Kultur nur unwesentlich beeinflussen. Erst im Übergang zur historischen Epoche setzt eine ›Reprimitivisierung‹[2] in nahezu allen Bereichen des sozialen, ökonomischen und religiösen Lebens ein. ›Abgesunkenes Kulturgut‹[3] lebte aber noch in den Reliktkulturen des 18. Jh., von Gebiet zu Gebiet in unterschiedlicher Gemengelage, fort.

---

1 Krickeberg (1956), 540f.; es besteht kein Zweifel, daß eine gemeinsame Bestattung aller Leichen vorgenommen worden war, denn der Mound konnte erst nach den Grablegungen verschlossen werden. Auf die gleiche Weise wurde das Gefolgeopfer in Ägypten und Sumer nachgewiesen. Ob die »drei oder vier Leichen« den Harem des im Sarkophag bestatteten ›olmekischen‹ Königs repräsentierten, ist natürlich nicht mehr feststellbar. Zum physiognomisehen Bilde der sogen. ›Olmeken‹ sei übrigens auf die steinernen Kolossalköpfe hingewiesen, die den heiligen Bezirk in La Venta umgaben, vgl. Disselhoff, Taf. 8, einen Kolossalkopf von rund 7 m Umfang. Zur Datierung von La Venta um 800 v. Chr. im Zusammenahng der mesoamerikanischen Hochkulturen Spranz, 41 und anderen Stellen. Menschenopfer waren schon in der ›olmekischen‹ Kultur gebräuchlich, wie ein Fund in dem nur wenig jüngeren Cerro de las Mesas belegt: Über 50 Rongefäße gleicher Form und größe enthielten abgeschlagene Jünglingsköpfe und Kinderschäden. (Disselhoff, 110)

2 Ratzel, Bd. 2, 635. Beispiele sind bei Ratzel u. a. in Fülle zu finden. v. Reck spricht noch von ›Käysern und König‹, erwähnt aber auch Kriegshauptleute, die unter den Herrschern standen. Im Englischen steht dafür der Terminus capitain. Aus dem Kriegshauptmann wurde im Deutschen der ›Häuptling‹ – man sprach dann in der deutschen Ethnographie des 19. Jh. von ›Friedens-‹ und ›Kriegshäuptlingen‹ – ohne sich bewußt zu sein, daß die institutionelle Funktion der beiden Größen sehr unterschiedlich war. Die Aufwertung des Kriegshauptmanns – ursprünglich, wie wir sahen, eines Adligen – zum ›Häuptling‹ kommt etwa der Usurpation des Thrones durch einen General gleich. Der allgemein zu beobachtende Verfall der alten indianischen Institutionen ließ allerdings eine Entwicklung in dieser Richtung durchaus zu. Die Absetzung von ›Friedenshäuptlingen‹ bzw. ›Oberhäuptlingen‹ durch Usurpatoren kommt jedenfalls im 18. Jh. mehrfach vor; vgl. Ratzel, a. a. O., 632f.

3 Ratzel, a. a. O., 697

Diese Reliktkulturen sind demnach nicht von ›Naturvölkern‹[1] im eigentlichen Sinne geschaffen worden, bei denen man voraussetzen darf, daß Errungenschaften wie Tempelpyramiden, Steinbildwerke, größere Städte, Sakralkönigtum Rangklassen in Adel und Priesterschaft nicht vorhanden und auch historisch nicht vertreten waren. Die Reliktkulturen sind hervorgegangen aus einem kulturellen Zusammenbruch großen Umfangs, für den historische Ursachen verantwortlich gemacht werden müssen.

Welche historischen Ursachen? Eine Diskussion dieser Frage hat zu berücksichtigen, daß so etwas wie ein langsamer Alterungsprozeß, ein allmähliches Absterben, eine sich über Jahrhunderte erstreckende Auflösung der Kultur archäologisch nicht festzustellen ist. Im Gegenteil, die Mississippikultur gelangt erst in ihrem letzten Jahrhunderten zu voller Entfaltung, und einiges deutet darauf hin, daß neue Einflüsse aus Mexiko, die sich in Spuren zeigen, das kulturelle Niveau den mesoamerikanisehen Hochkulturen weiter angenähert, vielleicht sogar angeglichen hätte. Vielleicht hätten auch die noch zurückgebliebenen Gebiete an Golfküste und Atlantik sowie in der nördlichen Randzone um die großen Seen aufgeschlossen.

Die Mississippikultur war keine ›sterbende Kultur‹[2]. Die Ursachen für ihren Niedergang müssen daher in extrakulturellen Bezügen gesucht werden, in ›Stimuli‹, die in die Tempelbergkultur hineinwirkten, in Stimuli und/oder Ereignissen, die das ›pattern‹[3] der Kultur so gründlich, so tiefgreifend verändern konnten, daß sich die Ethnographie im 19. Jh. lange weigerte, irgendeinen Zusammenhang zwischen den ›moundbilders‹ und den später im gleichen Gebiet legenden Indianern anzuerkennen.

II. *Der Akkulturationsprozeß*

a) Die Rolle der franziskanischen Mission

Der Zusammenbruch der Mississippi-Kultur kann nach dem Zeugnis der Archäologie zeitlich nicht überall genau fixiert werden; es gibt aber genügend Hinweise, die eine ›Übergangszone‹[4] erkennen und chronologisch bestimmen

1 Ratzel, a. a. O., 700
2 Bernatzik, 74
3 Bematzik, 74
4 Krickeberg, 112

lassen: Der ›südliche Totenkult‹[1] (›Southern Cult‹ bzw. ›Southeastern Cult‹) »greift über alle lokalen Varianten der MississippiTradition hinweg... Aus den früheren Reiseberichten der Spanier und Franzosen wissen wir, daß (die) großen Kultzentren wie Cahokia, Etowah, Moundville, Lamar und viele andere im 16. Jh. noch existierten.«[2] Der endgültige Niedergang der Südostkulturen setzt also erst danach ein; er kann in einzelnen Fällen archäologisch nachgewiesen werden. In Zentral-Georgia folgte im 17. Jh. auf die Lamar-Kultur die Ocmulgee-Fields-Phase. Es wurden nun keine Tempelplattformen mehr gebaut... In der Keramiktradition werden noch alte Formen beibehalten, wenn auch im großen und ganzen die Ocmulgee-Fields-Ware, verglichen mit der Lamar-Ware gröber und schlechter gearbeitet ist. In Gräbern dieser Kultur hat man Feuerwaffen sowie Gebrauchsgegenstände aus Glas und Metall gefunden. Diese indianisch-europäische materielle Mischkultur herrscht noch ein Jahrhundert vor, bis die Creek, die man allgemein als die Träger der Ocmulgee-Fields-Phase identifiziert, schließlich nach Westen in das Indianerterritorium vertrieben werden.[3]

---

1 Krickeberg, 109. Bezeichnenderweise scheinen wenigstens zwei Bünde im Norden gegen 1600 begründet worden zu sein: Der Irokesenbund angeblich um 1570 durch den legendären Hiawatha, den ersten Ta-do-dá-ho des Bundes Krickeberg, 109, Wilson, 21; und der Powhatan-Bund verschiedener Algonkin-Stämme im Umkreis der Chesapeake-Bai. Nur am Lorenzstrom scheint der Waiandot-Bund der Huronen älter zu sein, den die Irokesen-Föderation durch einen mehr als hundertjährigen Krieg schließlich zerschlagen konnte, Krickeberg, 109. Der Abwehrkampf gegen die Weißen wurde von den staatlichen und überstaatlichen Organisationen des Nordens getragen, nicht vom Süden.

2 Debo, 6. »Am nächsten schien die Annahme einer besonderen Rasse zu liegen, ... mit anderen Tendenzen und Fähigkeiten ausgerüstet als die Indianer der letzten Jahrhunderte.« Ratzel, 617

3 Lindig, 117. Die regionalen Varianten der Mississippi-Kultur in Tennessee (Duck-River- und Dallas-Komplex) ragen seit dem 13. Jh. »durch ihre hochstehende anthropomorphe Steinplastik« hervor. (Lindig, 114) Nach diesem Fundplatz ist der Lamar-Komplex in Georgia, North und South Carolina benannt (in Westgeorgia und Osttennessee überschneidet er sich mit dem Dallas-Komplex), dessen Anlagen im Siedlungsbild alle gleich waren: »Städte mit Tempelplattformen und Plazas daneben zahlreiche kleine Weiler.« (Lindig, 116) Ob sie schon damals nicht mehr »in ihrer klassischen Form« bestanden, wie Lindig, 127, meint, ist kaum zu entscheiden. Denkbar wäre, daß Maßnahmen getroffen wurden, um der spanischen Kriegsexpedition de Sotos (chronologisch fallen nur die Augenzeugenberichte ihrer Überlegenden ins Gewicht) wenigstens den Zugang zu den wichtigsten Staatsheiligtümern in den großen sakralen Zentren zu versperren oder deren Bedeutung zu verschleiern. Auf der anderen Seite besteht die Möglichkeit, daß im Zuge einer ›Modernisierung‹ des Kultwesens neue Einflüsse, ›Kulturstimuli‹, etwa aus der huaxtekischen Zone um Veracruz (vgl. Lindig, 124), im Begriff waren, eine Modifizierung der Religion herbeizuführen. Z. B. kann man alte Gebäude auf den Tempelplattformen abgerissen und die Errichtung neuer Erd- und Lehmwerke, vielleicht ›huaxtekischer Rundbauten‹ vorbereitet haben. Doch ist ebenso nicht auszuschließen, daß die Tempelplattformen überhastet für die Verteidigung eingerichtet worden waren; in beiden Fällen konnten die Spanier die ursprüngliche, ›klassische Form‹ der Sakralbauten nicht durch Augenzeugenberichte wieder-

An der Folgküste von Florida und im Nordosten der Halbinsel spielt sich ein ähnlicher Vorgang ab. Die Fort-Walton-Phase und andere prähistorische Kulturen leiten hier in das spanische Missionsindianertum des späten 17. und beginnenden 18. Jh. über.

Nur im Westen, im unteren Mississippital, wo erst die Franzosen Anfang des 18. Jh. größere Forts und europäische Siedlungen begründeten und wo auch der spanisehe Missionseinfluß schwach war, geht die Plaquemine-Variante der Mississippi-Kultur einigermaßen nahtlos in die historische Natchez-Kultur und einige verwandte Gruppen über. Vor allem im östlichen Teil der Mississippi-Kultur kann demnach eine Übergangszone oder –phase archäologisch in gewissen Grenzen datiert werden: Im 17. Jh. vollzieht sich der Niedergang der Mississippi-Kultur und der Umschlag in die historischen Reliktkulturen der Südostindianer.[1]

Lindig bietet zwei Begründungen an, die eine direkt, die andere indirekt. Die indirekte Begründung wird in der Formulierung ›das spanische Missionsindianertum‹[2] gegeben, einer Formulierung, die implizit einen wesentlichen Einfluß der spanischen Mission auf die indianische Kultur voraussetzt, allerdings beschränkt auf das Gebiet von Florida. Im folgenden wird zu zeigen sein, daß der Missionseinfluß viel weiter gereicht hat und nicht nur in Florida, sondern im gesamten Gebiet der östlichen Mississippi-Kultur als einer der wichtigsten Faktoren betrachtet werden muß, die für den kulturellen Umbruch verantwortlich waren.

Eine direkte Begründung gibt Lindig mit dem Satz, daß »infolge der von den Europäern eingeschleppten Krankheiten... die Bevölkerung stark zurückgegangen«[3] sei. Die Bevölkerung der größeren Siedlungen war, auch im Vergleich mit zeitgenössischen europäischen Städten nicht unerheblich:

»Die Berichte über de Sotos Zug... geben der Stadt Ocali 600, der Stadt Mobile 80 sehr große Häuser, unter denen immer Sippenhäuser mit zahlreichen Familien verstanden sind, während Coza deren 500 gehabt haben soll.«[4] Die Bevölkerung der Städte Ocali und Coza dürfte demnach auf 15000-20000 Menschen zu schätzen sein – etwa die gleiche Einwohnerzahl besaß Augsburg,

---

geben. Auf jeden Fall wurde aber die Errichtung von terrassierten Tempelplattformen weiter betrieben.

1 Lindig, 128ff.

2 Lindig, 130; Menghin, 204

3 Lindig, 128

4 Ratzel, 616

das mächtige Handelszentrum der Fugger, um 1500.[1] Zum Bevölkerungsrückgang in einem von Spanien eroberten indianischen Gebiet darf eine amerikanische Quelle mit neueren Berechnungen herangezogen werden:

»The Borah-Cook-Simpson studies estimate that the Indian population of central-xouth Mexico declined from approximately 6.300.000 in 1548 to 1.075.000 by 1605. The 1519 figure may have been as high as 25.000.000 Indians. Particulary severe declines occurred during the great epidemics of 1576 –1579 and 1595 – 1596. The spread of European diseases such as smallpox and measles was a decisive factor in this demographic revolution.«[2]

Setzen wir voraus, die Berechnungen treffen annähernd zu, so hat sich die Bevölkerung des südlichen Zentralmexiko im Gefolge der beiden aufgeführten Pestepidemien um rund 83 % vermindert – eine wahrhaft erschreckende Bilanz. Mit vergleichbaren Bevölkerungseinbußen werden wir aber nicht nur in Mexiko zu rechnen haben, sondern überall dort, wohin Spanier aus dem mexikanisch-karibischen Bereich als Soldaten, Gouverneure, Missionare kamen, nicht nur sie selbst waren Träger der Ansteckung, wahrscheinlich noch gefährlicher waren ihre indianischen Hilfskräfte, die seit der Konquistadorenzeit in vielfältigen Funktionen eingesetzt wurden.[3]

Im Südosten der späteren Vereinigten Staaten konnte die Pest von zwei Gebieten aus verbreitet werden, an deren Küstensaum die Spanier Fuß gefaßt hatten: von Florida, wo zwei Küstenforts (Caroline 1563, und St. Augustine, 1565 begründe) als Stützpunkte für die militärische Beherrschung und die missionarische Erschließung des Landes dienten; und von Georgia, dem nordöstlichen Vorposten der katholischen Mission. In Florida wie in Georgia hatten die Aktivitäten der Spanier bereits vor Ausbruch der beiden großen Pestepidemien eingesetzt, und das bedeutet, daß jeder Militär- oder Missionsstützpunkt als mögliches Verbreitungszentrum der Pest in Frage kommen kann. Von der Küste drangen die Epidemien dann ins Binnenland vor, dessen Bevölkerung wahrscheinlich im gleichen Ausmaß dezimiert wurde wie in Mexiko.[4]

Damit kann auch für den Bereich der Mississippi-Kultur im Ausgang des 19. Jh. das Schrumpfen der Bevölkerung, der demographische Kollaps, glaubhaft gemacht und erklärt werden.

Es bleibt die zweite wichtige Frage zu beantworten, die Frage, warum die

1 Roth, Abb. 3

2 Phelan, 92. Ganz Mexiko hatte nach der Volkszählung von 1950 nur eine Einwohnerzahl von 25.707.000. (Bertelsmann, 308)

3 Dahms, 32

4 Schmieder, 147

Indianer im Südosten Nordamerikas ihre traditionelle Kultur nicht fortgeführt haben, was ja trotz des Bevölkerungsrückgangs – wenn auch in eingeschränktem Maße – möglich gewesen, ja im Grunde zu erwarten wäre.[1]

Der einzig bekannte historische Vorgang, der in die Übergangsperiode des kulturellen Umbruchs im späteren 16. und frühen 17. Jh. fällt, ist die Missionierung Floridas und Georgias durch den Franziskanerorden. Allein die Franziskanermission in Georgia bestand rund 70 Jahre (1573-1597 und 1601-1647), die Missionsstationen wurden nur einmal, nämlich 1597, bezeichnenderweise ein Jahr nach der letzten großen Pestepidemie, zerstört. Hatten sie vorher auf Inseln vor der Küste gelegen, so wurden sie nach 1601 an die Festlandküste Georgias verlegt, auch ihre Zahl wurde vermehrt. 1634 bestanden 20 Missionsstationen an der Küste von Georgia und die Christianisierung des Hinterlandes wurde systematisch vorangetrieben. »1647 dehnte sich der spanische Kultureinfluß von St. Augustine nach Norden bis zum Savannahfluß... Die Zahl der bekehrten Christen betrug ca. 30.000.«[2]

Die indianische Bevölkerungszahl in Georgia und Florida nach den großen Pestepidemien zu schätzen, ist nahezu unmöglich. Immerhin dürfen wir wohl mit einer Mindestzahl von 60.000 bis 100.000 Einwohnern rechnen. Die ›Missionsindianer‹ umfaßten, falls dieser Größenordnung zugestimmt wird, 30-50 % der Gesamtbevölkerung dieser beiden Staaten. Damit wurden sie in der indianischen Politik und Geistigkeit ein ernstzunehmender Faktor. Der erstaunliche Erfolg der franziskanischen Missionstätigkeit ist nicht zu trennen von einer bestimmten Missionsstrategie, die ganz allgemein die katholischen Orden im Zeitalter der Gegenreformation verfolgten. Dazu gehörte vor allem eine Konzentration der Bemühungen auf die Bekehrung der ›Multiplikatoren‹, d. h. der gesellschaftlich höherstehenden Schichten, der ›Gebildeten‹, der Einflußreichen – diese Missionspolitik erschien notwendig, wenn überhaupt Erfolge erzielt werden sollten, da die Priesterzahl bei keinem Orden ausreichte,

---

1 Schmieder, 147. Ausgegangen wird dabei von folgenden Erwägungen: Vor den Pestepidemien gab es in Georgia und Florida mindestens eine Stadt von 20.000 E. (Etowah), ca. 3 Städte (Lamar u. a.) von ca. 10.000 E.; da die ›Verdorfung‹ nach den Funden recht deutlich hervortritt, betrug die Gesamtbevölkerung wohl um 300.000. Die Pestepidemien verminderten sie, so wird unterstellt, um 65-80 %. Über Einzelheiten der franziskanischen Missionsschulen war leider in Münchener Bibliotheken keine Literatur zu finden; das gleiche gilt für das franziskanische Annakloster, dessen Bibliothekar, P. Engelbert, an dieser Stelle für seine Bemühungen der Dank ausgesprochen sei. Zur Missionspolitik der katholischen Orden allgemein ist reiches Material zu finden in Duhr. Mendieta, geb. 1525 in Vitoria, Spanien, Missionar in Mexiko seit 1554, gest. 1604; Hauptwerk: Historia eclesiástica indiana.

2 Phelan, 87

um ›Graswurzelmission‹ im Stil der Bekehrungstätigkeit des 19. Jh. zu betreiben; den Franziskanern, den Jesuiten, den Dominikanern war es nicht möglich, einen Priester in jedes Dorf zu entsenden und jedes Stammesmitglied persönlich zu betreuen. Die Ordensmission war aus Priestermangel gezwungen, jede Missionsstation zu einem Schulzentrum auszugestalten, in dem der Nachwuchs aus den gehobenen Schichten eines Landes, eines Stammes im Christentum unterwiesen und in mancherlei Fertigkeiten ausgebildet wurde (gewiß unter Assistenz indianischer Hilfskräfte).

Die Franziskaner wollten die alte Kultur gewiß nicht zerstören:

»Mendieta was reiterating a conviction that was shared by most of the friars; thar is, that Christianity should be superimposed upon the old pagan social structure, all of which should be carefully preserved provided it did not clash directly with the new religion.«[1]

Was aber stellten sich die Franziskaner, nach ihrem Sprecher Mendieta, unter einer »old pagan social structure« vor? Mendieta lebte, lehrte und missionierte in Mexiko, bei den Nachfahren einer Hochkultur, die nach Schließung aller eigenen Ausbildungsstätten, aller Priester-, Adels- und teilweise sogar der Handwerkerschulen gewissermaßen ›geköpft‹ war – Mendieta lebte unter den Enkeln der Azteken, die auf pseudo-naturvölkische Standards herabgesunken waren, an ihnen bildete er sein Bild, ein, so muß man sagen, äußerst romantisches Bild der ›innocence and simplicity of primitive men‹.

Ohne Zweifel war diese Vorstellung im Orden verbreitet, sie mag eine Richtlinie abgegeben haben, nach der Gewünschtes von Unerwünschtem zu scheiden war. Höhere Kulturgüter wie Tempelpyramiden mit einem funktionierenden Priestertum und einer recht komplizierten Religion gehörten sicher nicht zu der Vorstellung einer ›simplicity of primitive men‹; außerdem widersprach der indianische Glaube der christlichen Religion doch zu deutlich, um als ›old pagan social Structure‹ hingenommen und geduldet werden zu können.

Den franziskanischen Denkern schwebte die Vision einer spanisch-habsburgischen Universalmonarchie vor; neben Mendieta ist hier noch Juan de Torquemada zu nennen, 1614-1617 Provincial in Mexiko. »Torquemada's treatment of the conquest of Mexico exposes some of the striking characteristics of the Monarquía indiana. Mendieta's vision of the universal monarchy of the Spanish Habsburgs, as developed in his intricate exegesis of the parable in Luke 14, was reaffirmed by Torquemada. In hos prologue to Book IV, Torquemada also reinterated verbatim Mendieta's conception of Cortés as the Moses

---

1 Phelan, 67

of the New World.«[1] Mendietas Formel einer Christianization versus the Hispanization führte in der Folge zu der vorwiegend von Franziskanern und Jesuiten in Südamerika betriebenen Politik der Einrichtung von ›Indianerschutzgebieten‹ = Indianerreduktionen, Reservaten, in denen, modern gesprochen eine strenge ›Apartheid‹ herrschte. Über den christlichen Spaniern und über der von ihnen getrennten monarquía indiana (christiana) die von Ordensgliedern zu verwalten war, sollte der habsburgische Universalherrscher thronen. Den Indianern war die Rolle des Genus angelicum, des engelgleichen weil unschuldigen, d. h. von den europäischen Übeln verschonten Geschlechtes zugewiesen. Sie sollten vor jener Sklaverei bewahrt werden, die in Mexiko und auf den Karibischen Inseln zu furchtbaren Opfern unter der Eingeborenenbevölkerung geführt hatte.

Die Überzeugungskraft der unter solche Aspekte gestellten Indianermission war, wie die Ergebnisse zeigen, groß. Das Zusammentreffen einer zugleich militärischen und geistigen Überlegenheit der durch die Spanier repräsentierten europäischen, d. h. ›weißen‹ Zivilisation mußte die indianische Bevölkerung nachhaltig beeindrucken. »Könnte man sich nicht vorstellen«, so fragt Lévi-Strauss, »daß jenes... Ereignis... eine Art allgemeine Erregung bei den weniger entwickelten Völkern... auslöste?«[2] Das rasche, gewaltlose Vordringen

---

1 Phelan, 113f.; die franziskanische Konzeption des indianischen Genus angelicum ist übrigens sehr ähnlich der jesuitischen Auffassung, wobei die Jesuiten das Phänomen der ursprünglichen Sittenreinheit und Gottesnähe nicht nur in Amerika entdecken wollen: Auch China ist für die Jesuitenmissionare unter der Leitung Matteo Riccis »älter als Israel, hat reiner die Uroffenbarung bewahrt als die Juden; die Chinesen lebten in der nächsten Nähe der Sintflut und haben den Kult des wahren Gottes aus erster Hand empfangen. Die großartige Gottesfürchtigkeit, Weisheit, Sittenreinheit Altchinas wird mit zahlreichen Belegen dargetan.« (Heer, 478) Dieses Konzept, diese Utopie einer ›ursprünglicheren Welt‹, die Europa gegenübersteht, spiegelt die Erschülterung der europäischen ›Intellektuellen‹ im Zeitalter der Entdecker wider.

2 Lévi-Strauss, 209. Die Äußerung erfolgt zwar in anderem Zusammenhang, dürfte aber auch in diesem Bezug den Intentionen des Verfassers entsprechen. Wir wissen übrigens, mangels entsprechender Grabungsfunde, noch nichts über das Aussehen der franziskanischen Missionsstationen. Es gab dort sicher Kirchenbauten, doch kann über die Leistungen des indianischen Kunsthandwerks, das die Kirchen ausschmückte, nichts gesagt werden. Ich habe in Paraguay, unweit Asunción, eine Kirche des späten 17. Jh. gesehen, die von Jesuiten in der großen paraguayischen Indianerreduktion (1609-1767) erbaut und deren Altar von indianischen Kunsthandwerkern über und über in einem indianisch-europäischen Mischstil verziert worden war. Vergleichbares dürfte in Georgia und Florida zu erwarten sein. Die franziskanisch-jesuitische Utopie des guten, weil naturhaft lebenden und daher Gott näherstehenden Menschen – die sich u. a. auf das taciteische Vorbild berufen kann – hatte geistesgeschichtlich unabsehbare Konsequenzen: Nicht nur die »Dekadenztheorie« der katholischen Ethnologien bis P. W. Schmidt hat hier ihre Wurzeln. Auch Rousseau übemahm als Erbe der französischen Hochaufklärung die ›Dekadenz-Utopie‹ in seiner Lehre vom ›edlen Wilden‹: »Der Mensch ist gut... Dieser naturhaft gute Mensch verwirklicht sich in der Naturreligion.« (Heer, 504)

des Christentums in Georgia und Florida und die von dort ausgehenden Impulse, die auch in Tennessee, Louisiana, Alabama und Illinois den kulturellen Umbruch einleiteten – das alles läßt sich besser verstehen, wenn man die Christianisierung selbst als eine geistige Bewegung auffaßt, die quer durch alle politischen Gruppen nach Westen ausgriff und erst am Mississippi zum Stehen kam, eine Bewegung, analog der viel älteren Bewegung des ›südlichen Totenkults‹, analog der Prophetenbewegung, die im späten 18. Jh. einsetzt oder zuletzt der ›Geistertanzbewegung‹ im 19. Jh.

Die ›Christianisierungsbewegung‹[1], die hier postuliert wird, führte in wenigen Jahrzehnten zum Abbröckeln der traditionellen Hochkulturwerte und –errungenschaften. Es entstand, über das küstennahe ›Missionsindianertum‹ hinaus, zwischen Atlantik und Mississippi eine ›indianisch-europäische Mischkultur‹[2], deren Standard mehr und mehr durch Einflüsse aus der europäischen Zivilisation und deren amerikanischen Küstenkolonien bestimmt wurde. Damit waren die ersten entscheidenden Schritte auf dem Wege der Akkulturation getan.

b) Das 18. und 19. Jahrhundert: Vom Missionsindianertum zur modernen Nation

Das Missionsindianertum, wie es historisch in Erscheinung trat, war keine sehr lebenskräftige Kultur. Es war hervorgegangen aus einem Kompromiß zwischen den erzieherischen Intentionen und Utopien der christlichen Mönche mit den Erfordernissen des indianischen Alltags, aber auch der realen politischen Situation, die das Problem der indianischen Unabhängigkeit mit einbezog. Das ›milde Regiment der Mönche‹ war, wie in allen von katholischen Orden eingerichteten Indianerreduktionen Nord- und Südamerikas, keine Schöpfung der Indianer selbst, sondern eine Konstruktion europäiseher Provenienz. Sie diente zwar dem Schutz der indianischen Existenz doch nicht der Erhaltung der indianischen Staatswesen schon gar nicht der Verteidigung einer eigenen indianisehen Außen- und Machtpolitik. Mit anderen Worten: Im Bereich der Ordensmissionen – für den ich den andernorts geläufigen Begriff der ›Indianerreduktion‹[3] verwende, obwohl er wahrscheinlich nicht genau

1 Schmieder, 147
2 Biasutti, 444
3 v. Reck, bei Bematzik, 85

zutrifft – zerrann gewissermaßen die indianische Souveränität, löste sich auf in eine Art ›Gruppenharmonie‹[1] unter der Leitung von Missionaren. Als die Vollstrecker ihres Willens haben wir uns die führenden Vertreter der ›Christianisierungsbewegung‹ vorzustellen.

Wir haben das deshalb zu tun, weil sich diese Bewegung, diese geistige ›Ergriffenheit‹ (Leo Frobenius) ja nicht mit der Übernahme einzelner christlicher Gedanken begnügen konnte und durfte. Sie mußte, wenigstens in ihren Flügelbildungen, weit extremer agieren und auch eine politische Konzeption hervorbringen, die, auf eine Formel gebracht, eine im Grundsatz europäerfreundliche Haltung forderte. Die Missionschristen waren aus diesem Grunde jene Gruppe, die zur bedingungslosen Zusammenarbeit mit den Missionaren bereit war – in der Hoffnung, das indianische Kulturniveau durch Veränderung zu heben. Der Europäer wurde als Lehrer akzeptiert, auch wenn dafür die indianische Souveränität preisgegeben werden mußte – ein Vorgang, der sich, so oder ähnlich, in allen ›freien‹, d. h. nicht der spanischen Administration unterworfenen Indianerreduktionen abgespielt hat.[2]

---

1 Debo, 73. Eine Notiz bei v. Reck, Bematzik 86, zeigt die Folgen der ›konsumtiven‹ Akkulturation: »Die Nation (sc. d. Creek) sitzet in einer großen offenen Hütte... um das Feuer, rauchen Tabac, und trinken stark... Sie halten einander zum Zeichen der Freundschaft eine Bouteille Rum oder Brandtwein, oder eine Pfeife Tabac vor.« Bereits 1643 war im Norden ein Teil der Irokesen von den Holländern mit Flinten ausgerüstet worden. (Krickeberg, 109) Die Abhängigkeit der in ›konsumtiver‹ Akkulturation verharrenden nördlichen Indianer von weißen Lieferungen beleuchtet ein Schreiben, das die Mohawk 1691 an den Rat der Stadt Albany richteten: »Wir bitten Sie, daß Sie uns einen Schmied und einen Gewehrmacher in unserer Festung bewilligen, die unsere Waffen reparieren, wenn sie hin sind«, Wisler (1948), 342. Um die Mitte des 18. Jh. galt der Besitz einer Flinte auch in jedem Haushalt der südöstlichen Indianer als eine Selbstverständlichkeit, vgl. Linton (1940), 490ff. Man übersieht leicht, da die ›konsumtive‹ Akkulturation wenig zum Glück der Tributempfänger beiträgt, nicht zuletzt deshalb, weil alle normativen Werte der empfangenden Kultur wie auch der leistenden Hochkultur dabei auf den Kopf gestellt werden. Daraus erklärt sich der erstaunlich rasche Sittenverfall bei vielen Gruppen, die in der ›konsumtiven‹ Akkulturation verharren. Die häufig zu beobachtende Aufwertung des Krieges, des Kriegers, des Kriegshäuptlings war deshalb vielleicht manchmal nicht nur durch politische Notwendigkeiten erzwungen; sie ist auch als ein Verzweiflungsschritt zu verstehen, der aus dem ›parasitären‹ Dasein herausführen und die verlorene Selbstachtung wiederherstellen soll.

2 Dahms, 109. Wie man sieht, sind die Nachfahren der östlichen Mississippi-Kultur, soweit sie an britisches Gebiet grenzten, von der Südgrenze Georgias bis hinaus zum Ohio in den Krieg eingetreten (Choctaw und Chickasaw scheinen damals weiter im Westen gesiedelt zu haben). Haben wir es mit einem ›Bundeskrieg‹ zu tun, in dem den Einzelstaaten übergeordnete Instanzen entweder schon vorhanden oder jetzt gewählt wurden? Nachrichten über zwei Phratrien oder Stammeshälften mit getrennten Funktionen bei weiter westlich wohnenden Völkern lassen verschiedene Interpretationen zu: Die Aufteilung des Stammes in eine Friedens- und eine Kriegshälfte ist entweder eine uralte, ›naturvölkische‹ Einrichtung; oder, und dieser Meinung wird hier der Vorzug gegeben die ›naturvölkisch‹ gegebene Zweiteilung hat mit dieser speziellen

Damit war, was Georgia betrifft – weniger Florida, das von den spanischen Küstenforts politisch in Schach gehalten wurde -, der Konflikt vorprogramntiert. Die Vertreter des indianischen Souveränitätsanspruchs mußten sich mit den – sicher noch zahlreich vorhandenen – ›Traditionalisten‹ zur Abwehr gegen die Auflösung jeder indianischen Eigenstaatlichkeit unter dem ›milden Regiment der Mönche‹ zusammenfinden. Im Jahre 1647 zerstörte ein »Aufstand der Appalachenindianer«[1] die franziskanische Missionsstationen.

Damit war die Souveränität der indianischen Staatswesen wiederhergestellt, doch die Parteiung innerhalb der Völker keineswegs beseitigt. Ob es in den folgenden Jahrzehnten wirklich zu »guerre intertribali«[2] kam oder ob die Auseinandersetzungen unblutig verliefen, ist ungewiß. Fest dürfte lediglich stehen, daß sich im Laufe der Zeit ein Gleichgewicht der Kräfte einpendelte, das heftige, kriegerische Ausschläge unter der Dominanz der europäerfeindlichen Parteiung immer seltener zuließ.

Obwohl die christlichen Gemeinden in Georgia offensichtlich wieder eingingen, wird das Kulturgut aus der alten Tradition in der archäologischen Hinterlassenschaft des späten 17. und des 18. Jh. nicht mehr aufgefunden. Der kulturelle Umbruch war irreversibel. Der durchschlagende Erfolg, den die Christianisierungsbewegung im ersten Ansturm errungen hatte, zeigt sich auch darin, daß eine Reihe christlicher Gedanken in die neue Mischtradition eingehen, so spezifisch christliche Jenseitsvorstellungen:

Die Creek z. B. »reden von einer Wiederauferstehung, von einem Ort der Vergeltung und der Strafe. Den erstern setzen sie in die Höhe, den andern in die Tiefe; sie bilden sich in dem erstern einen weißen, und in dem andem einen schwartzen Mann vor.«[3]

Das Gleichgewicht der politischen Kräfte hatte im Südosten eine abwartend-tolerante Haltung gegenüber den seit Ende des 17. Jh. von der virgini-

Funktionstrennung ursprünglich nichts zu tun – die Kriegs- bzw. Friedensfunktion wurde von den Stammeshälften zusätzlich übernommen nach dem Vorbild des früher höher kultivierten Südostens, der demnach noch im 17. Jh. ein weit ausstrahlendes Diffusionszentrum gewesen wäre. Parallelen in anderen Kontinenten besagen nur etwas über die Häufigkeit einer derartigen ›modellhaften‹ Diffusion.

1 v. Reck, bei Bematzik, 95

2 v. Reck, bei Bematzik, 96

3 v. Reck, a. a. O.; über Oglethorpes Kolonisation vermerkt Schmiede, 148: »Nirgendwo sonst im Bereich der späteren USA verlief der Verkehr zwischen Weißen und Indianern so reibungslos wie in Georgia.« Unter den Siedlern befanden sich Mährische Brüder aus Salzburg. Der Kontakt mit Oglethorpe war möglicherweise ausschlaggebend für den säkularen Erfolg der europäerfreundlichen Parteiung.

schen Küste nach Westen und Süden vordringenden Angelsachsen zur Folge. Um 1693 beginnt der Warenaustausch virginischer Händler mit den Cherokee, 1699 mit den Chickasaw, 1714 mit den Choctaw, einige Jahre später auch mit den Creek. Die Angelsachsen gingen nach den im Norden bereits bewährten Methoden vor: Gegen ›Wohlverhaltenslieferungen‹[1] – die meist Feuerwaffen, ›Feuerwasser‹ und einige nützliche Gegenstände der europäisch-amerikanischen Zivilisation enthielten – sollten friedliche Beziehungen mit den Indianern hergestellt und womöglich Land eingetauscht werden.[2]

Auch im Südosten gewöhnte man sich an die neuen Kulturgüter der weißen Zivilisation und legte den entlang dem Savannahfluß nach Westen bis in die Piedmonts der Appalachen vorstoßenden Siedlern keine Hindernisse in den Weg. Die neue Form der Wirtschaftsverflechtung führte auf seiten der Indianer zu einer ›konsumtiven‹ Akkulturation, der keine oder kaum eine eigene Leistung entsprach. Dieser Zustand barg die gleichen Gefahren in sich wie jeder ›Tribut‹, den weniger entwickelte Völker von Hochkulturstaaten empfangen: Der Erhalt von Leistungen ohne äquivalente Anstrengung ist nicht geeignet, die ›Selbststärkungskräfte‹ der weniger entwickelten Völker wachzurufen. Dagegen wecken solche Tribute die Bereitschaft, auf das Ausbleiben bzw. die Verschlechterung der Lieferungen zu reagieren.

In der Tat kam es bald zu einer Konfrontation. Im Jahre 1715 hatten angelsächsische Händler den Yamassee (unweit Savannah-Town, dem heutigen Augusta, am Savannahriver) »giftigen Alkohol geliefert, minderwertige Waffen aufgeschwatzt und mehrere Squaws vergewaltigt.« Darauf gruben Yamassee, Catawba Shawnee, Creek und Cherokee ›das Kriegsbeil‹ aus: Alle britischen Siedlungen Carolinas bis auf Charleston und Savannah-Town wurden verbrannt. Erst die Erstürmung des Cherokee-Lagers Echota durch 300 Mann und ein Separatfriede mit den Cherokee, dem Streitigkeiten der Indianer untereinander folgten, beendete die Gefahr für die weißen Siedler.[3]

---

1 Dahms, 110

2 Dahms, 111f.; das Ergebnis von großem Gewicht für den Südosten, weil hier zum ersten Mal indianische und angelsächsische Sozial- und Wirtschaftssysteme miteinander verklammert werden. Dem Vorgang kommt beispielgebende Bedeutung zu; es ist bezeichnend, daß die Verflechtung einem ›Halbblut‹, Mary Musgrove zu verdanken ist. Hier ist der Prozeß modellhaft vorgebildet der von der ›konsumtiven‹ zur ›produktiven‹ Akkulturation fortschreiten sollte.

3 Wisler (1953), 126, möchte den Aufstand im Südosten – er datiert ihn auf 1756 und erwähnt namentlich die Cherokee – auf Übergriffe britischer Siedler zurückführen. Nach Dahms, 118, war »diese Erhebung... nur das übliche Nachspiel jedes Kolonialkrieges der Weißen..., eine Empörung betrogener Rothäute.« Er datiert nicht genau, doch deutet der Zusammenhang mit anderen Ereignissen eher auf 1759. Die »Elitetruppen (der) Royal Americans... unternahmen einen Straffeldzug bis an die südwestlichen Ausläufer der Alleghanies. Hoffnungslos dezimiert

Im Licht dieser Streitigkeiten muß die Rede des Creek-›Käysers‹ Chekilli gesehen werden die dieser 20 Jahre später in der durch den britischen Staatsmann Oglethorpe 1733 gegründeten ersten angelsächsischen Stadt in Georgia – Savannah – vor den führenden Männern der Creek-Föderation hielt. Chekilli führt die mythischen Völker der Pallachucola, welche die Friedenspartei verkörpern, und der Cussetaw, der Kriegspartei, in seiner Rede an:[1] Die »Pallachucolas-Leute... sagten (zu den Cussetawn)... sie müßten auch... ihre blutigen Tomihawks niederlegen... Daß sie dennoch für den Tomihawk waren: allein die Pallachucolas-Leute bekamen solchen durch allerhand liebkosende Überredungen, und begruben ihn unter ihrer Schlafstelle.«[2] Die Konsequenz der Rede scheint, oberflächlich betrachtet, die Wiederherstellung des politischen Gleichgewichts der beiden Fraktionen zu sein: »Auch sagten ihnen die Palluchucolas-Leute, sie wollten zusammen einen Capitain haben...«[3]

Nicht im Mythos, in der historischen Realität ist aber Chekilli selbst jener ›Capitain‹: »Ich ward erwehlet zu regieren nach dem Tode des Käysers Bream; Ich habe ein gewaltiges Mail, und will denen übrigen Nationen diese Resolution sagen, und sie dazu überreden.«[4]

Worin besteht die Resolution?

»Daß ihre Augen bisher waren geschlossen gewesen, nun aber mehr offen, und sie glauben, daß die Ankunft der Engländer an diesen Ort zu ihrer und ihrer Kinder Besten seyn werde, und wollen allezeit gegen sie genau verbundene Hertzen haben, und hoffen, daß, da sie nacket und Hülf-los, Sie mehr gutes für sie tun werden.«[5]

Chekillis Rede verweist das Gleichgewicht der Kräfte in die Vergangenheit; die europäerfreundliche Partei dominiert in der Gegenwart. Sie erwartet, »da

---

beugten sich Creek und Cherokesen der überlegenen Kraft.« Die Worte »hoffnungslos dezimiert« sind poetische Übertreibungen des auch sonst mit schmückenden Beiwörtern nicht gerade sparsamen Verfassers (vgl. d. vorige Seite). Ein Bevölkerungsrückgang ist mit der weiteren Entwicklung der Südostindianer – insbesondere der Cherokee – nicht zu vereinbaren.

1 Dahms, 116, sieht in dieser außerordentlich verlustreichen Schlacht einen Wendepunkt der Kriegführung auf amerikanischem Boden: Man »erkannte..., daß der pfadlose Wald die üblichen Manövriertechnik unmöglich machte und europäische Regimenter nicht zu offener Feldschlacht eingesetzt werden konnten.« Beide Seiten übernahmen jetzt die indianische Form der ›Guerillakriegführung‹. Dies trifft aber auch für das 18. Jh. nur bedingt zu, wie schon die Erstürmung von Quebec, 1759, belegt, Dahms, 118

2 Schmieder, 150

3 Wisler (1953), 127. Bei der schließlichen Vertreibung der Cherokee (1837) durch General Scott wurden weiße »Missionare, die schirmend vor ihre Gemeinden traten,... gefesselt davongeschleppt. zwei Methodistenprediger zu fünf Jahren Zwangsarbeit verurteilt«, Dahms, 250

4 Schmieder, 149

5 Schmieder, 150

sie nacket und Hülf-los«[1], daß die Briten »mehr gutes« für die indianischen Nationen tun werden. Diese Haltung unterscheidet sich im Prinzip wohl kaum von jener, die im frühen 17. Jh. die indianischen Missionschristen gegenüber den Franziskanern einnahmen. Es bleibt unsicher, ob wirklich nur eine ›konsumtive‹[2] Akkulturation gemeint ist, die Rede könnte auch eine versteckte Aufforderung an die Briten enthalten, sie, die Indianer, alles das zu lehren, was sie selbst zu tun vermögen.

Die europäerfreundliche Partei behielt in den kommenden Jahrzehnten in so gut wie allen indianisehen Staaten des Südostens die Oberhand, ausgenommen das kurze kriegerische Zwischenspiel von 1756/59. Es blieb Episode, obwohl der anschließend weiter im Norden und Nordwesten ausbrechende Pontiac-Aufstand Gelegenheit für neue Feldzüge geboten hätte.

Die Ursache für den kurzen Indianerkrieg im Südosten dürfte in länger zurückliegenden Ereignissen zu finden sein. Im spanisch-britischen Kriege hatte Oglethorpe 1742 das Fort Frederica mit indianischer (wohl von den Creek gestellter) Hilfe erfolgreich gegen den spanischen Admiral Antonio Arredondo verteidigt. Im Jahre 1749 »durchlitt Georgia Monate höchster Gefahr, als Mary Musgrave, die ehemalige Dolmetscherin des nach England zurückgekehrten Oglethorpe, sich von ihrem indianischen Vetter Malatchee förmlich zur ›Königin der Creek‹ erheben ließ und auf Grund ihres Titels riesige Ländereien beanspruchte. Ende Juli 1749 kam die resolute Halbblutfrau mit einer großen Bootsflotte wilddrohender Indianer den Savannah heruntergerudert. Gouvemeur William Stephens rettete das Land durch geschmeidige Höflichkeit. Während er und Malatehees Leute die Friedenspfeife schmauchten, saß seine Miliz auf dem Hofe des Regierungsgebäudes zu Pferde, entführten als Rothäute vermummte Konstabler Mary Musgrove aus der trunkenen Menge heimlich ins Gefängnis. Drei Wochen gingen vorbei, ehe Savannah-City die unliebsamen Besucher verabschieden konnte. Doch Mary Musgrove, der man ihre Freiheit hatte zurückgeben müssen, hetzte nun zu blutigem Aufstand. Die Franzosen in Mobile werden davon kaum abgeraten haben; den Spaniern bereitete der Konflikt diebische Freude. Schließlich gelang es aber, die Creek zu beschwichtigen und der Gefahr internationaler Verwicklungen an den Georgia-Grenzen vorzubeugen, indem das Kolonialamt Mary Musgrove Ländereien mit Manorhaus und Sklaven zubilligte.«[3] Der spanisch-britische Krieg

---

1 Wisler (1953), 127
2 Eggan, 17
3 Wisler (1953), 128

(›Weiße gegen Weiße‹)[1] mag zu einer gewissen Verwirrung im Südosten geführt haben, wobei sich innerhalb der beiden großen Parteiungen neue Fraktionen bildeten. Malatchee und Mary Musgrove waren wie der Verlauf der Auseinandersetzungen zeigt, keineswegs europäerfeindlich. Ihre überraschende – und erfolgreiche – Aktion ist vielmehr als ein Ausdruck jener Unruhe anzusehen, die im 18. Jh. durch die Kolonialkriege der europäischen Mächte in die indianischen Völker hineingetragen wurde. Dabei spricht für die nüchterne Lagebeurteilung der führenden europäerfreundlichen Gremien im Südosten die Tatsache, daß sich die Nachfahren der Mississippikultur weit weniger in die Kolonialkriege verwickeln ließen, als die mächtigen Bünde des Nordens.

Ohne Zweifel hat auch die Erhebung von 1756/59 mit dieser Unruhe zu tun, da sie in die Endphase des Siebenjährigen Krieges fällt; in den großen Schlachten dieses Krieges (z. B. Ticonderoga bzw. Fort Carillon, 1758) kämpften Weiße und Indianer Schulter an Schulter. Entscheidend ist nicht, daß der Südosten in diese große Auseinandersetzung mit einbezogen wurde, sondern daß er sich aus seinem Engagement sehr rasch wieder zu lösen vermochte.[2]

In der Folgezeit schreitet der Akkulturationsprozeß rasch voran, Kulturgüter der europäischen Zivilisation werden in zunehmendem Ausmaß nicht nur ›konsumiert‹[3], sondern auch ›produziert‹. Hervorzuheben ist die parallele Adaptation auf dem geistigen wie auf dem ökonomischen Sektor. Da die Quellenlage für den Verband der Cherokee im späteren 18. und in der ersten Hälfte des 19. Jh. etwas günstiger ist als für Creek, Choctaw und Chickasaw, beschränken sich die folgenden Ausführungen weitgehend auf das ›Modell‹ der Cherokee.

Kernland der Cherokee war im 18. Jh. das ›Great Valley‹ in den südlichen Ausläufern der Appalachen, das Gebiet der Nation reichte aber im Osten bis tief in die Piedmonts von Georgia hinein. In die Piedmonts waren aber schon ›vereinzelte Europäer‹ vorgedrungen:

»Sie lebten zum Teil als Grenzer (frontiers men), d. h. in kleinen Gruppen oder auch allein... Sie widmeten sich... dem Handel mit den Indianern. Über den größeren Teil des Piedmonts waren bald diese backwoods farmer verteilt, die auf kleinem Grundbesitz... Ackerbau trieben... In den Carolinas und in Georgia trennte sie die Wildnis der pine barrens von den Städten und Pflanzungen der Küste.«[4]

---

1 Farb, 251
2 Debo, 152
3 Mühlmann, 424
4 an Encyclopedia of World History, ec. by William L. Langer, Boston 1948, Karte S. 767; das

Hie und da kommt es bald zu Mischehen; Grenzlandfarmer, die eine Cherokeefrau heiraten, werden in den Stamm aufgenommen.

Die ›weißen Cherokee‹ verstärken naturgemäß den Einfluß der europäerfreundlichen Parteiung. Missionare werden zugelassen, unter denen offenbar die Quäker eine hervorragende Rolle spielen. Spätestens um 1800 ist die Christianisierung abgeschlossen, der Verband ist vermutlich teilweise den Quäkern, teilweise den Methodisten beigetreten.

Im Unabhängigkeitskrieg der Vereinigten Staaten gegen die britische Krone, der bei vielen indianischen Völkerschaften zu inneren Unruhen und Spaltungen führte, bewahrten die Cherokee eine neutrale Haltung. Die USA honorierten ihre Neutralität im Jahre 1784 durch einen förmlichen Vertrag, der den Cherokee ihre Unabhängigkeit und ihren Besitzstand garantierte. Die Cherokee waren als souveräner Staat anerkannt.

Im Jahre 1786 wurde »zum ersten Mal langfaserige, aus Westindien eingeführte Baumwolle auf den Sea Islands (vor der Küste von Georgia) angebaut... Die Pflanzer an der Küste Süd-Carolinas und Georgias stellten sich nun ganz auf Baumwollanbau um.« Doch erst durch die Erfindung der Entkörnungsmaschine (Cotton gin, 1793) war auch »den Piedmont-Farmem die Möglichkeit gegeben ein hochwertiges Exportprodukt auf den Markt zu bringen.«[1]

»Die Produktionskosten für kurzfaserige Piedmont-Baumwolle fielen außerordentlich. Da inzwischen die Technik der Herstellung von Baumwollstoffen vereinfacht worden war, steigerte sich die Nachfrage der Textilindustrie ganz außerordentlich. Die Industrialisierung Neu-Englands vollzog sich im engsten Zusammenhange mit der Ausdehnung der Kulturflächen auf dem Piedmont. Eine starke Einwanderung in den Piedmont fand statt; vor allen Dingen zogen viele Pflanzer aus Virginia mit ihren Sklaven in das Gebiet. Der Sklavenimport nach dem Piedmont nahm mit der Entwicklung des Baumwollanbaues sofort große Ausmaße an.«[2]

Auch an dieser Entwicklung partizipierten die Cherokee. Ihre erstaunliche Akkulturationsfähigkeit trug zu ihrer anerkennenden Beurteilung bei:

»From the start the better whites saw in the Cherokee a superior people, and they in turn appreciated the values in European civilisation.«[3]

Cherokee-Territorium liegt in dem von Georgia beanspruchten Claim. Das Datum 1802 beweist, daß Georgia seit damals eine indianerfeindliche Politik verfolgte.

1 Mühlmann, 44

2 Mühlmann, 48f.

3 »Andrew Jackson broke the military power of the Creek Indians and dismembered their territory (Aug. 9. 1814), where-upon he proceeded to New Orleans to defend it against the British

Um oder kurz nach 1800 wird die Bevölkerungszahl der Cherokee auf 25.000 Köpfe geschätzt. Recht genaue Zahlen liegen für den Census von 1825 vor, wobei zu berücksichtigen ist, daß zwischen 1821 und 1825 bereits ein rundes Drittel der Cherokee nach Westen, an den unteren Arkansasfluß abgewandert war, um dem zunehmenden Druck der Vereinigten Staaten und durch die Provinzialpolitik von Georgia gedeckter landhungriger Siedler zu entgehen: Nach dem Census von 1825 zählten die (östlichen) Cherokee noch 13.563 Köpfe. Hinzu kamen 174 weiße Männer und 73 weiße Frauen, die mit Cherokee-Indianern verheiratet und in den Stamm aufgenommen worden waren. Der Stamm besaß 1277 Negersklaven. Wie auf dem von Europäern besiedelten Piedmont wurde Baumwolle in Plantagen angebaut, auf denen man Negersklaven beschäftigte. Eine eigene Teppichfabrikation war aufgenommen worden, in welcher ebenfalls Sklaven tätig waren. Daneben besaßen die Cherokee (angegeben für 1826 aber wohl im gleichen Census erfaßt:

22.000 Kühe, 46.000 Schweine, 25.000 Schafe, 7.600 Häuser, 10 Sägemühlen, 31 Wassermühlen, 62 Hufschmiede, 1.488 Spinnräder, 18 Schulen. In einem einzigen Distrikt gab es mehr als 1.000 Bücher.

Bereits 1808 waren die Staatsgesetze der Nation in Englisch kodifiziert worden. 1828 gab sich der Staat eine Verfassung nach dem Vorbild der USA mit einem Präsidenten an der Spitze und repräsentativen Gremien.

Diese Nachrichten und Zahlen sprechen für sich selbst. Die ›produktive‹[1]

---

attack«, An Encyclopedia of World History, 769; der Indianeraufstand ereignete sich auf einem Nebenkriegsschauplatz des britisch-amerikanischen Krieges 1812-14. Mühlmann scheint einem Bericht zu trauen, wonach die Cherokee »voll des Glaubens an die Weissagungen ihres Propheten ihre Bienen und Gärten und ihre Sklaven, sowie alles, was durch den weißen Mann zu ihnen gekommen war, aufgaben«, Mühlmann, 54; ließen sie über 10.000 Sklaven frei, ihre Zehntausende von Rindern und Schafen? Der Bericht ist reine Übertreibung, der Prophet hat sich, wie die nachfolgende Entwicklung beweist, bei der Mehrheit in keiner Weise durchsetzen können, seine Anhängerschar, die in der berichteten Form reagierte, blieb klein.

1 Linton (1940) behandelt ausführlich den ebenso interessanten wie wichtigen Aspekt der temporalen Komponente bei Akkulturationsvorgängen; er verweist auf die Unsicherheit aller Aussagen, solange nicht erschöpfende Untersuchungen und genaue Faktorenanalysen an mehreren Einzelfällen demonstriert werden. Linton schlägt selbst zwei Objekte für die Untersuchung vor: Die Rinderhirten-Cowboy-Kultur im Westen der USA, die innerhalb einer Periode von knapp 60 Jahren in die moderne Kultur des amerikanischen Westens umgewandelt wurde, und die Polynesier, die seit um 1790 missioniert und zwischen 1830/1850 in die europäischen Imperien einbezogen wurden. Cowboykultur, Polynesier und Südostindianer/Cherokee sind aber miteinander kaum vergleichbar. Die Cowboykultur war integraler Bestandteil der euramerikanischen Zivilisation und besaß keine eigene Souveränität. Der Akkulturationsprozeß der Polynesier wurde durch die Unterwerfung in ein Minderheitenproblem verwandelt. Die Bedeutung des Faktors ›Souveränität‹ für die temporale Komponente bei Akkulturationsvorgängen hat, soweit ich sehe, noch keine monographische Bewertung erfahren.

Akkulturation war in vollem Gange. Die Cherokee waren in den zivilisatorischen Prozeß der industriell-agrarischen Moderne mehr als nur teilweise eingefügt; sie waren, wenngleich in bescheidenem Umfang, eine ›moderne Nation‹.

Hierzu gehörte auch der Versuch einer Neuinterpretation ihrer kulturellen Identität. Das erwies sich indessen als ein so schwieriges Problem, daß die Cherokee über Ansätze nicht hinauskamen.

Zwei Begründungen können dafür angeführt werden, die jedoch ursächlich verknüpft sind:

1. Die Akkulturation verlief in einem intermittierenden Prozeß. Die Permeabilität der ›Pioniergrenze‹ reichte zwar für das gelegentliche Einsickern beschränkter ›Kulturstimuli‹ in die Indianerterritorien aus, nicht aber für umfassende Diffusionsvorgänge. Wissen, Lehrstoffe, Logik, das, was Mühlmann »eine fortwirkende Entelechie des Abendlandes« nennt, der prozessuale Rationalismus – das kam alles in Bruchstücken über die Pioniergrenze. Es mußte außerordentlich schwer fallen, die ›survivals‹ (Tylor) des eigenen Traditionsgutes mit den Bruchstücken europäischer Rationalität samt den Irrationalismen der Missionstheologie in einer Neuinterpretation der kulturellen Identität zu verschmelzen. Über einen klar definierten und dauerhaften Kulturbestand aus europäischer Quelle verfügten die Indianer noch nicht; und als sie, wie im Falle der Cherokee, nahe daran waren, sich einen solchen Kulturbestand zu sichern, war es zu spät für eine vollständige Verschmelzung mit der eigenen Traditionskette, weil bald darauf jede indianische Eigenstaatlichkeit im Osten der USA aufhörte. Der Reservatsindianer war zurückgeworfen auf seinen Ausgangspunkt; doch auch der integrierte indianische Bürger der Vereinigten Staaten, den es im 19. Jh. schon gab, war, und zwar aus den entgegengesetzten Gründen, nicht mehr in der Lage, die Verschmelzung beider Traditionen durchzuführen und damit eine eigene kulturelle Identität zu erlangen. Für den Verlust seiner Souveränität, für seinen Verzicht auf einen voll akkulturierten indianischen Nationalstaat (etwa analog dem heutigen Japan) tauschte er die Problematik einer unterprivilegierten Minderheit im Rahmen eines ›weißen‹ Staates ein.

2. Im Akkulturationsprozeß gab es retardierende Phasen. Das ist leicht verständlich. Die Pionier- oder Indianergrenze verschob sich fortwährend. Selbst dann, wenn die Grenze eines indianischen Staates durch eine europäische Kolonialmacht, später durch die USA verbrieft und vertraglich besiegelt war, wurde sie durch die nach Westen vordringenden Siedler häufig nicht respektiert. In Britisch-Nordamerika existierten um 1750/60 so gut wie keine souve-

ränen Indianerstaaten mehr. Schon wenige Jahrzehnte nach der Unabhängigkeitserklärung beanspruchten die Südstaaten der USA das gesamte Gebiet bis zum Mississippi. In dem Bereich zwischen Golfküste Chattahoochee River, Mississippi und Ohio legten die Einzelstaaten ›Claims‹ fest, die unter ihrer Administration zur Besiedlung freigegeben wurden. Diese Claims sind, vom Ohio nach Süden fortschreitend:

District of Kentucky, claimed by Virginia until admitted as a State 1792.

Territory South of the Ohio, North Carolina Claims Ceded in 1790.

South Carolina Claims Ceded 1787.

Mississippi Territory, claimed by Georgia im südlichen teil 1798, im nördlichen 1802, 1804 vereinigt. Infolge dieser eigentümlichen, von der Atlantikküste nach Westen ausgreifenden territorialen ›Mischsouveränität‹, mußte der indianische Akkulturationsprozeß häufig mit dem Verteidigungsfall kollidieren. Die ohnehin intermittierende Akkulturation wurde dadurch noch weiter zurückgesetzt und phasenverschoben. Mühlmann weist nach, daß »kontra-akkulturative Reaktionen« auftreten konnten, die wiederum den Charakter geistiger Bewegungen annahmen. Da der Südosten erst spät, nämlich im 18. Jh., in die angelsächsische Kolonisationsgeschichte eintrat nahm er an den älteren ›Prophetenbewegungen‹ nicht teil. Doch nachdem die südlichen Einzelstaaten der USA ihre Claims festgelegt hatten, ergriff eine neue Prophetenbewegung auch den indianischen Südosten.

Die Bewegung ging von dem Shawnee-Propheten Tenkswatawa (Halbbruder des politischen Führers der Aufstands-Koalition, Tecumseh) aus, der dureh ›Missionspropheten‹ die Creek und die Cherokee für seine Ziele zu gewinnen suchte. »Die Creek wurden 1811 zu Anhängern der neuen Shawnee-Religion, nachdem sie von Tecumseh besucht worden waren. Als ein Zeichen seiner Macht soll er zu dem zögernden Häuptling der Creek gesagt haben: ›Du glaubst mir nicht, daß ich vom Großen Geist gesandt bin. Du wirst es sehen. Ich verlasse jetzt Tukabachi und gehe geradewegs nach Detroit. Wenn ich dort ankomme, werde ich mit dem Fuße auf die Erde stampfen und dann werden alle Häuser in Tukubachi zusammenfallen.‹ Die Zurückgebliebenen warteten nun auf den Tag seiner Ankunft in Detroit. Und als sich tatsächlich bald darauf ein Erdbeben ereignete, waren sie von seiner Botschaft überzeugt.«[1]

Die neue Shawnee-Religion hatte bei den Creek Erfolg, die Creek wurden in die Koalition, die Tecumseh begründet hatte, einbezogen und durch den bald darauf ausbrechenden Indianerkrieg, der sich bis 1814 hinzog, zugrundege-

---

1 Wisler (1953), 128ff.

richtet. Dagegen hatten die Cherokee ihrem ›Missionspropheten‹ offenbar größere Zweifel entgegengebracht. Sei nahmen am Kriege nicht teil.

Die beiden genannten Faktoren der Retardation und der Intermission sind für die zeitliche Verzögerung der Akkulturationsvorgänge bei den Nachfahren der Mississippikultur verantwortlich zu machen und sie liefern auch die Begründung für die Schwierigkeit, die über eine Wunschvorstellung hinausging und real- oder wenigstens kulturpolitisch mehr als eine Kuriosität darstellte.

Der einzige ernstzunehmende Ansatz zu einer Lösung des Problems wurde von dem ersten bedeutenden indianischen Kulturpolitiker unternommen, der die historische Bühne betrat. Sein Vater war der Weiße George Gist, seine Mutter eine Cherokeefrau, er selbst trug den indianischen Namen Sequoia (1760-1843). Seit 1809 unternahm er Versuche, ein dem Lateinischen nachempfundenes Alphabet für die Cherokee-Sprache zu schaffen. Die Versuche waren erfolgreich und gegen anfängliche Opposition wurde das neue Alphabet 1821 auf einer großen Versammlung des Cherokee-Verbandes durchgesetzt. Der schriftliche Verkehr erfolgte zunächst in Form von Briefen und Handschriften. Nachdem die Voraussetzungen dafür in Boston geschaffen waren, wurde 1827 eine eigene Zeitung gegründet.

In welche Richtung Sequoias Intentionen gingen, wird aus der Nachricht deutlich, daß er von der Schaffung einer indianischen Universalsprache träumte. auch eines indianischen Universalstaates? Kurz vor seinem Tode brach er nach Mexiko auf, angeblich, um dort nach einem ›in grauer Vorzeit‹ ausgewanderten Zweig der Cherokee zu forschen. Dieses Gerücht mag er selbst ausgestreut haben, um einen ›handfesten‹ Grund für seine Reise vorzuweisen. In Wahrheit dürfte er Spuren nachgegangen sein, die ihn an den Ursprung der indianischen Traditionskette führen sollten. Vielleicht hatte er erkannt, daß sich Traditionen nur dann ebenbürtig gegenüberstehen und miteinander verschmelzen lassen, wenn ihre historische Bedeutung und ihre Zeitdauer vergleichbar sind.

Mit Sequoias Schriftschöpfung war die ›produktive‹ Akkulturation der indianischen Völker im Südosten der USA auf ihrem Scheitelpunkt angelangt. Die weitere Entwicklung wurde durch die blutige Intervention der Vereinigten Staaten jäh unterbrochen. 1837 »marschierte General Scott mit 7.000 Mann nach Georgia.«[1] Gemäß den Bestimmungen des 1830 vom Kongreß geschlossenen ›Remouval Act‹ wurden alle Cherokee, deren man habhaft werden konnte, geschlossen und unter strenger Bewachung auf den ›tränenreichen

1 Dahms, 250

Treck‹ über den Mississippi in das noch ›freie‹ Indianerterritorium um die Arkansasmündung geschickt, wo sie mit den bereits in den Zwanziger Jahren abgewanderten Westlichen Cherokee zusammentrafen. 4.000 von 14.000 Ausgewiesenen starben unterwegs. In dem späteren Staat Oklahoma verbanden sich bald darauf die Überlebenden der Cherokee, der Creek, Chickasaw und Choctaw zu einem neuen ›Bund der fünf Nationen‹[1], dessen Akkulturationsniveau sich aber nicht mehr wesentlich über das des früheren Cherokee-Staates erhob. 1888 wurde auch diese letzte – nur halbsouveräne – Staatsgründung durch die USA aufgehoben.

Schlußbemerkung

Die Akkulturationsvorgänge beginnen bei den indianischen Verbänden im Südosten der Vereinigten Staaten in der zweiten Hälfte des 16. Jh. Sie sind phaseologisch einzuteilen in:

a) die Phase des kulturellen Umbruchs um 1570/80 – um 1620/30, b) die Phase des ›Missionsindianertums‹ um 1630 – um 1700/20, c) die Phase der ›konsumtiven‹ Akkulturation um 1720 – um 1770/80, d) die Phase der ›produktiven‹ Akkulturation um 1780-1837 bzw.1889.

Der Verlauf der einzelnen Phasen sowie die phaseologische Periodisierung sind mit einiger Sicherheit festzulegen, freilich nur im großen Rahmen, da zeitgenössische Quellen sehr spärlich fließen.

Dennoch reicht das Wenige, das hier erarbeitet wurde, aus, um einer Theorie entgegenzutreten, die von der »primitiven Geistesverfassung,«[2] dem »traditionellen Eingespieltsein der Reaktionsweisen auf einen engen, kleinen Kreis von Menschen und Umweltreizen« und von dem »ethnozentrischen Horizont« bei

1 Dahms, 388

2 Mühlmann, 362. Mühlmann relativiert seine Aussagen später selbst: »betrachten wir... die nativistischen Bewegungen der Naturvölker, so steht nichts im Weg, sie als ›fortdauerndes Mittelalter‹ oder als Wiederbelebung ›mittelalterlicher‹ Geisteshaltungen aufzufassen. Wir reduzieren also diese Phänomene auf Zeitstufe: wir können in ihnen gleichsam in flagranti Prozesse erfassen, deren reinste Ausprägung und deren ›Hoch-Zeit‹ bei uns einer längst entschwundenen Vergangenheit angehört – was nicht ausschließt, daß die Grundelemente auch bei uns noch virulent sind oder jederzeit wiederbelebt werden können, – sie gelten aber als ›veraltet‹ vom Standpunkt des offiziell herrschenden Rationalismus!« Mühlmann, 424. Selbst in dieser sehr schönen Konstruktion bleibt der ›Rationalismus‹ aus der ›mittelalterlichen Geisteshaltung‹ der ›Naturvölker‹ noch ausgeklammert, er ist reserviert für das modernere Abendland als eine ›fortwirkende Entelechie‹. Können wir aber alles rationale und jede rationalistische Struktur aus dem Bilde der vor-abendländischen Hochkulturzone entfernen, ohne es unkenntlich zu machen? Wenn Mühlmann das nicht will, dann muß auch bei den Nachfahren und im Ausstrahlungsbereich der Hochkulturen, d. h. bei sehr vielen ›Naturvölkern‹ der Ethnologie ein Restbestand rationalistischer Strukturen sich finden lassen. Dieses Problem konnte hier nicht mit der gebührenden Aufmerksamkeit behandelt werden.

Naturvölkern spricht. Das unter Einbeziehung der letzten parahistorischen Jahrhunderte in diesem Referat vorgelegte Gesamtbild der indianischen Südostvölker läßt weder in seinem mesoamerikanisch-hochkulturellen ersten Abschnitt noch in der letzten Akkulturationsphase eine ›primitive Geistesverfassung‹ erkennen. Auch in den Zwischenabschnitten in denen große Völkerbünde, wie jener der Creek, politisch den Ton angeben, in dem Parteiungen quer durch die Einzel-›Stämme‹ gehen, kann von einem ›tradtitionellen Eingespieltsein‹ auf einen engen, kleinen Kreis von Menschen wohl kaum die Rede sein. Traditionell ist lediglich die Unterschätzung alles Nichteuropäischen durch das Gros der Reisenden, Ethnographen und, leider auch der Ethnologen.

Es ist nicht allzu schwierig, einen historischen Prozeß nachzuzeichnen, der durch Grabungsfunde und Schriftquellen beleuchtet wird. Zwei Voraussetzungen müssen dabei allerdings beachtet werden: Man darf sich nicht durch oberflächliche, zeitgebundene Urteile von Berichterstattern den Blick verstellen lassen; und man sollte nicht von vornherein der festen Überzeugung sein, daß durch den Zauberbegriff ›Naturvölker‹ irgendetwas erklärt ist. Die Statuierung einer ›primitiven Geistesverfassung‹, die offensichltich einen menschlichen Grundzustand repräsentieren soll, gemahnt bedenklich an die Fehlschlüsse Lévy-Bruhl's (der eine dem modernen Europäer diametral entgegengesetzte »geistige Welt der Primitiven«, la mentalité primitive beschreiben wollte) auch wenn der Begriff jetzt ethnosoziologisch anders fundiert wird. An unserem Modell sollte gezeigt werden, daß die ›Primitivität‹ der materiellen wie der geistigen Kultur einer scheinbar ›naturvölkischen‹ Gruppe, historisch gesehen, eine Phase, ein Durchgangszustand von kurzer Dauer auf einem langen Entwicklungswege sein kann. Es gibt gebrochene und veränderte Traditionen. Der Begriff eines geistigen ›Zustands‹ sollte hier nur pragmatisch für das – ständig wechselnde – ad-hoc-Bild einer historischen ›Momentaufnahme‹ verwendet werden.

Literaturverzeichnis

Bernatzik, Hugo: Die neue große Völkerkunde III, Frankfurt/M. 1954

Bertelsmann Weltatlas, Gütersloh 1959

Viasutti, Renato: Le Razze e i populi de la terra, Band IV, Turin 1959

Dahms, Hellmuth Günther: Geschichte der Vereinigten Staaten von Amerika, München 1953

Debo, Angie: A history of the Indians of North America, Oklahoma 1970

Disselhoff, Hans Dieterich: Geschichte der altamerikanischen Kulturen, München 1953

Driver, Harold E.: Indian of North America, Chicago 1970

Duhr, B.: Geschichte der Jesuiten in den Ländern deutscher Zunge im 16. Jahrhundert, Bd. I, Freiburg i. Br. 1907

Eggan, Fred: the American Indian, New York 1966
Emery, Walter B.: Ägypten (Geschichte der Kultur und Frühzeit), dt. Übers., München 1961
Hertzberg, Hazel W.: The Search for an American Indian Identity, Saracuse University Press 1971
Heer, Friedrich: Europäische Geistesgeschichte, Stuttgart 1953
Jettmar, Karl: Urgeschichte Innerasiens in Abriß der Vorgeschichte, hrsg. v. W. D. von Barloewen, München 1957
Krickeberg, Walter: Altmexikanische Kulturen, Berlin 1956
Krickeberg, Walter: Amerika, in: Buschan, Georg: Illustrierte Völkerkunde, Bd. I, Stuttgart 1922
Langer, William: Encyclopedia of World History, Boston 1948 Leacook, Elenore Burke: North American Indian, New York 1971
Phelan, John Leddy: The Millenial Kingdom of the Franciscans in the New World, University of California Press, Berkely/Los Angeles 1970
Lévi-Strauss, Claude: Traurige Tropen, dt. Übers., Köln/Berlin 1955
Lévy-Bruhl, L.: Die geistige Welt der Primitiven, dt. Übers., München 1927
Lindig, Wolfgang: Vorgeschichte Nordamerikas, Zürich 1973
Linton, Ralph: Acculturation, New York 1940
Linton, Ralph: Social Science Research Council 1935
Mead Margret: Cooperation and Competition among primitive peoples, Boston 1967
Menghin, Oswald: Vorgeschichte Amerikas, in: Abriß der Vorgeschichte, hrsg. v. Wolf D. von Barloewen, München 1957 Mühlmann, Wilhelm E.: Chiliasmus und Nativismus, Berlin 1961
Nissen, Hans-Jörg: Zur Datierung des Königsfriedhofes von Ur, Bonn 1966
Owen, Roger C./Deetz, James J. F./Fischer, Antony D.: The North American Indians, New York 1967
Ratzel, Friederich: Völkerkunde II, Leipzig 1886
Reck, Philipp von/Friederich, Georg: Auszüge aus dem Reisediarium über die Reise nach Georgien im Jahr 1735, in: Bernatzik, a. a. O., S. 75-96
Roth Günther D.: Kurze Wirtschaftsgeschichte Mitteleuropas, München 1961
Schmieder, Oskar: Die neue Welt II, Nordamerika (geographische Handbücher), Heidelberg/München 1963
Spoehr, A.: Camp, Clan and Kinship among the Choctaw, Creek, Seminole of Florida, Field Museum of Nat. History, Anthropological Series, vol. 33, no. 1,1-27, Chicago 1941
Spicer, Edward H.: Perspectives in American Indian Culture Change, Chicago 1961
Spranz, Bodo: Die Pyramiden von Totimehuacan, Wiesbaden 1970
Tax, Sol: Acculturation in the Americas, New York 1967
Underhill Ruth: Red Man's Religion, Chicago 1965
Watson, William: Die Kultur Alt-Chinas, in: Die Welt aus der wir kommen, hrsg. v. Piggott, Stuart, dt. Übers., Köln 1961, S. 253-276
Wilson, Edmund: Abbitte an die Irokesen, dt. Übers., München 1974
Wisler, Clarc: Indians of USA, New York 1953
Wisler, Clarc: Das Leben und Sterben der Indianer, dt. Übers., Wien 1948

Darüber hinaus verdanke ich wertvolle Anregungen und Materialhinweise einem wissenschaftlichen Arbeitskreis unter der Leitung von Wolf D. von Barloewen.

Das Phänomen der Weltkultur

Die Menschliche Vernunft am Archimedischen Punkt

Es stellt sich das Phänomen der Weltkultur ein, das Jacob Burckhardt bereits zu Beginn des 20. Jahrhunderts heraufkommen sah. Diese industrielle und technologische Weltkultur vollzieht sich vor dem bedrohlichen Hintergrund einer weltweiten Einebnung der historisch gewachsenen kulturellen Traditionen in den Industriestaaten ebenso wie in den noch autochthoneren Kulturen der Dritten und Vierten Welt in Lateinamerika, Schwarzafrika und Asien. Dort stehen Religion und Kultur oft im Widerspruch zu den Anforderungen der technischen Zivilisation mit ihrer universalen Minimallogik, die über einen imperativen Charakter verfügt und einen Alleinanspruch auf den Begriff des *Logos* erhebt. Ein tatsächlicher Zwiespalt kennzeichnet die Industriekultur der Gegenwart. Zum einen wird die Wirklichkeit im Lichte der wissenschaftlichen Erkenntnis betrachtet, welche die Welt, wie Max Weber trefflich formulierte, entzauberte. Zum anderen hat der Mensch niemals aufgehört, grundlegende menschliche Tatbestände, etwa die Begegnung mit der Natur, der Liebe, der Geburt und dem Tod auf eine nicht wissenschaftliche Weise zu erleben.

Die Rationalität ist sicher die Herausforderung unseres Zeitalters, das von der Vorstellung ausgeht, daß allein die Wissenschaft die Ratio gepachtet habe. Diese Weltdeutung glaubt zu leicht an einen Sieg der Ratio über das Irrationale, die sich auf das Verlangen nach Klarheit, allgemein gültiger Einsichtigkeit, Begründbarkeit und Begrifflichkeit gründet. Hierbei zeigt sich die Wissenschaft als eine historisch bedingte Art und Weise, die Wirklichkeit zu verstehen und zu deuten. Die Rationalität wird so zum Ausdruck des Wirklichkeitsverständnisses einer Epoche.

Die heutige Welt wird bis alle Verästelungen und Einzelheiten des täglichen Lebens hinein von einer operativen Rationalität geprägt, wie dies in einer mythischen Kultur unmöglich wäre. Das Problem besteht darin, daß die tägliche Weltpolitik und die Alltagskultur beweisen, daß unser wissenschaftlich aufgeklärtes Zeitalter tatsächlich nicht weniger irrational und somit vernünftiger ist als andere Epochen. Dies beweist ein Blick in jede Tageszeitung mit den Berichten der weltweiten kriegerischen Spannungen und militanten Aktionen. Wissenschaft und Rationalität lassen sich demnach nicht mit Vernunft gleichsetzen. Dies will bei der wissenschaftlichen Wirklichkeitsauffassung als der Ontologie der Neuzeit bedacht werden. Die Diesseitigkeit des modernen Menschen in einer entgötterten Welt befreit ihn nicht von einem Element des Numinösen. Der moderne Mensch lebt zwar im Zustand absoluter Selbstverantwortlichkeit, er gelangte aber historisch nur dadurch in diese Lage, weil er alles göttliche Wirken in der Natur und damit auch in sich selbst ablehnte.

Logozentrismus

Hiermit wird auf ein Phänomen verwiesen, das man als Logozentrismus der technischen Zivilisation bezeichnen könnte. Den Menschen der modernen Industriekultur als ein autarkes Wesen mißzuverstehen, hieße freilich, ihm die Ruhe eines Tempelraumes zu verordnen. Das menschliche Leben scheint sich verstärkt in Paradoxien zu entfalten, auch im bisher technisch Unwahrscheinlichen – und ist doch nicht ethisch erhaben. Das analytische Wissen ist freiliegend und bedarf einer übergeordneten Einbettung, will der Mensch nicht zu einem rationalen Nihilismus fortschreiten, der selbst Spuren des Irrationalen trägt, ein Mysterium grundsätzlich neuen Zuschnitts, in der Gentechnik wie im Krieg der Sterne, der unentrinnbaren nuklearen Bedrohung, der Mikroelektronik, in der Kommunikationstechnik, die eng mit der Informationstechnik verbunden ist. Breitbandkommunikation flankiert die Telekommunikation. Satelliten und Raumsonden bewegen sich mit der Geschwindigkeit von Geschossen durch das Weltall. Die Computertechnik paktiert als irdisches Pendant mit den Waffentechnologien und der Biotechnologie, der Laserfusion, Laserchemie und Laserspektroskopie.

Die Freude am Tun bedingt freilich auch die Tat. Das Benötigen und das Genötigtwerden sind wechselseitig. Die Vermessung des menschlichen Raumes führt sicherlich nicht zu einer Befreiung von der Magie der Dingwelt, sondern wird uns auf das prometheische Element des Menschen zurück. Das Einüben der gemeinsamen Sache des Menschseins gerät in Vergessenheit, neue Formen der technologischen Irrationalität gewinnen die Überhand. Der Mensch beschleunigt seinen begeisterten Lauf in Richtung auf ein Unbestimmt-Vorausliegendes, ohne dieses exakt bestimmen zu können, und nimmt es als Richtschnur seines Tuns.

Die technisch-wissenschaftliche Kompression treibt zum Versuch einer

Besitzergreifung der Grundkräfte des Universums, die wohl in der offensichtlichen Physis erklärbar und quantitativ ortbar ist, nicht aber in ihrem innersten qualitativen Kern, der auf Bereiche weist, die Gegenstand der Humanwissenschaften sind, und auch nicht die Metaphysik als Existenzgrund des Menschen ausspart. Dies vermag weder die Entthronung des Menschen noch die Inthronisierung der Technologie zu ändern, ebensowenig den zum Scheitern verurteilten Versuch einer Verkehrung der Anthropogenese in eine Kosmogenese.

Verlust des Sakralen

Es ist gewiß, daß der Mensch der Gegenwart in den führenden Industriestaaten (in Nuancen trifft dies auch in wachsendem Maße für die Staaten der Dritten, Vierten Welt sowie auf die Schwellenländer zu) die Eingebundenheit in eine traditionelle kosmische Ordnung preisgegeben hat. Die archaische Form der Religion ging verloren durch eine verstärkt profane Lebensweise; jenes Sakrale, das seine Stellung in der kosmischen Ordnung gefährdet sieht, kann als Prisma des Lebens in der Empirie, in der Societas und Kultur des Menschen nicht mehr bestimmend sein. Schlichter formuliert, bedeutet dies: der Mensch büßt das Sakrale in seinem tatsächlichen Leben ein, er erfährt die Alltagskultur gleichsam mit einem skelettierenden Bewußtsein.

In einer vorwiegend archaischen Kultur wurde der Zeug- und Sinnzusammenhang ebenfalls durch den Mythos und das Sakrale getragen; das Sinnhafte und das sachlich zweckmäßige waren aus einem Guß und drohten nicht wie in der technischen Kultur auseinanderzuklaffen. Das praktische Besorgen wurde in der Seinswirklichkeit unmittelbar vom Mythischen und Sakralen als dem eigentlich Sinnvollen ausgerichtet. Ein Priesterkönigtum mit sakraler Ordnung offenbarte etwa in seinen Symbolen in einfachen Formen tiefgreifende Unterschiede zur Alltagswirklichkeit der Moderne. Welche Auswirkungen hat diese Umkehr von der Vernunft zur Rationalität?

- In erster Linie steht hier der Tatbestand im Vordergrund, daß diese Rationalität nicht nur für den Forscher Richtlinie ist, sondern als Erklärungsgrundlage auch für den außerwirtschaftlichen Raum grundlegend wird
- Im Menschen verkörpert sich weiterhin jene humanisierende Kette, deren Verzahnung zuweilen eine Lücke aufweist, er kennt auch den babylonischen Fehlschlag als Vermächtnis seiner gleichsam angeborenen Hinfälligkeit.
- Die Traurigkeit verwirklichter Träume ist größer als die der noch nicht

verwirklichten. Die Gefahr ist hierbei stets eine Variable der eingesetzten Mittel.

- Der Aufmarsch an Technik, gepaart mit den umwälzenden Entwicklungen der industriellen Revolutionen der jüngeren Neuzeit ist nicht mehr umkehrbar.

Dies hat Auswirkungen auf alle Lebensbereiche, auf das Selbstverständnis der Arbeit, ihre Zuordnung zum Gemeinwohl, auf das Privateste der Menschen, die Beziehung von Mann und Frau, aber auch auf das Bewußtsein der Menschen, das zu immer instrumentellerem, funktionalerem Umgang zueinander nötigt.

Die Frage nach der Stellung des Menschen, nach seiner Distanz zu Gott, ist für das Verstehen einer Kultur und einer Epoche von herausragender Wichtigkeit und kommt einer *prima causa* gleich, weil hierdurch auch alle Erscheinungsformen der empirischen Welt beeinflußt werden.

Um ein Bild zu gebrauchen: Es liegt ein Stück menschlichen Seins vor, das für das Welttheater bestimmend ist, es spielt in wechselnden Szenenfolgen seit der Frühzeit auf der menschlichen Bühne, angefangen mit den organologischen Ursprüngen über die Vielheit der Kulturen in der vorchristlichen Zeit bis zum Mittelalter, und schließlich der Neuzeit, die hier nur in Riesenschritten durchmessen werden kann.

Die spätantike Natur ist noch von Wundern erfüllt, von mehrköpfigen Tieren, zweigeteilten Nonnen, deren Hälften getrennt weiterleben, übersinnlichen Erscheinungen, die oft die Gestalt einer Persönlichkeit annehmen.

All dies ist Ausdruck des Tatbestandes, daß die Beziehung zum Kosmos, zu Gott, zur jeweiligen Kirche und ihrer Heilsmittel in dieser nicht berechenbaren Welt weit wichtiger waren, als die Beschäftigung mit der rein rationalen Wissenschaft, die angesichts der Vielfalt bezeugter Eingriffe transzendentaler Willkürakte ohnehin wenig für den Menschen ausrichten konnte.

Veränderung des Bildes

Erst die neuhellenistische Renaissance im europäischen Hochkulturgebiet des 9. bis 12. Jahrhunderts schärfte jene spätantike Wundergläubigkeit. Sie wich ersten Spuren eines Denkens, das im europäischen Hochmittelalter und im Frühhumanismus die gebildete Welt zunehmend beeinflußte. Die neuplatonisch-spätantike Auffassung einer *natura mirabilis*, als eine mit Wundern erfüllte Welt, steht im Gegensatz zu der hellenistischen Wissenschaft mit ihrer Vorstellung eines geordneten Kosmos. Dennoch kannten die mittelalterliche Welt und ihr Ordnungsgefüge noch einen Symbolismus, der durch die Autorität Gottes selbst geführt wurde. Dantes *Göttliche Komödie* zeigt vortrefflich jene mittelalterliche Signifikanz als eine Einheit alles Vorhandenen in einem übergeordneten kosmischen Bezug.

Das Wirklichkeitsbild verändert sich verstärkt mit dem 16., 17. und 18. Jahrhunderts. Die Meisterung des Wissens wies die Unbedingtheit des Glaubens in ihre Schranken, Intelligenz und eigene Urteilskraft bemächtigten sich auch der Natur durch das Experiment; in Jurisprudenz und Wissenschaft vollzog sich gleichermaßen eine Entwicklung, die den Menschen immer stärker aus der religiösen Einheit des Lebens und Arbeitens herauslöste. Neue Formen der Produktion und der Verteilung von Gütern entstanden, immer breitere soziale Schichten fanden Zutritt in die erweiterte Berufswelt.

Offenen Auges folgten moralische und religiöse Verpflichtungen gegenüber Kirche und Reich nicht mehr dem Duktus unabdingbarer Gesetze, die als erhabenes Gebot auf Gott wiesen, die teleologische Zielgerichtetheit schwenkte auf eine andere Richtung ein. Es entstand das Gefühl der Unbegrenztheit, das sich aus dem neuen kosmischen Bild ableitete und sich wie ein Vexierbild auf die Seite der empirischen Welt kehrte.

Unbekannte Gebiete der Welt galten nicht mehr als unerreichbar, als Schlupfwinkel, voll der opiatischen und narkotischen Tröstungen und der warmen regnerischen Winde; sie waren erschließbar und wurden der Alltäglichkeit einverleibt.

Dante zieh Odysseus noch des Übermutes, weil er sich über den Felsen von Gibraltar in die offene See hinauswagte. Für den Menschen der aufbrechenden Moderne verkörperte die unerschlossene Geographie eine Herausforderung, der er sich zu stellen hatte. Das Vorrücken auf die Freiheit in ihrer neuen Gestalt, das Hinter-sich-Wissen überkommener Grenzsteine vollzog sich zweifach: durch die menschliche Aktion und durch die Freiheit des Selbstregierens. Die Seinsgewißheit einer mittelalterlichen Eingebundenheit wurde verloren zu Gunsten eines Freiraumes im individuellen Bereich. Rudolf Otto konnte noch von einer überwiegend magischen Naturauffassung, von dem Wirkkriterium des *tremendum*, des *fascinas*, des *Schauens der Göttlichkeit* sprechen, wie dies mit dem Fest- und Feierbegriff verbunden ist, der aus der mittelalterlichen Ostermystik hervorgeht.

Suche nach dem Zentrum

Der Mensch mißt als gefesselter Riese erfahrbare Wirklichkeit an sich selbst und erlebt eine Naturentfremdung ohne im geistig-spirituellen Raum wirksame und balancierende Gegenkräfte zu entwickeln. Welche Gestalt könnte das im Bemühen um Eigentlichkeit vollzogene seelische Nachreifen des Menschen als Gegenkraft zu dem Primat des Logos annehmen? Kappt der Mensch die Richtschnur des eigentlich Humanen? Alain Touraine formuliert sehr bezeichnend: »Usage devoye de la rationalité, fonctionnant comme principe religieux.« Es stellt sich die Forderung, die Konfrontation mit der Meßbarkeit, die Numerierung des Lebens gleichsam, das algebraische Zahlenspiel des Alltags, die Versachlichung des Lebens durch die Funktionszuweisung der Technologie in eine Kosmologie einzugliedern.

Aus diesem Grunde steht die Suche nach den kosmischen Zentren, nach all den Polen, die jenseits des inneren Horizontes des Menschen liegen und doch auf sein empirisches Verhalten grundsätzlich Einfluß nehmen, im Vordergrund. Diese Welttendenz erscheint um so kontrastreicher, je tiefer der Mensch an seinen Wurzeln gemessen und an die Zeit der Vor- und Frühgeschichte erinnert wird (etwa durch Teilhard de Chardin oder Darcy Ribeiro an das Mittelalter mit seiner Betonung der Transzendenz, durch Georges Duby oder Jacques Le Goff an den italienischen Humanismus, etwa durch Boccaccio, oder noch an die Renaissance durch Jacob Burckhardt, Ernst Gombrich oder Erwin Panofsky).

Die außereuropäischen und europäischen Kulturen sowie der indoeuropäische Kulturraum wurden von einer Vielzahl von Religionshistorikern, von Georges Dumezil bis Mircea Eliade, auf dieses Phänomen der Entsakralisierung durchleuchtet und auf mögliche Neugestaltungen des Sakralen in den Industriegesellschaften hin befragt.

Die Bedrohung der Welt durch eine kalte Mechanik entspricht im gesellschaftlichen Großraum dem *foro interno*, das Hobbes in der Philosophie sah. Die Produktion wird zu einer Art von religiösem Glauben, und die technokratischen Ideen brandmarken alles Gedankengut als unproduktiv, das zu den großen industriellen Bastionen keinen Zugang findet. Die politischen Praktiken der Wirtschaft schützen nicht vor dem Tatbestand, daß eine besondere Form der technologischen Irrationalität, von der Gentechnik bis zum Atom, das Schicksal der Menschen bestimmt. Das Zeitalter der ungeheuren industriellen und technologischen Macht ist dabei, das Individuum zu liquidieren. Die industrielle Disziplin, der technologische Fortschritt, die wissenschaftliche

Aufklärung, die gemeinsam die Auslöschung der Individualität bewirken, leiten in ein neues Zeitalter ein, das die Forderung mit sich führt, die Individualität in einer humaneren Daseinsform neu entstehen zu lassen.

Einsicht in Vergangenes

Es scheint, als gehe in der Gegenwart eine bestimmte Lebensqualität zu Grunde, die ein Maß an Menschlichkeit und auch gegenseitiger Zuwendung und Fürsorge aber auch Herzlichkeit bedeutet hat, und sich in der Zweckrationalität der Gegenwartskultur in den Industriestaaten der ersten Welt nicht mehr am Leben halten kann.

So bleibt, auf die dringend notwendige Verknüpfung von analytischem und synthetischem, zwischen dem abstrakt-logischen und dem konkret-fühlenden Element hinzuweisen. Losgelöst von der Fähigkeit der Einbildungskraft, von den Träumen und Eingebungen, von einem holistischen Menschenbild scheint dem Menschen gleichsam ein Teil seiner selbst zu fehlen; er leidet in seiner Verlorenheit gewissermaßen an einer Art des kosmischen Heimwehs, in die er in der entgötterten Welt entlassen ist. Bereits Teilhard de Chardin hat zu recht darauf verwiesen, daß es in der technologischen Zivilisation einen Zustand der Entseelung gibt, der kein tiefes inneres Leben mehr erlaubt. Freilich darf niemals vergessen werden, daß der gegenwärtige Zustand lediglich ein sehr bestimmtes Durchgangsstadium in der Jahrmillionen umfassenden biologischen und psychosozialen Evolution ist. Probleme lassen sich entsprechend nur dann lösen, wenn der Mensch auf seine bisherige Entwicklungsgeschichte des Planeten bewußt in der Retrospektive Einsicht nimmt und aus dieser Perspektive zu einer planenden Zukunftsgeschichte voranschreitet.

Homo oeconomicus

Die Wissenschaft hatte einen langen und dornenreichen Weg. Die Renaissance war besonders verpflichtend. Kopernikus zeigte, daß die Erde nur ein Satellit der Sonne ist, die ptolemäische Welt war im Wandel, die Erde wurde aus dem Zentrum des Universums geworfen. Die Kirche griff ein, jedoch vergeblich, das Schicksal Galileis war ausdrucksvolles Zeugnis dieses Aufbäumens. Die Welt des Aristoteles, des heiligen Thomas von Aquin, war im Begriff, sich aufzulösen, die herkömmliche Logik, die für den Menschen so vergänglich einfach, so bequem war – sie war im Zustand des Aufbruchs.

Auch die irdischen Territorien wurden rasant erweitert, Marco Polo hatte dem Abendland die ungeheure Weite Asiens erschlossen, Christoph Kolumbus entdeckte die Neue Welt, Vasco da Gama fand den Weg nach Indien. Kurze Zeit vor dem Erscheinen Machiavellis und Luthers ersann Gutenberg den Buchdruck, und die Welt des Gedankens strahlte mit weitreichendem Einfluß in immer neue Lebensbereiche. Neben die Behauptungen der Philosophie und die Theoreme der Religion trat nun die Gewißheit der systematischen Beobachtung der Weltphänomene.

Dies setzt eine exakte Vorstellung der Struktur des Kosmos voraus. Es zeigt eine Umkehr vom qualitativen Denken, das etwa Aristoteles bestimmte, hin zum quantitativen Denken eines Galilei, Newton, Lavoisier. Das 18. Jahrhundert, Voltaire und die Enzyklopädisten, verstärkte diesen Ton, der Symbolkraft auch im politischen Felde gewann: die Vereinigten Staaten von Amerika proklamierten ihre Unabhängigkeit, die Macht der Regierenden hing von der Zustimmung der Regierten ab, und jedes Individuum war frei, das Glück auf seine Weise zu bestimmen.

Die industrielle Revolution breitete sich rasch über England aus, Adam Smith schuf mit seinem Buch *The Wealth of Nations*, einen Eckpfeiler des neuen Denkens. Die Französische Revolution brach aus, ersetzte die Aristokratie durch das wirtschaftlich erstarkende Bürgertum, die liberale Ökonomie begann ihren Aufstieg. Der *Homo oeconomicus* wird zur tragenden Gestalt der Moderne. Er anerkennt den Primat der Materie und opfert das Spirituelle dem Ökonomischen. Die Geschichte unserer moralischen Emanzipation und der Aufgabe des Sakralen vermengen sich mit dem Ungehorsam gegenüber den wesentlichen Gesetzen der Natur. Der Homo oeconomicus unterschlägt Tatbestände der menschlichen Existenz, die mehr ist als nur Produktion und Verzehr. Seit Beginn seiner Evolution auf der langen Reise der Menschwerdung legt der Mensch Zeugnis ab von der Schönheit, dem Sinn für das Religiöse, die intellektuelle Neugier, die schöpferische Imagination und den Geist des Opfers. Den Menschen auf seine ökonomischen Fertigkeiten zurückzunehmen, bedeutet, einen Teil seiner selbst zurückzustufen. Im Leben des abendländischen Menschen wurde die Ratio der Intuition vorgezogen, ebenso die Intelligenz dem Gefühl. Man folgte Descartes und verließ Pascal, um es in eine philosophische Kurzformel zu fassen.

Krise der Rationalität

Sie ist immer auch eine Krise des Individuums, als dessen Agens sich die Rationalität entwickelt hat. Das Individuum als eine historische Kategorie meint nicht nur die raum-zeitliche und sinnliche Existenz eines besonderen Gliedes der menschlichen Spezies, sondern weiterhin ein bewußtes menschliches Wesen, das sich seiner Individualität bewußt ist, primär durch die Erkenntnis seiner Identität.

Gesellschaftliche Macht wird in der Gegenwart immer stärker durch die Macht der Dinge verkörpert. Je stärker aber das Interesse eines Individuums auf die Beherrschung der Dinge gerichtet ist, desto stärker sind seine wirklich individuellen Züge bedroht, desto mehr wird sich sein Geist in eine formalisierte Ratio verwandeln.

Das typisch griechische Individuum war noch anders gestaltet. Es kam im Zeitalter der Polis oder des Stadtstaats zur Blüte: mit der Herausbildung einer Bürgerklasse. In der athenischen Lehre war der Staat seinen Bürgern gegenüber stets das Erste und das Höhere. Das Vorherrschen der Polis erleichterte eher den Aufstieg des Individuums, als daß es ihn behinderte, da es einen Ausgleich zwischen dem Staat und seinen Angehörigen bewirkte, zwischen individueller Freiheit und gemeinsamer Wohlfahrt, wie ihn Perikles so trefflich schilderte in seiner Grabrede. Aristoteles beschreibt den griechischen Bürger als ein Individuum, das, zugleich mit dem Witz des Europäers und der Intelligenz des Asiaten begabt, die Fähigkeit besaß, andere zu beherrschen, ohne die Freiheit zu verlieren. Dieser Ausgleich wurde auch in der Stadtkultur von Florenz im 15. Jahrhundert erzielt. Das Schicksal des Individuums war stets mit der Entwicklung der städtischen Gesellschaft verbunden gewesen.

Sokrates war der wirkliche Herold der abstrakten Idee der Individualität, er war der erste, der die Autonomie des Individuums expressis verbis hervorkehrte. Der Wert der Seele wurde später durch die Idee der Gleichheit vermehrt, die in Gottes Schöpfung des Menschen nach seinem Bild in Christi Sühneopfer für die gesamte Menschheit enthalten ist.

Durch die Erhaltung der ewigen Seele bestand das Christentum auf dem unendlichen Wert eines jeden Menschen, ein Gedanke, der sogar nichtchristliche Systeme der abendländischen Welt beherrschte. Zumal das Individuum durch die Geringstufung seines empirischen Ichs eine neue Tiefe und Vielschichtigkeit erreichte. Mit Blick auf die Idee des Individuums besteht zwischen der Reformation und der philosophischen Aufklärung eine auffällige Parallelität.

In der Neuzeit warf die Idee der Individualität ihren metaphysischen Prunk ab und wurde zur Synthese der materiellen Interessen des Individuums. So verstanden wurde der Individualismus zum innersten Kern der Theorie und Praxis des bürgerlichen Liberalismus, der in dem Fortschreiten der Gesellschaft, in der Wechselwirkung der auseinandertretenden Interessen auf einem freien Markt zu Tage tritt.

Wert der Tüchtigkeit

Der Gedanke der ewigen Seligkeit und alles, was mit dem Absoluten in Verbindung war, ist auf die Funktion religiöser Erbauung herabgesunken, die als eine Art der Freizeitbeschäftigung verstanden wird. Selbst die Idee der Wahrheit ist auf den Zweck eines nützlichen Werkzeugs bei der Kontrolle der Natur zurückgenommen. Der Zwang der pragmatischen Wirklichkeit von heute läßt das Selbstbewußtsein des Menschen mit seiner Funktion identisch werden. Die Einheiten der älteren Gesellschaften waren in dem Sinne Totalitäten, daß sie hierarchisch organisierte Gebilde waren. Dies trifft für das Leben des totemistischen Stammes ebenso zu wie für die Sippe, die Kirche des Mittelalters, die Nation in der Ära der bürgerlichen Revolutionen, sie alle folgten Mustern, die sich durch geschichtliche Entwicklungen herauskristallisiert hatten. In diesen Mustern, seien sie magisch, religiös oder philosophisch, spiegelten sich die jeweiligen Formen der sozialen und politischen Herrschaft.

Unter dem Industrialismus der Gegenwart gewinnt nun eine andere Seite der Rationalität die Oberhand: Verbände, Gruppen und Organisationen fordern die Individualität als das Element des Besonderen vom Standpunkt der Vernunft heraus. Tüchtigkeit wird zur *efficiency* als der einzigen Rechtfertigung für das Dasein eines Individuums. Die technische Zivilisation hat die Tendenz, alle Attribute von Individualität zu negieren, ohne daß die Mitglieder dieser Zivilisation durch die Rationalität ihrer Organisation entschädigt würden, ohne daß sich der technokratische Traum erfüllen würde. Der Verfall des individuellen Denkens durch die wirtschaftlichen und kulturellen Mechanismen des modernen Industrialismus erschwert die Entwicklung zum Humanen in besonderem Maße. Die europäische Kultur ist sicherlich nicht in einem einfachen linearen Sinne zu bestimmen. Das geistige Gebiet, das sich als Europa umreißen läßt, weist auf außereuropäische Traditionen hin, auf Assyrien, auf den indoeuropäischen Kulturraum, auf die vielseitigen philosophischen, künstlerischen und religiösen Schöpfungen aus dem Vorderen Orient, aus

Kleinasien, Zentralasien, aus der arabischen Welt. Fragt man, wie diese Kultur entstanden ist, so lassen sich vielseitige Antworten geben. Auch der Zeitpunkt läßt sich nicht leicht bestimmen: Mit Sokrates, dem heiligen Paulus, mit dem römischen Recht, mit Karl dem Großen, im Laufe der geistigen Umwälzungen des 12. Jahrhunderts, nicht zuletzt mit den Begegnungen mit der neuen Welt.

Auch die geographischen Grenzen Europas sind nicht immer scharf zu ziehen. Gehört Byzanz dazu? Oder Rußland? Oder bestimmte Regionen Afrikas, Nord- und Lateinamerikas? Diese Fragen sind nicht eindeutig zu bestimmen, die Konstitutiven unseres Kulturraumes sind breit gefächert. Es bleibt ebenso umstritten, wann sich die Europäer bewußt geworden sind, daß sie eine einzigartige kulturelle Gemeinschaft geworden sind, deren Zusammenhalt nicht zuletzt durch das abendländische Christentum gestiftet wurde. Es gibt wenige Anzeichen dafür, daß diejenigen, die etwa in den verschiedenen historischen Epochen auf der iberischen Halbinsel gegen die Sarazenen, in Schlesien gegen die Tataren und im Donaubecken gegen die Osmanen kämpften, bereits ein derartiges Bewußtsein der Identität geteilt hätten.

Kultureller Universalismus

Es ist unzweifelhaft, daß sich dieses Bewußtsein aus der Gemeinsamkeit des Glaubens entwickelte, und daß es sich durchzusetzen begann, als die Gemeinsamkeit im europäischen Maßstab einzusetzen begann. Heute wird die Idee der europäischen Kultur häufig in Frage gestellt, oder besser, der einzigartige Wert und ihr Überlebensanspruch sind strittig.

Sind wohlwollendes Interesse und Toleranz gegenüber anderen Kulturen nur möglich, wenn man darauf verzichtet, die eigene Kultur ernst zu nehmen? In welchem Maß können wir unsere ausschließliche Zugehörigkeit zu einer Kultur bejahen, ohne die anderen zerstören zu wollen?

In der Philosophie gibt es den berühmten Prolog, in dem Diogenes Laertios die irrige Vorstellung bekämpft, es habe bereits vor den Griechen bei den Barbaren, bei den indischen Gymnosophen und bei den babylonischen oder keltischen Priestern Philosophie gegeben. Er wendet sich bereits gegen den kulturellen Universalismus, gegen den Kosmopolitismus des 3. Jahrhunderts. Er vertrat die Ansicht, daß die Philosophie, wie das Menschengeschlecht als Ganzes, ihren Ursprung bei den Gräbern des Musaios von Athen und des Linos von Theben, Sohn des Hermes und der Urania, hätte. Er erinnert uns an die eigentümlichen Gebräuche der chaldäischen Magier und die wunderliche

Glaubenswelt der Ägypter, und zeigt sich erzürnt darüber, daß man Orpheus, den Thraker, als Philosophen bezeichnete, einen Mann also, der sich nicht schämte, den Göttern alle menschlichen Leidenschaften, selbst die niedrigsten, zuzurechnen. Europa gewann, nicht zuletzt auch durch die Bedrohung durch das osmanische Reich, ein immer klareres Bewußtsein seiner eigenen kulturellen Identität, stellte aber auch die Überlegenheit seiner eigenen Werte in Frage und setzte einen Prozeß der Selbstkritik in Gang, der bis in die Gegenwart reicht und ebenso Ursache von Stärke wie Ausdruck von Verwundbarkeit geworden ist.

Die Fähigkeit, sich in Frage zu stellen und jede pharisäerhafte Überheblichkeit und Selbstgefälligkeit zu unterlassen, ist die Voraussetzung der geistigen Kraft Europas. Die europäische Kultur definierte sich in der Überwindung eines ethnozentrischen Standpunktes. Das Spezifikum der europäischen Kultur liegt in der Fähigkeit, nicht in Selbstgenügsamkeit zu verharren und Selbstgewißheit zu verwerfen. Die tatsächliche kulturelle Identität Europas besteht in der Weigerung, eine vollständige Identifikation zuzulassen und den Zustand der Schwebe vorzuziehen. Die Stärke der europäischen Kultur liegt eben in der Unsicherheit gegenüber den eigenen Normen, in der Fähigkeit zur Selbstkritik.

Zweifel an sich selbst

Jener Humanismus, der von Pico della Mirandola in seinem *Diskurs über die menschliche Würde* geschaffen wurde, ist ein Humanismus, der von der Überzeugung getragen war, daß der Mensch unvollkommen ist, daß er sich notwendigerweise in einem Zustand der Ungewißheit befindet. Dieser Humanismus ist mit der christlichen Lehre durchaus in Einklang zu bringen. Der beständige Zweifel an sich selbst verleiht der europäischen Kultur das geistige Gleichgewicht und die Rechtfertigung ihres Anspruchs auf Universalität. Arnold Toynbee hatte 1947 in seiner Schrift *Civilisation on trail* noch einen hoffnungsvollen Grundton: »Unsere Nachkommen werden nicht einfach Abendländer sein wie wir. Sie werden ebensogut die Erben von Konfuzius und Lao Tse wie von Sokrates, Platon und Plotin sein; Erben des Guatama Buddha so gut wie die des Deutero-Isaias und Jesus Christus; von Zarathustra und Mohammed ebenso wie von Elias, Elisaeus, Petrus und Paulus; Erben von Shankara und Ramunuja so gut wie von Clemens und Origenes; Erben der kappadozischen Väter der orthodoxen Kirche so gut wie unseres afrikanischen Augustinus und unseres umbrischen Benedikt; Erben von Ibn Kahldun wie von Bossuet; Erben schließlich – soweit sie weiterhin in politische Verwirrung verstrickt sein werden – von Lenin, Gandhi und Sun Yat-sen so gut wie von Cromwell, George Washington und Mazzini«.

Bloße Technokratie

Es ist hier nicht beabsichtigt, eine negative Ontologie der technischen Zivilisation zu entwerfen. Sie entspräche lediglich einer Kapitulation der Humanität vor den tatsächlich anstehenden Problemen moderner Industriekulturen, die einem Gebücktsein, ja, einem Kniefall vor einem kryptischen, ominösen Empfinden des Beraubtseins, gleichkäme. Es geht nicht um undifferenzierte Überspitzungen, die eine Sicht auf die tatsächlichen Probleme verstellen, nicht um die verkürzte Gegenüberstellung von Mensch und Technologie, Gerät und Gott, Technokratie und tiefem Lebenssinn, und doch stellt sich die Frage nach den möglichen Formen menschlicher Würde in den Industriekulturen der Gegenwart als der verantwortlichen Verknüpfung eines dichten Geflechtes von Faktoren, als der Bestimmung des *criterium existendi.*

Es ist gewiß die Aufgabe des menschlichen Verstandes, Fragen zu stellen nach der Grundbefindlichkeit in einer technischen Zivilisation, sowie Antworten zu finden. Nun taucht das Problem auf, daß der menschliche Verstand zu einem überwiegend positivistischen Verstand mutierte. Hierdurch wurde er aber seiner entscheidenden Dimension beraubt: die Fragen nach den Mitteln weichen zurück und überlassen der Bestimmung der Ziele das Feld. Die Frage nach dem Wie hat die Frage nach dem Warum, in der sich der eigentliche philosophische Gehalt spiegelt, im wesentlichen verdrängt. Die weitreichenden Auswirkungen dieses Tatbestandes sind die Erstarrung der Wissenschaftlichkeit zu schierem Szientismus, der Technik zu bloßer Technokratie und der Politik zu jenem erkalteten Gleichgewicht des Schreckens in Gestalt des Machiavellismus der Gegenwart.

- Der Szientismus ist auf die Vorstellung gegründet, die Wissenschaften – verstanden als ein totum – könnten die anstehenden Probleme des Menschen in der Gegenwart lösen, oder zumindest einer Lösung nahebringen.
- Das experimentell nicht Meßbare, nicht Erfahrbare und entsprechend nicht Vorherbestimmbare existiert in dieser Vorstellung nicht. Entscheidende, den Menschen in seiner Eigentlichkeit charakterisierende Erfahrungen des Gefühls, des Glaubens, der künstlerischen Schöpfung können keine Aufnahme in den Kanon der Kategorien finden.

- Die Technik wird zum Selbstzweck der Technokratie mit ihrem spezifischen Gewicht und stellt weniger die Frage nach den Zielen, sondern nach der Möglichkeit der Ausführung alles technisch Machbaren.
- Wissenschaftliche Ratio wird zu einem Derivat, zur menschlichen Unvernunft herabgestuft. Es stellt sich das Problem der Beziehung von Mitteln und Zielen. Die Wissenschaften bleiben grundlegend für die Erstellung der Mittel, die aber nur in Verbindung mit den Zielen ein Ganzes bilden.

Dies leitet zu den Qualitäten des Lebens über. Das wesentliche Problem der führenden Industriestaaten liegt heute neben ihrer Effizienz in der Sinnstiftung als Voraussetzung einer Arbeitsleistung für die verschiedenen Bevölkerungsschichten. Es geht somit nicht nur um eine Philosophie des Seins, sondern auch um eine Philosophie der Aktion. Die erstrebte Vernunft darf sich nicht auf die Reflexion über das Sein beschränken, sondern muß als eine schöpferische Vernunft die Tat fortwährend begründen.

Nur eine Teilmenge

Es ist hierbei offensichtlich, daß die abendländische Vernunft und Logik, wie sie etwa bei Descartes oder Kant aufscheint, nur eine Teilmenge des rationalen Potentials des Menschen in einer planetaren Zivilisation ausmacht. Die Vernunft, die es in den Industriestaaten zu entwickeln gilt, darf nicht Dienerin des rein Faktischen sein, jener vermeintlichen Notwendigkeiten in Politik und Technik. Die Folge wäre das entfesselte Aufeinandertreffen der sich gegenüberstehenden Machtblöcke in der Politik und einer nicht mehr mit der menschlichen Würde zu vereinbarenden Entwicklung des technologischen und naturwissenschaftlichen Vermögens des Menschen. Angesichts des Tatbestandes, daß der Mensch heute über die Fähigkeiten verfügt, Leben nuklear auszulöschen, als letzten Ausdruck seines Bemühens um Eigenständigkeit in einer historischen Entwicklung, die sich verselbständigt hat und irreversibel ist, gibt es für die menschliche Vernunft keinen anderen Ausweg, als sich zu besinnen.

Die technische Weitläufigkeit und die geographische Dichte, das Einander-Näherrücken, geben diesem Problem eine planetare Bedeutung. Es trifft Christen ebenso wie Muselmanen, Marxisten wie Sikhs und Tamilen, Buddhisten, Shintoisten oder Hinduisten.

Es ließe sich daraus ableiten, daß bloßes zweckrationales Denken und Handeln durch nicht vorteilstrebendes und somit zweckfreies, im klassischen

Sinne humanes Vorgehen, aufgefangen werden könnte. Soll dies nicht ein Gedankenspiel bleiben, ist offensichtlich, daß nur eine humanistische Grundhaltung und die Ausbildung, die zu ihr hinführt, eine Lösung sein kann. Das Studium Ovids, der griechischen Philosophie des Sophokles, Spinozas oder der Malerei des Quattrocento gewinnen für die Moderne neben der kunsthistorischen Retrospektive noch eine zusätzliche vertiefende und zugleich zukunftsweisende Aufgabe. Der Rückblick auf Traditionen verweist auf Möglichkeiten einer Neubestimmung menschlicher Vernunft in der Gegenwart.

Der Logos am Archimedischen Punkt

Gefordert ist Einsicht in die anwachsende Gegenseitigkeit, die das Nebeneinander menschlicher Kulturen. Die entwerfende menschliche Vernunft kann so nur ein Kreuzpunkt sein, der komplementär und doch ordnungsstiftend wirkt jenseits kultureller Grenzen. Diese Vernunft kann sich nur auf eine anthropologische Basis stellen, einen gemeinsamen Nenner menschlichen Seins, der einem archimedischen Punkt gleicht: in ihm werden die politische Aktion, die künstlerische Schöpfung, der Glaube und das technische Vermögen des Menschen ein Ganzes.

Dieser Horizont gibt dem Verhältnis zwischen Vernunft und Rationalität eine neue Gestalt, wobei dem Begriff der Vernunft jene zusätzliche Dimension einer Einsicht in alle Erkenntnisformen des Menschen in den verschiedenen Kulturen zugeordnet wird. Die Vorstellung einer *sophia perennis*, einer letzten Weisheit als tiefster Wurzel, die diesem archimedischen Punkt gleichen könnte, erscheint nur sehr unscharf am Horizont einer rein technischen Kultur, soweit sie zur verklammerten Dingwelt erstarrt. Ein historischer Bezug zeigt Beispiele und Möglichkeiten auf.

Die klassische Polis des griechischen Zeitalters kannte zeitweilig den Übergang vom Mythos zum Logos, der nicht substitutiv erfolgen konnte. Plato vollzieht den Rückgriff auf den Mythos stets dann, wenn der Logos an die Grenze seiner Erkenntniskraft stößt. Die griechische Polis kannte die Urform die Tragödie, die dem Mythos stützend zum Ausdruck verhalf. In der griechischen Kultur paarten sich Bürgerfähigkeit und technischer Fortschritt: die praktische Fähigkeit, die *techne*, wurde aber einer niedrigeren Ebene zugerechnet, im ersten Glied stand *schole* und der sorgende Weg zu jener Weisheit.

Mensch und Ganzheit

Diese Problematik hat sich seit der Zeit der hadrianischen Bauten und der druidischen Steinsäulen nicht wesentlich geändert, die Antworten hingegen zeigen eine Verzerrung ins Große. Der Rückgriff auf die Tradition der Naturtheologie, wie sie ursprünglich als Sapientia in Platons Republik oder im Schriftwerk Augustinus' aufschien, verkörpert etwa ein Maß, das sich in seiner Vorgabe einer Reduktion der Vernunft entgegenstellt. Vernunft und Intellekt halten einen Weg frei, der gewiß nicht zu einer *scientia sacra* führen soll und doch nicht nur dem verengten Logos ontologische Wirklichkeit und Alleinherrschaft einräumen möchte.

Die Beschränkung des Menschen auf seine reinen analytischen Fähigkeiten läßt das Anselm'sche Wort des *Credo ut intellegiam* nicht zu. Bereits in der griechischen Kultur stand die Begrifflichkeit der *sophia* im Gegensatz zur sophistischen Tradition und den skeptischen Formen des Denkens im späteren historischen Verlauf. Der Signifikanz des *homah* als der Weisheit darf im Judaismus eine herausragende Stellung eingeräumt werden, sogar im Bereiche des Legalen.

Der historische Islam bezog gleichermaßen weiterreichende Gesichtspunkte in die intellektuelle Erkenntnis mit ein; die Pole kreisen um Erlösung und das Verstehen des Absoluten. Das arabische Wort *al'agl* für Intellekt signalisierte eine ursprüngliche Verbindung und darf etymologisch ebenso mit einem übergeordneten Rahmen in Verbindung gebracht werden wie das Wort *al-shi-r*.

Die Argumente lassen sich bündeln

Die führenden Industriestaaten sind heute vergleichbaren Phänomenen ausgesetzt, die *transempirische* Züge aufweisen. Die rationale Organisation der gesellschaftlichen Aktivität, die vielfachen Innovationsprozesse, die noch immer gestiegene Mechanisierung und Abstraktheit der Arbeits- und Privatwelt – von der Gentechnologie bis hin zur Verwendung von Mikroprozessoren und der Spitzenelektronik – vollziehen sich mit dem Ziel, die Produktivität und das wirtschaftliche Wachstum expotential zu steigern. Die Zukunftstechnologien fordern das Ausbildungs- und Beschäftigungssystem der Industriekulturen heraus. Die Vielzahl kommunikativer Möglichkeiten ist hiervon ebenso betroffen wie das menschliche Mitcinander in der ihm gebührenden Tragweite. Die Dynamik des naturwissenschaftlich-technischen Potentials erscheint als volkswirtschaftlich notwendig, zukunftsweisend und ist gewiß nicht aufhaltbar. Gerade die technisch-naturwissenschaftlichen Grenzfragen suchen nach moralischen und in letzter Konsequenz nach ethischen Antworten und Richtlinien. Die Teilung des Menschen in Daseinsweisen verschiedener Wertordnung bietet Einblick in die jeweils bestimmende Form der Reaktion auf die Phänomene der Versachlichung, Verdinglichung, Entsakralisierung oder Entpersönlichung. Entsteht gar eine neue Persönlichkeitstypologie entsprechend kulturhistorischer Voraussetzungen?

Das Sein im Tun

Sind die tragenden Tendenzen der Modernisierung in ihrem Unterwegs zur postindustriellen Gesellschaft mit den kulturellen Traditionen in anders verknüpfbar als in den westlichen Industriestaaten? Folgen beide Ebenen einander oder schließen sie sich gegenseitig aus? Läßt sich das Wort als falsches Idiom entlarven, wonach eine vorwärtsschreitende Industrialisierung in kruder Form zum Verlust kultureller Traditionen und Eingebundenheit führen und die ursprünglich dem Menschen gegebene Ganzheit spalten müsse?

Menschliche Seinsart aus der umfassenden Geschichte zu begreifen, heißt, den objektiven Zusammenhang zwischen Wirtschaft, Politik, Gesellschaft, Religion und Kultur als dem Anschauungsganzen in die Betrachtung miteinzuschließen. Bei der Frage, was der Mensch sei, bleibt das *Sein* im *Tun* zu erfassen – und vice versa. Hierbei wird die Empirie nicht in den Winkeln der Theorie aufgespürt, sondern verläuft gleichsam gegen die Schenkel im Lot der Wirklichkeit.

Kultur ist nicht erworbene Sprache, die den Augenblick flieht, sie ist sinngebend – ausgleichender Faktor in einer technologischen Welt und somit der Vollzug menschlichen Denkens und Handelns selbst. Der Mensch vermag nur im Bewußtsein, Teil eines Lebensstroms zu sein, die weltumspannenden Aufgaben in die Wege zu leiten. Die Religion ist sicherlich in einem neuen kosmischen Verständnis zu sehen, die traditionellen Formen der religiösen Legitimationen, auch von Herrschaft, etwa in theokratischen Religionsformen, mutieren auf neue Gestaltungen hin. Die Frage freilich bleibt offen, wie es zu einer neuen, am Ganzen teilnehmenden Spiritualität kommen kann.

Das dritte Jahrtausend wird zeigen, ob es tatsächlich eine Wende vom mechanistischen zum mystischen Zeitalter geben wird, ob sich sogar eine Symbiose aus Natur, Wissenschaft und einer grundsätzlich neuartigen Mystik des nachmechanischen Zeitalters einstellt, als Merkmal eines Übergangs zu einer weiteren Stufe der Evolution des Menschen.

Werden einer neuen Kultur

Wir erleben heute eine gleichzeitige Vergegenwärtigung aller Kulturen der Welt, die verstärkt auch eine Koexistenz der bisher entlegensten Kulturen fordert. Ein historisch bislang nicht gekanntes Ausmaß von Medien und Techniken eröffnet Verkehrswege und den Austausch in die abgelegensten Weltgegenden innerhalb weniger Flugstunden, die ein seelisches Nachreifen, ein Sich-Einstellen auf die neue Kultur gar nicht mehr erlauben, ja oftmals auch gar nicht mehr wünschen, da ja die jeweils eigenen Werte und Wertvorstellungen gleichsam unbefragt als *bedeutender* in die entlegene Kultur Lateinamerikas, Afrikas oder Asiens importiert werden, als Ausdruck der finanziellen und wirtschaftlichen Hegemonialstellung eines Abkömmlings einer Industrienation.

Natürlich löst dies die gewachsenen autochthonen Kultur- und Religionstraditionen der jeweiligen *entlegenen* Staaten auf, die in Fatalismus verfallen, wobei bereits der bewußt gewählte Begriff *entlegen* die Willkür der Perspektive offenbart und ein rein eurozentrisches Weltbild entlarvt, das nicht mehr der empirischen Wirklichkeit des ausgehenden 20. Jahrhunderts entspricht, in dem faktisch und quantitativ meßbar der absolut überwiegende Anteil der Menschen in eben diesen Staaten und Kulturen lebt, die wir gerne als *entlegen* geringschätzen und die – sehr zurecht – als gleiche Menschen vor Gott auf ihre Lebensrechte pochen.

Die globale Nivellierung des vielseitigen kulturellen Inventars des Menschen als seinem eigentlichen Spezifikum in allen Teilen der Welt entspricht den Anforderungen der technischen Zivilisation und markiert den Widerspruch zwischen den jahrhunderttausendelang gewachsenen kulturellen, mythischen und religiösen Traditionen in der psychosozialen Evolution des Menschen und jener pragmatischen Letzt- und Minimallogik der Technologie, die sich amöbenhaft und rücksichtslos zugleich über die Welt in bedrohlicher Geschwindigkeit verteilt.

Nun zeigen die geistig-seelischen Reaktionen der Menschen aber immer deutlicher, daß ein rein materielles Verständnis von Kultur und Staat tatsächlich nicht ausreichend ist. Vor dem Hintergrund der Ubiquität von Technik und Wissenschaft ist es eine zentrale Frage, wie die operative Rationalität in Übereinstimmung mit der jeweiligen Kulturalität des Menschen gebracht werden kann.

Es ist evident, daß bestimmte metaphysische, transzendentale und spirituelle Religions- und Kulturtraditionen, wie sie etwa Lateinamerika von der Scholastik des 15. Jahrhunderts bis in die Gegenwart auszeichnen (bis Antonio Caso, José Vasconcelos oder A. Korn und José Gaos als den philosophischen Schulhäuptern des 20. Jahrhunderts in Lateinamerika von Mexico bis Argentinien), nicht ohne weiteres kompatibel sind mit den logisch-empirischen und pragmatischen Anforderungen des wissenschaftlichen Zeitalters und der Technologie. Hier steht Lateinamerika in starkem Kontrast zur nordamerikanischen Kultur, die in ihrem vielgerühmten calvinistischen Arbeitsethos von Beginn an mit der Verfassungsgeschichte und der Staatsphilosophie John Lockes und der Theologie eines Jonathan Edwards bis hin zum Sozialdarwinismus eines Herben Spencer oder dem Pragmatismus von Peirce, W. James und John Dewey eine vollkommen andere Grundlage für eine Akzeptanz von Wissenschaft und Technologie bot als das transzendental-weltabgewandte Lateinamerika mit seinen magisch-mythischen Kosmologien der vorkolumbianischen Kulturen, die, wie etwa Humboldt beschreibt, eine bestimmte Affinität hatten zu dem Katholizismus der Scholastik, der den Bruch zwischen Mittelalter und Neuzeitdenken, Glaube und Ratio, theologischem und philosophischem Primat nicht so stark erlebt hat wie das Deutschland der Reformation, das England Cromwells oder das Frankreich Descartes' und der Revolutionen. Stets schwingt im spanisch-portugiesischen Kulturraum etwas von dem mittelalterlichen Einheitsgedanken mit, der Identität von Glaube und Staatslenkung in der jahrhundertelangen Kolonialzeit, von der sich Lateinamerika in der Sozialstruktur bis heute nicht ganz befreit hat. Die spanische Staatsidee stammte von Thomas v. Aquin, vom aristotelischen Gedanken der Unvollkommenheit des Menschen in der Vereinzelung der *societas perfecta*, die eine Einordnung in Stände forderte und den Staat aber nur eingreifen läßt, wenn die Gesellschaft die Probleme nicht lösen kann.

Entscheidender Widerspruch

Ein Blick auf Japan hingegen zeigt, daß es dort gelungen ist, über viele Jahrhunderte eine Konvergenz von Kultur- und Religionstraditionen des Shintoismus, Buddhismus und Konfuzianismus vor allem nach der Tokugawa-Periode und der Meiji-Restauration bis in das 20. Jahrhundert mit der Modernisierung und der Technologie konstruktiv zu verbinden. Ansonsten wäre die wirtschaftliche Dynamik und die relative politische Stabilität bis in die Gegenwart gar nicht möglich gewesen. Auch Japan ist – im Gegensatz zu Lateinamerika – von einer unmittelbaren Kultur, philosophisch wie religiös, geprägt, die wenig transzendental ist, sondern empirisch und bis zu einem gewissen Grad auch pragmatisch: wiederum also bessere Voraussetzungen für die Technologie.

Der entscheidende Widerspruch tritt offen zu Tage: Oft steht die eigene Kultur nicht im Einklang mit jener Minimallogik, jener Letztlogik, die eine universale Rationalität der technischen Zivilisation fordert. Hierdurch sind die den Menschen in ihren Kulturtraditionen gefährdet und in ihrem Bestand bedroht. Die traditionellen Werte als Leitsterne einer Kultur sind in Auflösung begriffen, ohne daß eine neue Orientierung per se eintritt. Die Vorstellung einer einzigen Industriekultur in planetarer Weite hat durchaus einen imperativen Charakter. Es stellt sich heute in der Ersten Welt wie in den Schwellenländern und den Drittweltstaaten als existentielle Notwendigkeit die Wahrung der jeweiligen kulturellen Eigenständigkeit und Identität entsprechend der historisch gewachsenen Traditionen.

Die Anerkennung des Pluralismus der Kulturen ist gerade aus friedenstechnischer Sicht von Bedeutung. Es geht weniger um die Frage, ob eine Kultur *besser* ist als eine andere, sondern darum, ihre Unterschiede zu beleuchten und tatsächlich zu verstehen, um die Logiken des Denkens und des Handelns des jeweils anderen Staates und seiner Kultur zu begreifen. Dies gilt für den Islam in seinen vielseitigen Schattierungen und fundamentalistischen Ausgestaltungen ebenso wie für den Konfuzianismus Chinas, den Hinduismus Asiens, den Buddhismus verschiedener Kulturen wie für das christliche Abendland.

Es soll der Vorstellung eines Monomorphismus der industriellen Weltkultur, der einem Denkmorphismus gleicht, widersprochen werden. Die gegenwärtigen Naturwissenschaften setzen – wie die Technologien – ein bestimmtes Verständnis von Zeit, Materie, Mensch, Natur, dem Übernatürlichen und der Kausalität voraus, das in anderen Kulturen nicht oder anders gegeben ist. Die Logiken des Denkens und Handelns sind kein Akzidens, das von jeder Kultur leicht übernommen werden könnte, sie haben jeweils sehr bestimmte kulturhistorische Ursprünge. Hierbei ist der abendländische Mensch nur eine Teilmenge des totalen Menschen, entsprechend deckt die westliche Rationalität nicht alle Merkmale des Humanen ab.

Ontologie der Gegenwart

Keine Kultur, keine Religion oder Weltanschauung verfügt über einen ausschließlichen Anspruch auf den Begriff des Logos oder der *richtigen Weltsicht*. Auf einer weltpolitischen Ebene stellt sich die dringliche Frage nach einer Identität der breitgefächerten Kulturen angesichts strittiger politischer Territorien und wechselseitiger nationaler Abgrenzungen. Dies fällt vor allem dort ins Gewicht, wo innerhalb eines territorialen Verbandes verschiedene Kulturen um Eigenständigkeit ringen, aber auch da, wo Vielkulturenstaaten anzutreffen sind: in Lateinamerika, Asien und Afrika, doch auch in den Vielkulturenstaaten der USA und der Sowjetunion.

Eine Kultur ist immer der Totalhorizont einer bestimmten Lebenswelt, in der die Wirklichkeit des Menschen bestimmt wird. Es kann entsprechend niemals eine absolute Weltkultur geben, sondern nur die Forderung nach einer Offenheit gegenüber dem Pluralismus der Kulturen, oder deutlicher, gegenüber dem Phänomen der Kulturalität als dem Fundamentalen, dem Gemeinsamen des menschlichen Seins.

Die Hybris des Menschen der Gegenwart liegt in dieser Kulturalität verankert, die sich nur bedingt mit der Aufgipfelung der Naturwissenschaften als Ausdruck des Primats der theoretischen, der physikalischen, der *positiven* Wissenschaften verbinden läßt. Es zeichnet sich eine fatale Teilung ab: die physikalisch-mathematische Ratio der Naturwissenschaften und der Wirtschaft mit ihrer Technologie stimmt nicht mehr mit der kulturellen Vernunft überein, wie sie in der Kunst und den Humanwissenschaften Ausdruck findet. Die Versöhnung beider Ebenen ist der Auftrag der archimedischen Vernunft. Eine Ethik des Denkens und Handelns auf der Grundlage der Konvergenz von Natur- und Humanwissenschaften ist als eine *conditio sine qua non* zur Überlebensfrage geworden. Technik und Wissenschaft können nur in Verbindung und unter Respekt der jeweiligen Kulturalität dauerhaft von Erfolg sein. Diese Einsicht ist die zwingende Voraussetzung einer Ontologie der Gegenwart.

Technologie als Kultur

Die Technologie ist eine organische Teilerscheinung eines größeren Phänomens, der Kulturentwicklung grundsätzlich. Technologie muß als Kulturfunktion verstanden werden. Der Widerspruch zwischen einer geistig-menschlichen und einer inhaltsleeren materiell-technologischen Kultur auf der anderen Seite muß aufgehoben werden. Die Weltzivilisation des ausgehenden 20. Jahrhunderts verlangt nach der Neubestimmung einer technologischen Kultur, die diese Dialektik zu überwinden vermag. Als unerläßliche Forderung steht im Raume, daß die Technologie mit der geistigen Kultur in einem inneren Zusammenhang stehen muß.

Das Kulturgefüge muß ein gleichwertiges Ganzes verkörpern, nur ein synthetisches Zusammenspiel der Faktoren ermöglicht die Zurückweisung einer Dominanz und die Integration der autonomen, freischwebenden Kulturgebiete in Richtung auf eine offene Einheit der Kultur als dem lebendigen, vielgliedrigen Ganzen.

In den sogenannten Staaten der Ersten Welt, aber sicherlich ebenso stark in den noch mehr archaischen, autochthonen Staaten Afrikas, Lateinamerikas und Asiens wird eine organische und systematische Einordnung der Technologie in die Kulturtraditionen, die bislang verfehlt wurde, zur Überlebensfrage. Es geht auf der Suche nach jenem archimedischen Punkt um die Aufhebung der sich antagonistisch gegenüberstehenden Kulturgebiete aus Religion, Technologie, Philosophie, Architektur, Kunst und Literatur.

Nichts geringeres als eine neue Arbeitsordnung der Weltkulturen steht zur Debatte, ein neues Gesellschaftsgefüge auch im politischen Raum, eben um jene lebendige Mitte, die nur eine Gesamtkultur zu leisten vermag. Die Technologie ist eben ein Kulturort ganz besonderer Art. Die kulturkritische Beurteilung des Wesens der Technologie kann nur durch technologische Selbstbesinnung ermöglicht werden. Das technologische Werk setzt sicherlich nicht die göttliche Schöpfung fort, so wenig wie irgendein Kulturwesen dies zu leisten vermag. Nur der schaffende Mensch darf als Glied der lebendigen Schöpfung bezeichnet werden, nicht aber sein menschliches Kulturerzeugnis. Auf der Suche nach einem geschichtsphilosophischen Weltsinn der Technologie ist zunächst festzustellen: Es geht im ausgehenden 20. Jahrhundert um das Kulturbewußtsein des Wirtschaftsträgers Technologie.

Wir erleben heute einen Prozeß der Weltkulturen von planetarem Ausmaß. Dies bedeutet eine Technisierung sehr verschiedener, auch noch archaischer und vereinzelt autochthoner Kulturen in Afrika, Lateinamerika und Asien. Als Unterbau einer planetaren Kulturwelt entsteht eine technologische und weltwirtschaftliche Zivilisation, die gar nicht mehr so weit entfernt ist von einer wissenschaftlichen und technologischen Menschheitskultur. Die Welt wird beherrscht von einer Zerreißprobe um das richtige Verhältnis zwischen werdender Weltkultur und dem technologischen Unterbau. Im Kern der Frage stehen die Kulturmöglichkeiten der Technologie. Die technologische Weltschau ist universal und zugleich doppeldeutig. Da der einzelne Mensch zugleich gestaltet und gestaltend ist, vermag er den technologischen Sinn im eigenen Schaffen und in der geschaffenen und schaffenden Natur verwirklicht sehen. Das Problem ist eingekreist: die systematische Bedeutung und Stellung der Technologie im Kultursystem und Kulturprozeß als Ganzen.

Die historische Sicht vermag in der Tiefe auszuloten, von welch überragender Bedeutung die Technologie für die gesamte Kulturentwicklung der Menschheit ist. Zugleich wird offensichtlich, daß es keine Technologie gibt, die im sozial luftleeren Raum angesiedelt wäre und außerhalb der menschlichen Kultur wirken würde. Mit den Zukunftstechnologien, der Gentechnologie, der Nuklearenergie, dem neuen Mysterium des Kriegs der Sterne, der Mikroelektronik, dem Laser, der Kommunikationstechnik, der Informationstechnik, der Laserfusion, Laserchemie und Laserspektroskopie sowie der Computertechnik und schließlich der Biotechnolgie wird evident, daß nicht nur die Geschichte des Menschen selbst, sondern auch die Geschichte seiner Seele in eine neue Epoche tritt.

Das wirtschaftliche, aber auch das soziale und kulturelle Leben scheint auf der Anwendung wissenschaftlicher Ergebnisse zu beruhen. Die Wissenschaft hat sich tatsächlich derart in den Vordergrund des Alltags geschoben, daß wir dem denk- und handlungsgeschichtlichen Orientierungsrahmen Auguste Comtes bedingungslos folgen. Hiernach erfolgt eine Staffelung in drei Stufen, vom mythologischen zum religiösen und schließlich zum wissenschaftlichen Begreifen der Welt. Dieser Zustand ist so sehr Allgemeingut geworden, daß wir uns kaum noch bewußt Rechenschaft davon ablegen. Ja, wir sind sogar einen Schritt weitergegangen und haben aus der Wissenschaft die angewandte Wissenschaft abgeleitet, die Technologie. Aristoteles nennt noch einen unbefangeneren, direkteren Zugang zur Technologie, die für ihn eine universale Handlungstheorie darstellte. Die Einleitung der Nikomachischen Ethik verkörpert für ihn eine Vielzahl von Technologien, etwa die des Schiffsbaus, der Medizin, des Kriegshandwerks und der Techniken des Geldverdienens.

Es stellt sich heute stärker denn je die Frage nach der Bedeutung der Technologie für die humane Identität des Menschen. Obgleich der Prozeß technischer Entwicklung einerseits geradezu dadurch definiert ist, daß er Neues hervorbringt, bildet er andererseits gerade dadurch immer nur eine Variation des stets gleichen Problems, der Steigerung der Effektivität unter dem Gesichtspunkt der Ziel-Mittel-Relationen.

Das Problem besteht nun im historischen Verlust der Hoffnung auf einen allgemeinen Menschheitsfortschritt mit Hilfe der tätigen Vernunft, der die geistige und praktische Vervollkommnung und die wachsende Beherrschung natürlicher und gesellschaftlicher Prozesse umfaßt. Friedrich Nietzsche sprach bereits von der »Maschinenkultur«. Ihm folgten Köpfe wie Ernst Juenger, Ernst Cassirer, L. Klages F. G. Juenger bis hin zu Herbert Marcuse oder Erich Fromm. Sie alle sahen in der Technologie die entscheidende Kulturgefahr. Technologie bleibt aber auch in Zukunft ein Kulturfaktor unter anderen, das heißt, sie ist etwas Unfertiges, ein sich entwickelndes und durch menschliches Handeln entwicklungsbedürftiges Teilelement der menschlichen Kultur. Hierdurch bilden Technologie und Kultur aber nicht mehr streng geschiedene und unterscheidbare Bereiche, sondern einen einzigen Zusammenhang.

Visionäre Geister wie W. Rathenau oder J. Goldstein haben die Forderung nach einer »Beseelung der Technologie« bereits vor dem Ersten Weltkrieg erhoben. Erfüllt wurde sie freilich nicht, so daß heute stärker denn je das Bemühen um Verbindungen zwischen der Technologie und bestimmten metaphysischen Prinzipien im Mittelpunkt der Überlegungen steht. Ernst Cassirer postulierte das Verständnis der Technologie als Kulturfaktor und sprach von einer »Ethisierung der Technik« als einem Zentralproblem unserer gegenwärtigen Kultur. Max Weber erkannte kongenial den keimenden und umfassenden Mechanismus von Planung, Verwaltung, Steuerung und Berechnung, als er von dem modernen Menschen in einem »Gehäuse der Hörigkeit« sprach. Der Mensch ist eben nicht nur gezwungen, in der wissenschaftlich-technischen Zivilisation zu leben, er ist ihr Produkt. F. G. Juenger formuliert in seiner Kulturkritik: »Es gibt keinen Staat, der diese Vorgänge meistert, denn in alle staatliche Organisation hat sich die technische hineingeschoben; sie höhlt den Staat von innen her aus. Der Mensch meistert die mechanische Gesetzlichkeit nicht mehr, die er selbst in Gang gebracht hat. Diese Gesetzlichkeit meistert ihn.« Jahrzehnte später erkennt Ivan Illich in seiner politischen Kritik der

Technik und der Forderung nach Selbstbegrenzung den gleichen Zusammenhang und fragt nach den Perspektiven humaner Identität in der fortschreitenden Weltkultur. In ihr sind die Staaten in einer immer komplexeren und nachhaltigeren Weise aufeinander angewiesen. Sie können ihre Ziele – im wohlverstandenen Eigeninteresse – immer weniger gegeneinander, sondern zunehmend miteinander erreichen. Es geht letztlich um die Erhaltung eines angemessenen Begriffs von humaner Identität unter den Bedingungen der wissenschaftlich-technischen Revolution.

Der Mensch muß als Kulturwesen auch in der fortschreitenden Moderne mit der Instrumentaltechnologie, der materiellen Technologie auskommen. Hier ergibt sich nicht nur ein quantitativer, sondern auch ein qualitativer Unterschied zur historischen Zeit. Frühe Techniker sind als Baumeister auf dem Gebiet der Architektur oder als Ingenieure bedeutend geworden, Archimedes etwa, Tartaglia oder Regiomontanus. Als die Menschen, von denen Francis Bacon in seinem Werk *Nova Atlantis* träumt, eine Akademie – Salomons House – errichten, wird als deren Zweck bezeichnet: »... die geheimen Bewegungen der Dinge zu erforschen, um dadurch die Grenzen der menschlichen Herrschaft zu erweitern...« Diese Einstellung hat sich bis in die Gegenwart fortgesetzt.

Die moderne Technologie ist eine Zwillingsschwester der modernen Naturwissenschaft. Viele Beispiele belegen dies: die Grundlegung der neuzeitlichen Mechanik durch Galilei und Newton, die Begründung der analytischen Mechanik durch Euler, Maclaurin und Lagrange, die Begründung der modernen Chemie durch Lavoisier, die Begründung der Elektrizität durch Faraday und Ampere, die ersten Schritte der Leitungslehre durch Gauss. Der Grundgedanke der sogenannten *exakten* Wissenschaft ist wohl der: das Weltall ist nicht mehr als das zweckmäßige Werk eines Handwerkgottes, ein System von Beziehungen, dessen Teile wie das Ganze seelenlos sind, zusammengehalten durch die innewohnende Naturgesetzmäßigkeit. Der Entgöttlichung im Naturdenken entspricht die Entmenschlichung im technischen Denken. Die Technologie erzeugt künstlich eine Welt, die entsprechend den von den Naturwissenschaften gefundenen Formeln verläuft.

Die praktischen Konsequenzen für den Menschen sind erheblich. Als Leitgesichtspunkt gilt die Überschreitung der Schranken der lebendigen Natur. Die Gegenwart ruft den Computer, sie erhält entsprechend ein potentiertes Computerprinzip im menschlichen Bereich. Technologie gewinnt hierdurch einen einzigartigen Rang. Sie wird alleine, ohne Rücksicht auf die durch sie zu verwirklichenden Zwecke hochgehalten. Über den Mitteln werden die Zwecke vergessen. Entscheidend sollte aber nicht sein, ob ein technisches Ziel »leicht« oder »schwer« zu erzielen ist, sondern ob es sinnvoll oder sinnlos, menschlich oder unmenschlich, lebensfördernd, ja lebenserfüllend oder lebenstötend, zerstörend ist. Die moderne Technologie erfordert aber eine Abkehr, eine Loslösung von der lebendigen Natur. Die im eigentlichen Wortsinne »sinnvolle« Arbeit wird ebenso zerstört wie die individuelle Werkschöpfung. Technologie ist kulturell nicht neutral, sittlich nicht indifferent. Entsprechend müßte eine zu bestimmende Technopolitik die gestörte Wechselbeziehung zwischen Technologie und Kultur wieder herstellen.

Peter Weiss spricht gleichsam einen Selbstkommentar zu dem Bild »Die Maschinen greifen die Menschheit an«: 1937 formulierte er in einem Brief an Hermann Hesse bereits die Gärung seiner Generation. »Es gibt viele, die etwas davon ahnen. Vielleicht eine Art neuer Romantik – aber um Gottes willen nicht im archaistischen Sinne und nicht im Sinne von Mondschwärmerei... Nur der Wille, von der schrecklichen Mechanisierung und Verflachung loszukommen.«

Es wird deutlich: Technologie muß weiterhin schöpferische Arbeit ermöglichen und damit letztlich ein sinnerfülltes Leben. Historisch gesehen, ist Technologie nicht neu entstanden. Sie ist gleich ewig, gleich notwendig, gleich ursprünglich, gleich uranfänglich mit der Menschheit, mit dem Übergang vom Tier zum Menschen in der Evolution seit dem Primatenstatus. Bereits das Bebauen und Bearbeiten der Erde als erste äußere Weltgestaltung der menschlichen Kultur, von der einfachen Bewältigung des Materiellen bis hin zu der geistigschöpferischen Leistung, hängt mit der Technologie zusammen. Im historischen Verlauf wie in der Gegenwart kann Kultur nur von einem inneren Lebenszentrum aus erwachsen. Hierbei ist nur jenes Wissen lebendig und tatsächlich lebenswert, das unser Dasein in einer Einheit erhöht. Kultur vermag Hinweise auf eine Gesamteinheit des Lebens zu geben, auf jenen Kulturzusammenhang, der auch der technologischen Arbeit noch eine schöpferische Wirkung zuschreibt, was durch die Naturbeherrschung und die Naturwissenschaften schlechthin herausgefordert und in Frage gestellt wird.

Es gibt zunächst keinen unmittelbaren Zusammenhang zwischen einem bestimmten Wirtschaftssystem und der Technologie. Sie kommt in den Staaten der ersten Welt ebenso zur Anwendung wie in den Staaten der Dritten und Vierten Welt sowie in den Schwellenländern. Allen Staaten gemeinsam ist zudem, daß bestimmte Technologien mit der Zeit obsolet werden. Kann aber die Technologie bestimmend sein für die ganze übrige Kultur?

Hinter jeder Kulturleistung verbirgt sich notwendigerweise ein Bezug zu Sachgütern, darum spielt dabei immer die Technologie mit hinein. Dies läßt sich von kaum einem anderen Element der Kultur sagen. Eine bestimmte religiöse Bewegung läßt sich ohne Rücksicht auf Kunst und Wissenschaft einer Klärung näherbringen, ohne Rückbezug auf die Technologie aber nicht. Die Existenz einer Kulturerscheinung läßt sich aus dem Dasein oder Nichtdasein einer besonderen Technologie bestimmen. Die Kulturerscheinung wird bedingt durch die vorhandene Technologie oder durch ihre Abwesenheit. Bestimmte Formen des Naturglaubens etwa, zu denen die alchimistischen Bestrebungen zu rechnen sind, verschwinden, wenn die Einsichten in die Naturzusammenhänge wissenschaftlichen Charakter annehmen und zu einer bewußt-rationalen Gestaltung voranschreiten. Das Kulturideal einer Zeit wird durch die Technologie als Ganzes beeinflußt. Bestimmend für das menschliche Verhalten wird die Technologie dann, wenn gerade sie es ist, die besondere Einflüsse, Entschlüsse, Zwecksetzungen, Motivreihen auslöst. Somit nimmt die Technologie nicht nur Einfluß auf die materiellen Kulturgüter. Die Gestaltung des modernen Staates ist durch die Einlösung bestimmter technologischer Voraussetzungen gebunden.

Ein wesentliches Kennzeichen der Technologie scheint zu sein, daß sie aus sich heraus keine autonome Wertart zu begründen vermag, daß sie im Reich der geistigen Werte keinen eigenen, selbständigen Ort gefunden hat. Der Techniker hat seine Pflicht zu erfüllen, er übernimmt Aufgaben, die ihm gestellt werden, ohne sich über deren Sinn tiefere Gedanken zu machen. Hiermit führt er ökonomisch aus, was technisch möglich erscheint und ihm aufgetragen ist.

Unter kulturphilosphischen Gesichtspunkten ist Technologie ein reines Mittelsystem. Der technische Mensch ist geformt durch die vermeintliche wissenschaftliche Objektivität und eine praktisch-wirtschaftliche Geisteshaltung. Aus der Sicht der geistigen Werte handelt es sich um abgeleitete Größen. Sie stellen nicht die Verkörperung autonomer geistiger Werte im menschlichen Sein dar. Es werden vielmehr Mittel bereitgehalten zur Verwirklichung der Werte in der materiellen Welt.

In der Technologie verbirgt sich die vollkommene Durchführung des ökonomischen Prinzips: der kleinste Kraftaufwand für den maximalen Erfolg, die beste Auswertung der verfügbaren Ressourcen – hierin erschöpft sich ihr tieferer Sinn. Eben dieses Sinndefizit ist für die Kultur von Bedeutung. Die übenwiegend harmlose Bestimmung der Technologie erscheint oft in Allianz mit einem zu starken Optimismus und einer zu heftigen Bewertung des Mittelsystems, wobei die leichtfertige Annahme zugrunde gelegt wird, der Mensch wisse schon, was er wolle. Diese Überlegungen wollen somit im Rahmen der Kultur und der geschichtlichen Lage der Gegenwart eine Ahnung von der tieferen Bedeutung der Technologie erschließen. Nur hierdurch vermag die »Strukturlogik der Technologie« zur »Geschichtsphilosophie der Technologie« reifen.

Das Kernproblem lautet doch: Inwieweit ist die Technologie als Wirtschaftsmacht mit dem inneren Schicksal einer Gesamtkultur verknüpfbar, oder noch treffender, kompatibel? Mit der Technologie ist letztlich doch ein neues Prinzip in der geistigen Welt selbst entstanden. Es geht nicht lediglich um bessere Mittel für Zwecke, die früher nicht erreicht werden konnten, sondern um die Technologie selbst als einen veränderten geistigen Rang, der von den Menschen stärker Besitz ergreift. Technologie ist wertmäßig nicht neutral, sondern Gegenstand der Zwecksetzung als Verkörperung des historischen Verlaufs. Aristoteles konnte noch sagen, die Technologie vollende zum Teil dasjenige, was die Natur nicht ins Werk zu setzen vermag, ja, sie ahme die Natur geradezu nach. Dies trifft auf die Technologie der Antike, des Mittelalters und der frühindustrialisierten Jahrhunderte noch zu. In der Gegenwart verfügen wir über Technologie, die sich von den historischen Kulturen, die wir kennen, unterscheidet.

Die Technologie schießt heute weit über das hinaus, was die Natur in ihren organischen Gebilden verkörpert. Tatsächlich schafft die moderne Technologie Organe des lebendigen Leibes, um zu vollenden, was vollendet werden soll, was in der Natur potentiell angelegt ist. Dies trifft auf die Kernspaltung als einer Formel der »kosmischen Abtreibung« (Raimundo Panikkar) ebenso zu wie auf die Bio- und Gentechnologie. Die moderne Technologie überschreitet immer stärker die Schranken der organischen Natur. Dem liegt der Gedanke der Plastizität der Materie als der geistigen Grundlage der Moderne zugrunde. Die Natur wird lediglich noch als Material betrachtet, das auf den plastischen Zugriff des Menschen wartet. Der Tenor ist: Kann man nicht erzeugend, so doch lenkend eingreifen. Die Technologie ist nicht immer Mitglied der Kultur, deren Teil und Werk sie auf der anderen Seite ist. Hierin ruht das Problem.

Und das seelische Empfinden des modernen Menschen? War mit der Mechanisierung ursprünglich Gütererzeugung gemeint, so sind immer stärker auch andere Bereiche des menschlichen Denkens und Handelns berührt. Es herrscht eine Stimmung, die sich von derjenigen früherer Jahrhunderte unterscheidet: ein Zug von Spezialisierung und Abstraktion auch in der Alltagskultur, in der Architektur, in der Literatur, aber auch im Umgang der Menschen untereinander; eine gewollte Zwangsläufigkeit von zweckhaftem, rezeptmäßigen Zuschnitt, von amöbenhafter Gleichförmigkeit, eben ein Geist, der die Wahl des Begriffs Mechanisierung auch im Sinne des Gefühlsmäßigen versteht.

Die mechanische Produktion bestimmt den seelischen Haushalt und wird zum Selbstzweck erkoren. Der Positivismus wird zur Weltanschauung des durch Technologie geprägten Alltags. Er ist nüchtern, gewiß diesseitig, aber nur vermeintlich sachlich und vermeintlich realistisch. Aus den nur scheinbar »positiv« gegebenen Tatsachen sollen alle Welträtsel gelöst werden. Was aber bedeutet Technologie, welcher Sinn innerhalb der Geschichte ist ihr zuzuweisen, welchen Wert hat sie im Leben der Menschen, schließlich, welchen metaphysischen Rang? Tatsächlich ist das Problem der Freisetzung durch die Maschine ebensowenig rein empirisch zu lösen wie irgendein anderes Problem der Nationalökonomie, des sogenannten Tatsachenmenschen. Ohne eine ideale Sphäre, die der Welt der Erscheinungen übergeordnet ist, kann der Mensch nicht auskommen. Die von der Technologie beherrschte Welt versperrt ihm den Zutritt zu den immateriellen Dingen, ja, sie entfernt ihn sogar gewaltsam. Der Zwiespalt zwischen immaterieller und materieller Welt, zwischen dem Jenseits und dem Diesseits wird größer. Man kann von einer Hegemonie, ja, von einer Macht des Materiellen, des Empirischen, des Faktischen sprechen. Der Mensch ist durch die Materie immer weiter vom Ewigen getrennt. Zwangsläufig sucht er nach einem Ersatz für die verlorene Welt des Glaubens. Da er ihn nicht findet, stürmt er unaufhörlich vorwärts, losgelöst, in einem Zustand des seelischen Freigesetztseins. Die Einbuße an inneren Werten wird durch äußere kompensiert: durch die Welt des Komforts und der naturwissenschaftlichen Rekorde. Ortega formulierte bereits in seiner Zeit treffend: »Man lebt mittels der Technik, aber nicht aus ihr...«.

Im konfuzianistischen China hingegen sowie im klassischen Altertum verlieh nur breites Allgemeinwissen gesellschaftlichen Rang und Anspruch auf Herrschaft. Der reine Fachmensch galt als »Banause« (das griechische Wort für Spezialhandwerker). Aber im Zeitalter der Technologie gehört die Welt den früher Verachteten. Wir bemerken eine fatale Flucht ins Spezialistentum. Der künstlich abgegrenzte Bereich eines »Faches« bietet eine Zufluchtsstätte, die das Nachdenken über grundsätzliche Zusammenhänge ausblendet. Ja, das Fach wird zum Asyl oder auch zur Festung, aus der die engstirnig-scharfen Pfeile der Spezialwissenschaft geschleudert werden. Freilich ist dies eine trügerische Ruhe in dem wirren Diesseits, das gerade den fachübergreifenden Blick und die hieraus resultierende Übersicht fordert. Im Pragmatismus der Alltagskultur findet das Wesen des technischen Zeitalters einen adäquaten Ausdruck. Das einseitige Zweckgerichtetsein des Menschen spiegelt sich im abstrakten Denken. Zum Kriterium der Wahrheit wird allein der Nutzen. Das Hauptproblem heute ist das steigende Ungleichgewicht von materieller und immaterieller

Kultur. Es stellt sich aber immer deutlicher die Forderung des schlicht Menschlichen anstelle des Mechanischen, des Irrationalen im Gegensatz zum Rationalismus, des Spontanen gegenüber einer erstarrten Reflexion. Sonst erwächst aus der Technologie eine falsche Frömmigkeit, eine besondere Form der technischen Bigotterie.

Das Weltreich der Technologie muß in den Kulturbereich überführt werden. Hierzu ist die Einsicht nötig, daß das Leben des Menschen auch der sinnlich-geistigen Schöpfung bedarf, die den ganzen Menschen erfaßt und nicht nur vordergründig den realen Zweck. Es stellt sich die Forderung nach einer ideal-realen Wirkung. Wie könnte eine lebendige Mitte für die Technologie in der Arbeitsordnung, dem Gesellschaftsaufbau, dem politischen Gefüge aussehen?

Technologie ist kein System neutraler Mittel für selbstwertige Zwecke, sondern eine hochpolitische Aufgabe, die nur in einer Gesamtkultur gelöst werden kann. Die Entwicklungsgeschichte des Menschlichen läßt sich begreifen als ein Ringen um den Lebenssinn, um Wert, Gesetz und Ordnung des Daseins. Mit Kultur ist diese große Ordnung, dieser innere Gesamtsinn gemeint. Entscheidend ist dabei, was unsere Zeit als Wesen ihrer Kultur begreift und ausdrückt. Wie im Einzelleben gibt es auch Selbsterkenntnisse im Großen, im Kulturbewußtsein insgesamt. So stellt sich die Forderung nach einer technologischen Kulturarbeit. Der entscheidende Punkt liegt in der Herausarbeitung des Innersten der eigenen Seele, gerade in der technischen Kultur.

Wie aber kann dies möglich werden? Indem man von einer allgemeinen Methode des Verstehens in interkultureller Sicht ausgeht. Dieses Vorgehen entspricht der Weltkultur der Gegenwart und macht eine Verständigung zwischen der chinesischen Naturkunde und dem Konfuzianismus, dem japanischen Shintoismus, der indischen Naturphilosophie und dem Hinduismus, der Kosmologie des Islam und den europäischen Traditionen des judeo-christlichen Abendlandes möglich. Es muß um ein inneres Verstehen der Denkweisen der jeweils anderen Kulturen und Staaten gehen, nicht zuletzt aus friedenstechnischer Sicht. Die grundlegenden Fragen nach dem Wesen des Lebens, wie die aktuellen ethischen, rechtlichen und politischen Probleme, die von Wissenschaft und Technologie aufgeworfen werden, treten vor dem Horizont der interkulturellen Sicht in einem anderen Licht deutlicher hervor. Die Voraussage Francis Bacons ist eingetroffen: *quantum scimustantum possumus*. Alles, was der Mensch weiß und deshalb auch kann, wird irgendwann von irgendwem gemacht. Pascal spricht ein wenig spöttisch von jenem Anstoß, den Gott dem Universum versetzt habe, um es dann sich selbst zu überlassen. Heute zeigt sich nicht einmal die Theologie für alle Bereiche, etwa für ein genmanipuliertes Lebewesen in Menschengestalt zuständig, weil, wie Karl Rahner formulierte, die Theologie »den zur Freiheit geschaffenen, berufenen und erlösten Menschen zum Thema hat«. Es kann wohl keine kulturspezifischen Naturwissenschaften geben, und doch sind die überlieferten Ansichten vom Leben, vom Sinn des Daseins in den verschiedenen Kulturen eben unterschiedlich. Dies ist für die Kompatibilität von Technologie und Kultur-Religionstradition von Wichtigkeit. Was Wissenschaft und Technologie für sie bedeuten, wird jede Kultur für sich entscheiden müssen, auch ob Wissenschaft alleingültige Erkenntnis und nicht vielleicht doch eher die Imagination und die Intuition des Menschen verbürgt, um erst fähig zu werden, Leben zu verstehen. In jeder einzelnen Kulturtradition müssen Stellung und Bedeutung der Technologie im tieferen Zusammenhang der Natur erfolgen.

Je mehr wir an Macht über das einzelne des technologischen Prozesses gewinnen, verlieren wir das Ganze der Kultur. Hier gipfelt ein paradoxaler Widerspruch: Was Mittel zum Zweck war, die technologische Daseinsgestaltung, ist Selbstzweck geworden. In einem gewissen Sinne ist die Technologie Substitut der Religion geworden. Vieles, was man früher der Vorhersehung überließ, die Sicherung und Versicherung unseres Lebens und unserer Lebensgüter, haben heute Technologie und staatliche Organisation übernommen.

Der Religionsphilosoph Jacques Ellul faßt drei große Anwendungsbereiche der Technologie zusammen:

1. Die Techniken der Produktion, der Erzeugung von sachhaften Gütern, industriegeschichtlich ausgehend von der Maschinentechnik, die ihre Methoden wissenschaftlich vervielfältigt hat;

2. Techniken der Organisation, also die Methoden der Beherrschung und Erzeugung sozialer Beziehungen;

3. schließlich als Fundament: die Techniken der Veränderung, Beherrschung und Erzeugung des seelischen und geistigen Innenlebens des Menschen, was wir unter dem Begriff der Humantechnologien rubrizieren wollen.

Hierin wird ein entscheidender Anknüpfungspunkt ersichtlich: Es gibt auch Techniken der Orientierung, gewissermaßen metawissenschaftliche Handlungen, metaphysische Orientierungsrahmen in künstlerischen Handlungen, in der Sprache und der Religion. Damit verbunden sind die Techniken der individuellen und intellektuellen Selbstbehauptung im Reich des Logischen und Analytischen, ebenso die meditativen und diskursiven Techniken. Diese Humantechnologien stehen im Zentrum der Überlegungen. Es sind dies die Technologien nicht seßhafter Gebilde. Das betrifft besonders die Orientierung.

Diese Technologien sind so alt wie der Mensch; das Erfragen und Erforschen ist Bestand des Menschlichen seit der Vor- und Frühgeschichte vor Jahrmillionen: im alltäglichen Verhalten wie bei der wissenschaftlichen und philosophischen Orientierung. Es geht um religiöse Bezüge, um weltanschauliche und lebenspraktische Horizonte der Orientierung. Deutlich zeigt sich: der biogenetischen Entwicklungstheorie eines Darwin ist die technogenetische Kulturtheorie an die Seite zu stellen.

Die Verbindung von künstlerischer Schöpfung und industrieller Logik in der Gegenwart verläuft gewiß nicht ohne Widersprüche. Die Kultur wird zum Lebenselixier des Menschen schlechthin. Hierbei darf man nicht immer auf die unmittelbare Rendite schauen, sonst hätten ein Ionesco oder Beckett ebensowenig ihre Stimme erheben können, wie ein Alain Resnais, Frederico Fellini oder Buñuel, um nur wenige zu nennen. Wir müssen auf die Aufhebung des vermeintlichen Gegensatzes zwischen Wirtschaft und Kultur hinarbeiten, Technologie und Wirtschaft als Bestandteil der Kultur begreifen, ja, von einem gemeinsamen Kampf von Wirtschaft und Kultur ausgehen. Die geistigen und kulturellen Investitionen eines Staates sind die ersten Investitionen einer zukunftsträchtigen Ökonomie. Es geht nicht lediglich um eine *art de vivre*, sondern um den Ausgangspunkt der Überlegungen, um den spirituellen Reichtum eines Staates, und neben der Wirtschaft auch um sein metaphysisches Potential, eben um die Technologie als elementarer Gegenstand der Kultur.

Die technologische Farce

Wir sind eingekeilt in eine Galaxie der Sterne, die nach Myriaden zu zählen sind, die Physik bestimmt uns als Wesen im dritten Satelliten, zugleich sind wir auch biologische Wesen mit dem am weitesten entwickelten Gehirn in der Evolution des Lebens. Dort stehen wir im 50. Millenarium der Menschwerdung – zunehmend ratlos. Der Mensch hat die Gewißheit, die er zu haben glaubte, über seine grundlegende Lage verloren, über sein Schicksal. Welcher Metamorphose ist der Planet Erde in Zukunft ausgesetzt, kann der Mensch nach einer Evolutionsgeschichte von mehreren Jahrmillionen seiner Existenz einen Sinn abringen, weiß er heute besser, wer er ist, als zur Zeit eines Newton oder Galilei? Die Gegenwartslage berechtigt zu großen Zweifeln.

Ein Eindruck verdichtet sich auf der Welt: die Außenzonen der Staaten, gleichsam die Peripherie gewinnt fulminant an Bedeutung. Dies ist ein empirischer Tatbestand. Man mag ihn mögen oder nicht, dies ist eine andere Frage, er läßt sich aber rein quantitativ, mit rasant ansteigender Tendenz, bestimmen und nicht von der Hand weisen, will man weltpolitisch Verantwortung bezeugen. Einige wenige Zahlen vermögen dies eindrucksvoll zu bestätigen: Gegenwärtig werden auf der Welt jede Minute etwa 153 Menschen geboren, 220.000 pro Tag, 80 Millionen pro Jahr, 1937 zählte der Planet Erde 5 Milliarden Menschen, 2010 werden es 7 Milliarden sein, 2022 8 Milliarden. Entscheidend aber ist: 82% der Kinder, die jeden Tag geboren werden, kommen in einem Staat der Peripherie, der Außenzonen, der Dritten Welt, wie wir dies so gerne nennen, zur Welt. Andererseits erlebte die Weltwirtschaft zwischen den Jahren 1945 und 1973 einen steilen Aufstieg, sie planetarisierte sich und wurde endgültig zur Weltökonomie. Freilich ohne wirkliche Verantwortung zu übernehmen. Die industrielle Produktion stieg zwar um 5,6% pro Jahr, dennoch nimmt heute die Verschuldung der Dritten Welt, um diesen Begriff mit großem Vorbehalt zu verwenden, Ende 1986 die gigantische Summe von mehr als 1.000 Milliarden Dollar an; dies entspricht 38% des Bruttosozialprodukts dieser Staaten und 140% ihrer Exporteinnahmen. Selbst der unvoreingenommenste Betrachter wird konstatieren müssen, daß die Welt gleichsam aus den Fugen gerät, auf einen globalen Abgrund zutreibt, schon bei rein wirtschaftlicher

Betrachtung. 3,8 Milliarden Menschen von 5 Milliarden leben heute in den Staaten der südlichen Hemisphäre.

Diese *Weltordnung* ist aber nicht nur eine wirtschaftliche Weltordnung, sondern in erster Linie eine kulturelle Ordnung. Um sich der Arbeitskraft eines Menschen zu bedienen, um ihn, sagen wir es ruhig, instrumentalisieren zu können, bedarf es des ganzen Menschen; auch der mentalen Kapazität seines Geistes, eben seiner Kultur, verstanden in einem holistischen, anthropologischen Sinne. Dies betrifft die Staaten der Peripherie, mindestens aber im gleichen Maße die führenden Industrienationen. Die extreme Entwicklung der Technologie vollbringt eine Genese der planetaren Menschheit, ein neues Zeitalter des Eisens und der Apokalypse zugleich. Wir werden Zeugen eines kolossalen Umbruchs, der die existentiellen Säulen des Menschen, Religion, Politik, Wirtschaft und Kultur, in einem sich bedingenden Wechselverhältnis zum Gegenstand hat. Dies wurde bislang nicht in der entscheidenden Tragweite gesehen, vor allem wurde die tragende Bedeutung der Kultur für die technische Zivilisation nicht in ihrer fundamentalen Wirkkraft erkannt. Dies führte zu wirtschaftlichen und politischen Fehleinschätzungen und Entscheidungen; die religiösen Fanatismen des Nahen Ostens, die alle westliche Sicherheitsstrategien in wenigen Wochen ad absurdum führten, etwa im Iran, wo uralte religiöse Traditionen eruptiv aufbrachen, sind nur ein Beispiel; die Bürgerkriege in Sri Lanka, das Verhältnis Pakistan zu Indien, die terroristische Violenz Lateinamerikas, die Unruhen im Vielkulturenstaat Sowjetunion mit den messianischen Glaubensinhalten, die nur politisch unterdrückt, aber nicht ausgeräumt werden konnten, können nur am Rand erwähnt werden. Der Mensch ist nicht auch, sondern in erster Linie ein Kulturwesen. Diese Einsicht erscheint als Voraussetzung des menschlichen Überlebens in einem Jahrhundert, das durch Höhepunkte der Gewalt gekennzeichnet war und durch den Megatod des Atoms und des Ausgleichs des Schreckens endgültig dem Fiasko entgegentrieb.

Begreifen wir heute vielleicht die »Animalität« unseres Menschseins, das Abgründige, die Brutalität und Barbarei anders und besser? Oder das Verhältnis zwischen Kultur und Natur? Weiß der Homo Sapiens wirklich, was heute Vernunft ist, und nicht vielmehr Unvernunft vor dem Hintergrund des Tatbestandes, daß nach dem Zweiten Weltkrieg mehr Menschen weltweit durch die Exportation der Kriege gefallen sind als während des gesamten Zweiten Weltkriegs?

Politisches Handeln hat keine sichere Basis mehr, der Mensch beherrscht die Kunst des Handelns nicht mehr in der notwendigen Form, die Politik ist von rein pragmatischen und vordergründigen Kosten-Nutzen-Analysen bestimmt, von simplistischen Regeln, die immer auch die brutalsten sind, die ethisch am wenigsten begründeten. In der Politik verstecken sich immer auch Eschatologien, Heilsversprechen, ja sogar Mythen, die falsche Hoffnungen wecken können, ohne dabei die Lebensbedürfnisse des menschlichen Raumes in realistischer Weise zu erschließen. Zukunft bedeutet nicht mehr den direkten Marsch nach vorne; der Mensch lebt durch und in der Hoffnung, gerade wenn sie unerwartet ist. Welcher Art aber könnte diese Hoffnung sein in einer Welt, die in den letzten Jahrzehnten durch eine wahre Explosion von Technologien gekennzeichnet war, durch eine technische Perfektionierung auf allen Gebieten, bei der Atomforschung und -nutzung, der Informatik, der Laser- und Gentechnologie, den Raumfahrttechniken. Es gibt heute eine Art Schock der Informatik, der Herzchirurgie, der Agrartechnologien, der chemischen Entdeckungen. Von der tierischen Industrie war man zur Kohle fortgeschritten, dann zum Öl, das Atomzeitalter wurde rasch vom Computerzeitalter abgelöst. Die physische Kraft wurde durch Maschinen ersetzt, es erfolgte eine weitere Etappe der Substituierung des Menschen, die konkrete menschliche Arbeit droht, überflüssig zu werden, die informatische Gesellschaft gleicht einem gefesselten Riesen in allen Lebensbereichen. Der Computer trifft politische, wirtschaftliche und militärische Entscheidungen, der Laser wird in der Chirurgie, aber auch in der Schwerindustrie, der digitalen Musik und der Kriegsvorbereitung eingesetzt.

Die Kernfrage lautet somit: Kann es eine technische Kultur geben oder schließen sich beide Lebensbereiche aus, was verhängnisvoll wäre, wegen des genuinen Widerspruchs zwischen Technologie und Kultur. Wird die Kultur durch die Technologie marginalisiert oder aber dominiert? Das Ziel muß auf Verwirklichung eines neuen ganzheitlichen Verständnisses von Kultur gerichtet sein, das die Technologie zu integrieren versteht und vice versa. Ist eine technische Kultur zum Ausgang des 20. Jahrhunderts nicht möglich, ist ein weiterer Schritt der menschlichen Evolution gefährdet und fehlgeleitet. Es darf heute von einer dritten industriellen Revolution gesprochen werden, auch von einer dritten ökonomischen Revolution. Vor über einem Jahrhundert waren die Textilien ein evolutiver Schub, dann die Metallurgie, später die lnformatik. Angesichts der Automatisation, die einer Totalisation ohne Endlichkeit gleichkommt, stellt sich verstärkt das Problem der Angleichung des Menschen an die Maschine, das man bereits seit Charlie Chaplins *Modernen Zeiten* kennt, seit Friedrich Georg Juengers und Martin Heideggers Kulturkritik, seit den Geniestreichen eines Jean Luc Godard in *Week End*, der Automobilapokalypse der

Ausfahrtsstraßen, und Jacques Tatis Warnung vor einer Entmenschlichung in *Traffic oder Mon Oncle*, bis hin zu Andrej Tarkowskis prophetischer Warnung in *Opfer* noch vor der Katastrophe von Tschernobyl.

Das ungehemmte Wachstum der Technik tötet wesentliche Lebensbereiche des Menschen ab, die Imagination, die herzliche Spontanität; sie trennt den Menschen von Werten, die ihn erst als Menschen auszeichnen, und gaukelt das Vorherrschen einer Rationalität vor, die längst in Irrationalität umgeschlagen ist.

Die Amerikaner bauten die erste Technopolis in Kalifornien bereits in den 30er Jahren; Silicon Valley entstand im wesentlichen zwischen 1950 und 1960, heute ziehen die Japaner mit Technikparks außerhalb Tokyos nach; die Technopolis wird zu einem Zentrum der Vitalität für jede Volkswirtschaft, z. B. der Technologiepark von Cambridge, Heriot Watt, das Haus der Innovation in Schweden, in Frankreich Rennes Atalante oder auch Sophia Antinolis in Südfrankreich.

Die Technologie ist aber nicht neutral, sie entbehrt jeglichen synthetischen Anspruchs, sie ist ambivalent, verstärkt die Unvorhersehbarkeit der Entwicklung durch die intimen Widersprüche. Kein Mensch vermag heute der Technologie zu entkommen. Sie wurde zu einem anthropologischen Grundtatbestand. Die tragenden Kräfte des Staates, die Ökonomen, Bankiers, Politiker und Vertreter der Verwaltung lassen sich unter dem Begriff der Technokraten rubrizieren, eine kleine Elite, die durch eine Streikgruppe lahmgelegt werden kann. Die Serialisierung des Menschen, das technische Wachstum verstärkt das hypothetische Risiko, von dem Robert Spaemann spricht. Seveso oder Bhopal sind selbstredende Zeugnisse. Der Primat des Computers ist herausgefordert, etwa durch außereuropäische Kulturtraditionen, die wesentlich weniger kompatibel sind mit der Technologie, und daher scheitern. Lokale Ereignisse gewinnen globale Kompetenz durch ihre Irreversibilität. Der Vorgriff auf die Zeit war in archaischen Kulturen noch anders ausgeprägt, der Bauer oder Fischer hatte nur das Bedürfnis, wenige Tage vorauszuahnen, etwa die Gestirne des Himmels und das Wetter; auch der Kunsthandwerker mit seiner gesicherten Kundschaft bedurfte nur sehr bedingt der Notwendigkeit der weiteren Voraussicht. Die Invasion der technischen Objekte verkehrte dieses Zeitempfinden in das Gegenteil: heute besteht die Forderung nach langfristigen Voraussagen als Bedingung einer gesicherten Existenzgrundlage. Eine Unterbrechung des Wachstums scheint tödlich. Dennoch wird das Gigantische unkalkulierbar, der nukleare Befehlsstand operiert außerhalb der kulturellen und sozialen Kontrolle. Hieran ändert auch die Algebraisierung des Alltages nichts.

Wir müssen uns damit abfinden, eine Zivilisation des Risikos begründet zu haben, zumal die Technologie für die Politik wegweisende Funktionen hat. Die Politik ist darauf stolz, mit dem Intercityzug den Geschwindigkeitsrekord von über 400 Stundenkilometern gebrochen, und damit den französischen TGV mit 380 Stundenkilometern »geschlagen« zu haben. Ja, wir haben auf der Strecke München-Frankfurt wenige Minuten »gewonnen«, wie dies im Technokratendeutsch heißt. Was aber vollbringt der Mensch in diesen wenigen »gewonnenen« Minuten tatsächlich? Für was hat er diese Zeit »gewonnen«? Die befreite Zeit bleibt leere Zeit ohne inhaltliche Signifikanz. Der Widerspruch bricht auf: je exakter die Chronometer die Zeit zu messen verstehen, desto weniger kennt der Mensch die inhaltliche Bestimmung von Zeit, ja, der Chronometer untersagt den Gebrauch und die weise Reflexion über Zeit im Leben. Aus der Rationalität soll Ordnung geboren werden, tatsächlich aber findet eine Umkehr statt, die Rationalität gebiert Irrationalität, der Mensch wird nicht »vernünftiger«. Zudem vergrößern die technischen Mittel die Distanz zwischen den Menschen, der Gebrauch des Telefons hat die Gewohnheit des Besuches eingeschränkt, die hohe Kunst des Briefeschreibens zerstört, das Gedächtnis unterdrückt. Die Liebenden schreiben sich nicht mehr Briefe, sondern lassen die Gefühle im Abstand des willkürlichen, rasch erledigten Telefonats erkalten. Tatsächlich macht es den Abschied aber nicht leichter, freilich, der Mensch blutet im Verborgenen, in der Anonymität seines Zimmers, und vermag sich nicht mehr zu einem mitmenschlichen Wort aufzuraffen: wieder entsteht ein gradueller Verlust von Menschlichkeit in der technischen Zivilisation.

Die Kernfrage muß lauten: Wird die Moderne durch die Technologie menschlicher? Denn nur dann wäre der Milliardenhaushalt für die Technik gerechtfertigt und keine infinite, inhaltsleere und gerade verhängnisvoll sich drehende Spirale des Selbstzwecks? Die Antwort muß eindeutig lauten: Nein. Die Selbstmordraten in den industrialisierten Staaten, die rapide emporschnellenden Scheidungsraten, der bedrohliche Drogenkonsum breiter Bevölkerungsschichten – dies betrifft Amerika wie Europa und Japan; eben das gesamte seelische Unwohlsein der führenden Staaten spricht dagegen. Die Technologie entwickelt durch ihre eigene Logik eine Verhärtung des Politischen, Wirtschaftlichen und Administrativen, bis hin zur kosmischen Abtreibung durch das Atom im Sinne des Theologen Raimundo Panikkars, die letztlich nicht der Verletzbarkeit, der Fragililtät der menschlichen Konstitution entspricht.

Der Anthropologe Marshall Sahlins vermerkt für die archaischen Kulturen, daß bereits dort die stärkste Violenz auftrat, wo die Zeichen der Rationalität gesetzt waren. Wir stehen demnach vor einem vollkommenen Umsturz der menschlichen Existenz, von dem wir nur die ersten Symptome in unscharfen Schatten erahnen.

Roland Barthes forderte die Existenz eines imaginären Museums, in dem sich auch die Religion einrichten kann. Jeder Diskurs über die Technik muß letztlich immer ein Diskurs über den Menschen bleiben, will der Mensch nicht seine Existenz preisgeben, nicht zum Objekt Mensch werden kann. Es geht um die Verwirklichung dessen, was der Mensch ist, der Mensch ist sich selbst die letzte Chance. Als der erste Mensch auf dem Mond landete, erfüllte sich ein Traum der Menschheit. Es wurde deutlich, daß jeder technische Fortschritt einem tiefen Interesse des Menschen entsprach, es erfüllte ihn mit Stolz. Immer wollte der Mensch fliegen können wie ein Vogel, wollte das Feuer beherrschen, die Tiefe der Ozeane erschließen. Er tat dies, weil er es wollte, und wollte es, weil er es tat. Der Mensch wuchs in Freiheit und wollte stets heute tun, was er gestern noch nicht tun konnte. Dies war Bestandteil seiner selbst gewählten Freiheit, um der biblischen Verdammnis zu entrinnen. Die Technik ist da, sie war immer da, sie ist nicht mehr durch einige zweckdienliche Objekte gekennzeichnet. Wir können nicht mehr von der Technik abstrahieren.

Es entsteht eine Wirtschaft, die immer stärker auf immateriellen Gütern aufgebaut ist, die doch lebensbewegend sind, eine Bewußtseinsindustrie der Informationen. Die technologische Kultur hat zwei Seiten, den Gebrauch der Maschinen und Apparate und den Zugang zum Wissen, der lebensnotwendig ist. Die Herausforderung der technischen Kultur erfordert die Schöpfung im täglichen Leben, bei der Bewältigung des Alltags, bei der Arbeit. Erinnern wir uns: Es gibt eine anthropologische Dimension der Technik, ja, der Mensch ist von seinen Ursprüngen her ein Techniker, die Technik ist der Spiegel des Menschen, der Mensch findet seine künstliche Natur wieder, der Mensch muß aber auch der Schlüssel zur Technik bleiben und nicht umgekehrt, er darf seine Verfügbarkeit nicht leichtfertig aus der Hand geben. In der Technik erfuhr der Mensch seine grundlegenden Bedürfnisse. In diesem Sinne muß es aus Überlebensgründen ein Zusammenwirken von Technologie und Kultur geben. Edgar Morin stellt zu recht fest, die Krise des modernen Menschen sei zunächst eine Krise des Bewußtseins, des Wissens und Nichtwissens. Die Naturwissenschaften haben durch ihre ins Extrem getriebene Spezialisierung zu dieser Desintegration wesentlich beigetragen. Der genuine Widerspruch zwischen Technologie und Kultur bleibt bestehen. Das, was man Kultur nennt, ist einem wirtschaftlichen Imperativ unterworfen; es ist die Sprache von zweckdienlicher Kultur, die sicher keine spirituelle Kultur ist und sein kann. Die Kulturindustrie selbst gehorcht immer stärker der Logik des Wirtschaftlichen, große Serien, vorfabrizierte Standards, kommerzielle Vertriebsmethoden, weltweite Verteilung. Eine wirklich dauerhafte Kultur muß aber das Ökonomische integrieren und es zugleich transzendieren. Der universelle Charakter der Technik läßt sich nicht auf die Kultur übertragen, sie hat ihre speziellen Topoi. Folgendes steht im Raum: Technologie erfordert die Entstehung einer neuen Kultur. Eine Kultur läßt sich nicht vorfabrizieren wie eine Rechenmaschine, Kultur entwickelt sich in Schritten, in langsamen Angleichungen, auch Akkulturationen genannt, Integrationsvorgängen von Generation zu Generation im Verhältnis des Menschen zur Natur, zum Übernatürlichen, zu den Objekten, und dies vor dem Hintergrund einer Algebraisierung der Alltagskultur durch die Technik. Es muß aber auch das einzigartig Menschliche jenseits des Mechanischen im Vordergrund stehen. Eine Kultur kann nur leben, wenn sie die Frage nach dem Sinn des Lebens stellt. Die Technik darf nicht nur einem Selbstzweck gehorchen, sich selbst genügen. Das Verhängnis besteht darin, daß die Lebensbereiche der Kultur und der Technologie radikal getrennt sind, anstelle integrativ zusammenzuwirken. Die Technik ist nicht neutral, Three Miles Island und Tschernobyl haben es deutlich bewiesen, weder in ihren Anlagen noch in ihren Auswirkungen, es herrscht ein jakobinischer Technokratismus. Es stellt sich die alte Frage: Quis custodiet custodem? Die Technologie ist ein Prozeß unter anderen, es darf nicht mehr eine Seite der Technologie und eine der Kultur geben, beide gehören zusammen, dies trifft auch auf die Technologie des Täglichen zu. Die radikale Trennung zwischen Mensch und Technik muß aufgehoben werden, der Mensch muß obsiegen, das Ziel muß die Integration des Technischen in das Menschliche sein und nicht umgekehrt. Seit dem europäischen Mittelalter wird die Geistesgeschichte, die Philosophie, aber auch die Politik stärker von jener Rationalität bestimmt, die einen Übergewicht erlangte. Geschieht ein Zufall oder ein Ereignis, das die Ordnung des Rationalen sprengt, etwa ein Unfall im technischen System, wird er als *Fait négligeable* abgetan, selbst wenn sich diese Unfälle häufen. Wie etwa heute bei Autounfällen, die durch Statistiken rationalisiert werden, um den Tod salonfähig zu machen. Die Technik ist vielleicht verständlich, nicht aber beherrschbar. Weil das technische System rationell ist, muß es auch der Mensch sein. Die Arbeitsweise eines Computers ist freilich nicht die Funktionsweise eines menschlichen Gehirns. Wir sind heute auf dem Wege einer Evakuierung des Menschen durch seine Schöpfung, die Maschine hat in den letzten Jahrhunderten den menschlichen Muskel ersetzt, nun soll das Gehirn neutralisiert werden. Nur die Algebra kennt das reine Denken, das faktische Leben kennt dies nicht. So bleibt der Übergang hin zur künstlichen Intelligenz: beim Krieg der Sterne, bei der Eroberung des Weltalls oder der Beherrschung der Energiequellen. Als künstliche Intelligenz dürfen wir alles betrachten, was sich vom Computer reproduzieren läßt. Der Computer führt bestimmte Kalkulationen wesentlich treffsicherer durch als der Mensch. Freilich herrscht hier eine Revolution in Grenzen, da er entscheidende menschliche Regungen und Empfindungen nicht auszudrücken vermag. Die menschliche Intelligenz ordnet sich der künstlichen nicht unter, etwa bei der Entstehung von Gefühlen oder dem Vermögen, einen Roman wie Joyce oder Proust zu schreiben; kein Computer vermag jemals eine Willensentscheidung kundzutun, zu bekennen, ja: jetzt schreibe ich einen Roman, diese Initialzündung bleibt dem Menschen vorbehalten. Intelligenz ist keine bloße Algebra, sie umschließt den ganzen Menschen, seine Gefühle, seine Leidenschaften, der Computer ist lediglich ein Simulator der Intelligenz. Im strengen Sinne kann es keine wirklich künstliche Intelligenz geben. Die menschliche Intelligenz ist immer die Erfahrung des Gelebten, seiner Einmaligkeit, der Imagination, des Mythos, der Intuition, all dies mündet in das menschliche Denken. Kurzum: das Gehirn kann durch den Computer nicht ersetzt werden. Auch das Kreative in der Kunst ist dem Computer nicht gegeben, es sei denn, Kunst wäre purer Formalismus. Die perfekte Maschine ist rationell, nicht aber der Mensch, er beharrt auf seinen Utopien, auf den Gefühlen, selbst in einer Gesellschaft, die getragen ist von exzessiver Rationalität, und die zu erkennen gibt, daß der Mensch ins Irrationale umschlägt, je weiter die Rationalität unvermindert voranschreitet. Die Welt gebärdet sich als Monster, von dem jedes Glied rational handelt, wir in der Summe aber vor einem Meisterwerk der Unvernunft stehen. Aussagen wie: die Wissenschaft entdeckt und vertritt die gesamte Wahrheit oder: die Wissenschaft täuscht sich nicht, sind absurd. Die technische Rationalität als Bestandteil des Reichs der irrationalen Mächte tritt in die Spuren der Religion. Angesichts der Entmenschlichung der Welt wirkt diese Technik operational und instrumental bis hin zu der Perfektion des Genozids an Armeniern, oder der Maschinerie der Konzentrationslager von Auschwitz und Dachau. Die Verbindungen von Technologie und Wissenschaft sind somit sehr eng.

Gerade die Technokratie der Experten beugt sich dem Joch einer vermeintlichen Objektivität und der falschen Vorstellung der Neutralität von Wissenschaft und Technologie. Am Extrempunkt trifft sich die Technologie mit der Philosophie des Absurden. Weisheit und Technik scheinen unvereinbar und treiben durch verbohrte Vorstellungen von Exaktheit, Effizienz und Härte auf einen rationalen Nihilismus zu. Das wirtschaftliche Denken ist zu erratisch.

Absurd ist etwa die Vorstellung vom unaufhörlichen wirtschaftlichen Wachstum. Eines der wichtigsten menschlichen Bemühen, die Suche nach Wahrheit etwa, hat überhaupt keinen ökonomischen Wert und ist doch eine tragende Säule menschlichen Lebens. Die Exzesse der Technologie liefern uns der Absurdität aus; 1983 gaben die USA etwa 600 Milliarden Dollar für die Rüstung aus, fünfmal so viel wie für industrielle Investitionen. Der Begriff des Realisten verkehrt sich in sein Gegenteil: die Politiker und Ökonomen sind in Wirklichkeit die Träumer, sie versteigen sich zu der Vorstellung, aus der Technik eine neue Religion machen zu können; gerade mit dieser Abart, diesem Religiösen Bastard befinden wir uns aber auf der Zielgeraden hin zum Absurden – gerade wegen der sich ins Unendliche schraubenden Rasanz der Geschwindigkeit, der Unmittelbarkeit, der Plötzlichkeit. Der Mensch glaubte, verwirklichen zu müssen, was er sich erträumte. Trifft er auf ein technisches Hindernis, so empfindet er dies fast als skandalös, das Technisch-Nicht-Machbare gilt als nicht-normal. Der französische Kulturphilosoph Castoriadis sagt zu recht: Der totale Mensch, das ist die Machtlosigkeit. Die Technologie ist causa sui, der Mensch vermag nicht, ihr zu entkommen, sie ist sein Fatum, sie umschließt alle Aktivitäten, alle Lebensbereiche, hierin liegt die unbegrenzte Angst des modernen Menschen. Gegen die absolut gesetzte Technik vermag er sich nicht aufzubäumen, sie ist unangreifbar und fordert strikten Gehorsam.

Der Mensch verfügt nicht mehr über einen der Technik entbundenen Freiraum, die Weltraumsonden und die Molekulargenetik sind nicht mehr rückgängig zu machen. Hierin wurzelt die genuine Verzweiflung, ja die Ohnmacht und Hilflosigkeit des modernen Menschen. Hand in Hand mit dem verstärkten Drogenkonsum (der in Amerika bereits mehr als 10% der Bevölkerung erfaßte und der in Lateinamerika, Bolivien und Kolumbien etwa mehr Wirtschaftsvolumen hat als der gesamte volkswirtschaftliche Export eines Staates) ging die Hippiebewegung, die weltweit aus dem Boden schießenden spiritistischen Sekten und Erweckungsbewegungen, die alle den Verlust an Metaphysik in der zweckrationalen Empirie der Moderne signalisieren, gleich einem fehlgeleiteten aber verständlichen Aufbäumen des Menschen. Das technisch Mögliche wurde zur Notwendigkeit, hierin gipfelt die Absurdität, die zudem ziellos ist. Die Art des Denkens wird reduktiv, Marcuse sprach zu recht vom *Eindimensionalen Menschen*, der Mensch wird zurückgeschraubt auf das vermeintlich Beobachtbare, auf das Objekt, so daß andere Aporien ausgeschlossen bleiben, ganz im Sinne Nils Bohrs, der in der Wirklichkeit nur zu erkennen vermochte, was seine physikalische Apparatur ihm zu registrieren erlaubte. Hierdurch ist das wissenschaftliche Leben parzelliert, das private und öffentliche Leben des modernen Menschen gleichermaßen gespalten, ja, zersprengt, die technische Kultur kann nur noch als Hybris begriffen werden. Sie ist aber unfähig, die sich ihr stellenden Probleme sachlich zu bewältigen. Eine gefährliche Dialektik durchherrscht die Gegenwart: auf der einen Seite dieses zwanghafte Bemühen, alles, aber auch wirklich alles zu normalisieren, zu nivellieren, andererseits die Obsession der ständigen Veränderung, eine gleichsam popularisierte Version des Mythos vom immerwährenden Fortschritt. Das Dauerhafte wird als das Gestrige zurückgestuft, man erliegt der Faszination des Wachstums, der sich selbst rechtfertigt. Paul Morand stellt richtig fest: Wir befehlen den Maschinen, jetzt müssen wir ihnen auch folgen. Wir haben die Vielzahl der Staaten der Peripherie, der Dritten und Vierten Welt durch unkontrollierte Waffenverkäufe – dies betrifft vor allem die Sowjetunion, die USA, Frankreich, England und China – in die Lage versetzt, anhaltende und dauerhafte Kriege zu führen, ja, die Staaten der Außenzonen dazu befähigt, Krieg gegen die Erste Welt zu führen: Ein Ausdruck der Unvernunft. Im Augenblick verschwinden – ein anderes Beispiel – drei Hektar Wald in Lateinamerika, Sibirien und Äquatorialafrika pro Sekunde, 288.000 Hektar pro Tag. Die Konsequenzen für die Ozonschicht, das ökologische Gleichgewicht sind fatal. Der Waldbestand droht in 50 Jahren erschöpft zu sein.

Zudem: seit der bedeutenden Studie *Homo Ludens* von Huizinga weiß man, daß der Mensch als eine seiner charakteristischsten Eigenschaften das Spiel kennt, kollektiv, wie es Mircea Eliade beschrieben hat, entzerrend und maskierend zugleich, in der griechischen Antike, bei den neolithischen Kulturen, bei den aristokratischen Hofspielen, den Jagden. Roger Caillois verweist darauf, daß selbst das Spiel heute zum Kriegsspiel wurde; elektronische Spiele lassen den Menschen allein mit der Maschine, stoßen ihn in die Einsamkeit. Es ist eben nicht das gleiche, mit einem vertrauten Freunde Schach zu spielen oder mit einem Computerelementarbaukasten zu hantieren. Es kann keinen menschlichen Einklang mit dem Computer geben. Die Technik ist exakt und absurd zugleich. Es ist unbestreitbar, daß die Gesellschaft des Jahres 2000 eine vollkommen informatisierte Form der Hochtechnologie darstellen wird, die durch die Kolonialisierung des Weltraums bestimmt ist, durch die Robotage der Produktionsformen, durch künstliche Intelligenz, durch die wuchernde Gentechnologie, durch veränderte Bildwelten, Sprachverhalten, Gedankenwelten, durch eine besondere Kodierung des Lebens in Physik, Wirtschaft und Humanem, was ein bislang unbekanntes Maß an Beklemmung auslöst. Das Museum *des sciences, des techniques, et de l'industrie* in Vilette vermittelt einen ersten Eindruck: Ein Mensch ohne die Freiheit der Wahl, dem das Sein einprogrammiert ist. Technisch wäre es wahrscheinlich möglich, hundert Einsteins zu fabrizieren, gleichzeitig sind die Philosophen und Moralisten aber unfähig, dieser Schreckensvision eine ethische Untermauerung zu geben.

Der Mensch ist nach Sokrates eben nicht der gleiche wie nach Buddha, und der wiederum ähnelt nicht dem *Homo Oeconomicus* der westlichen Welt. Hieran ändert auch eine Vergottung der Wissenschaft nichts, die dem Ziel der Integration des Menschen in das technische System zuwiderläuft. Sonst herrscht ein Klima deskollektiven geistig-seelischen und spirituellen Selbstmords im Zustand allgemeiner Unverantwortlichkeit, der den Menschen eingekadert, blockiert, prometheisch gefesselt zurückläßt: Gerade in diesem Zustand sucht die Seele nach einer Referenz, nach einer kulturellen Verankerung, nach Bezugspunkten, einem Ort, um sich ausruhen zu können. Dieses Vordringen in Unbekanntes entbindet dennoch nicht von einem Gefühl der übergeordneten Gemeinsamkeit der Menschen jenseits geographischer, kultureller und nationalstaatlicher Grenzen. Saint John Perse, der Dichterfürst, Kind der Tropeninsel Guadaloupe, beschwört in seinen Versen die Stille der Nacht, in der solch Gefühl keimt, die Empfindung beim ersten sachten Strahl der Morgensonne in noch fahlem Licht zu dieser ungewissen Stunde, die die Luft erzittern läßt, und in der sich der Mensch in der Stille einrichtet, nach dem eigenen Leben, meist vergeblich nach dem Sinn fragend. Dieser Ort der inneren Ruhe wird in den Industriekulturen immer seltener, er findet sich noch bei den Q'uero-Indianern der Hochanden in Südamerika, bei den Gemeinschaften Afrikas auf der ehemaligen englischen Insel Sansibar, im Nordosten Brasiliens, in Fortaleza und Recife, eben in den Kulturen der Peripherie. Ein geradezu paradoxaler Widerspruch tut sich auf: dort ist man erdrückt von der Lebenskraft, der Vitalität, der Lebensfreude, ja, sagen wir es ruhig, der Lebenslust dieser Staaten und Kulturen der wirtschaftlichen Randzonen, der finanziellen Resignation. In den militärisch und industriell führenden Staaten hingegen scheint jene besondere Lebensqualität, die gewachsene Freude an der Existenz erschöpft zu sein, die diese Kulturen der Peripherie jenseits des materiellen Erfolges auszeichnet, und mit größter künstlerischer Potenz versieht – in Literatur, bildender Kunst und Film. Woher kommt diese Kraft, diese Gewißheit von der Schönheit des Lebens trotz der Armut, woher diese Solidarität? Woher kommt die Frische der Lieder, das Gefühl der Musik, die Prallheit der Farbe im Leben, die nie endende Hoffnung in den Favellas von Rio de Janeiro, den Bidonvilles von Guatemala, den Calampas von Santiago de Chile, in der Dürre des Nordostens Brasiliens, jenen Vidas Sechas, die Glauber Rocha im Film eingefangen hat, vor dem Hintergrund eines Lebens voll der materiellen

Entbehrungen. Dort herrscht eine Explosion des Lebens, der Lebensfreude. Ist es nicht seltsam, daß es in diesem Elend fast keinen Selbstmord gibt, im Gegensatz zu den Industriekulturen? Woher aber kommt dieser täglich errungene Sieg über die Verzweiflung und den Tod? Jener Caboclo, der Bewohner der Favella von Fortaleza, antwortet auf die Frage nach dem Befinden: »Tudo bem«, alles geht gut, und lächelt sogar dabei. Der Garimpeiro, der Sucher nach Gold und Diamanten, der auf eigene Faust arbeitet in Regen, abgestandenem Wasser, Schlamm, Schmutz, erhält sich einen Respekt vor der Natur, vor dem Leben schlechthin, er ist ein Orpheo Negro mit Freude an den flinken Sonnenstrahlen, an der tropischen Vegetation, an dem Glück, zu sein, einfach zu sein und zu leben im Bewußtsein der Konvivialität, auf das Glück zu lauern, stolz, ein Mensch genannt zu werden. Hier herrscht noch eine Kommunion mit den Toten und als Gegenstück die Freude jedes gelebten Augenblicks, der als Gnade empfunden wird. Die Würde des Lebens ist gekennzeichnet durch einen wertvollen Schatz an eigenen Symbolen, die dem Leben eine Erklärungsgrundlage bieten. In diesem entscheidenden Sinne stellen die noch eher autochthonen und archaischen Kulturen ein lebensnotwendiges Reservoir von größter Kostbarkeit für die gesamte Welt dar. Die Staaten der Peripherie sind in ihrer menschlichen Wärme, in der Geworfenheit ihrer Armut in gewissem Sinne der Lebensqualität der Industriestaaten überlegen, die von ihnen diese philosophische Einübung in die gemeinsame Sache des Menschseins, jene *compassion*, jene Loyalität lernen können, um vielleicht wieder zu einer wirklichen ethischen Erhabenheit vorzudringen, um eine gemeinsame Identität zu erzielen.

Max Horkheimer erkannte die Funktionalisierung, die bedrohliche Formalisierung der Ratio, die Verdinglichung der Industriekulturen, er spürte, daß die Maschine ihren Piloten längst abgeworfen hatte. Wer zurückkehrt in die technische Welt, trägt noch in sich die pulsierende menschliche Wärme der Kulturen der Peripherie, ihre Lebensfreude, ihre Konvivialität, und irrt zunächst verloren durch die Straßen der industriellen Metropolen, ohne sich selbst zu finden, und vermag sich nicht anzupassen an die Welt des zweckrationalen Handelns, des übersteigerten Wettbewerbs, des wechselseitigen Unverständnisses.

Sehen wir den Tatbestand in klarem Licht: Es herrscht eine kulturelle Überlegenheit der traditionellen, der noch autochthonen Kulturen, sie verkörpern einen Vorteil an Lebensqualität in metaphysischer, spiritueller Hinsicht, obgleich sie wirtschaftlich schwach sind. Diese Einsicht ist für das Nord-Süd-Verhältnis von elementarer Wichtigkeit und somit für die Ordnung der Welt. Die kulturellen Werte der autochthonen Kulturen sind freilich nicht im Einklang mit der Instrumentalität der Industriestaaten. Zur Diskussion steht weiterhin die Konvergenz zwischen traditioneller kultureller Sicherheit und technologischer Erneuerung, zwischen dem Primat der technischen Zivilisation und der kulturellen Identität, ja, der kulturellen Resistenz der Staaten der Peripherie. Der Triumph der Moderne bedeutet gleichzeitig die Zerstörung der traditionellen Kulturen, der Widerspruch ist unauflöslich, in ihm spiegelt sich Befreiung und Tragik zugleich. Die traditionellen Kulturen sind reich an humanem Wissen und Lebenskunst und fördern wertvolle Kosmologien zutage, zugleich sind sie aber kulturelle Gefängnisse, aus denen auszubrechen die Moderne nicht erlaubt. François Perroux sieht zu recht diesen unauflösbaren Widerspruch zwischen der existentiell notwendigen Bewahrung der kulturellen Identität und dem Streben nach wirtschaftlicher Effizienz in einer industrialisierten Gesellschaft. Der einen afrikanischen Dialekt sprechende Bewohner von Sansibar in Tansania, der seinen insularen Ort Makunduchi verläßt, um seinem Stern zu folgen, und nach Europa oder in eine amerikanische Metropole geht, erlebt ein inneres und äußeres Exil zugleich, er erleidet eine gescheiterte Akkulturation, die einer seelischen Zerrissenheit gleichkommt.

Es wird offensichtlich: die Kultur ist nicht trennbar von der sozialen und wirtschaftlichen Praxis, nicht vom Leben und somit auch nicht vom Tod. Sie sucht den grundlegend absurden Charakter unserer Existenz zu lindern, ihn gleichsam aufzufangen, ihn abzufedern: geborgen zu werden, leben, um zu sterben – ist das nicht bereits widersinnig, empörend, revolutionierend zugleich? Dennoch muß der Mensch die Kraft finden, das tägliche Glück zu meistern, um zu überleben, um der Existenz, gemessen am einzig wirklichen Maßstab, am Tod, dennoch einen Sinn zu verleihen, individuell, aber auch in der Gemeinschaft eines Staates. Die Kultur ist das verpflichtende, bindende Element, auch einer planetaren Weltzivilisation, sie ist ihre Legitimierung schlechthin. Kultur gibt der persönlichen Erfahrung einen übergeordneten Sinnbezug und sorgt damit erst für eine staatliche Verankerung von Dauer. Deswegen kommt den neuen Gesellschaften, die gegenwärtig weltweit entstehen, im besonderen aber ihren Kulturen, eine solch fulminante Bedeutung zu. Sie machen den Blick frei für neue Horizonte und projizieren das Abenteuer Mensch in das nächste Jahrtausend. Kultur ist zunächst immer: die Verweigerung gegenüber dem Nichts, die Revolte gegen den unabdingbaren Skandal des Todes, die Erlösung aus der brachialen Welt des Materiellen in ihren existentiellen Niederungen und Abhängigkeiten; im Glücksfall streift sie den Lichtkegel der Ewigkeit. Angesichts des Chaos des Alltäglichen vermag Kultur die Geborgenheit der Dauer zu vermitteln, sie schafft eine Welt der Kritik, aber zugleich der Schönheit, des übergeordneten Sinns, in Einzelfällen sogar der Vernunft. Die Werke der bildenden Kunst, das Wort des Dichters offenbaren die innere Stimme einer Kultur und damit letztlich eines Staates; ein Fresko von Diego Rivera in Mexiko oder die Verse von Nazim Hikmet reißen die Demarkationslinie zwischen Staat, Wirtschaft und der wissenden Kultur auf; weit wichtiger aber ist: sie wirken staatlich integrativ. Claude Lévi-Strauss hatte bereits in seinem epochalen Werk *Traurige Tropen* dem befreienden Denken der Amazonasindianer die analytische und instrumentelle Ratio der europäischen Industriestaaten entgegengesetzt. Kultur kann durchaus aus der materiellen Notwendigkeit geboren werden, sie hat aber auch die Fähigkeit zum Gemeinsinn, kennt das Mysterium der gegenseitigen Hilfestellung im menschlichen Raum, hebt die Segmentierung des technischen Lebens auf, erinnert man sich an die traditionellen Kulturen Afrikas oder des amerindianischen Reiches, die noch in homogenen Kosmologien Geborgenheit fanden. Heute kann in den Industriekulturen die Forderung nur gerichtet sein auf die Wiederherstellung einer authentischen Kultur, die der Plastikwelt und Robotage entgegenwirkt und zur gelebten, ja, verinnerlichten Kultur und damit zur Wirklichkeit wird. Der reiche symbolische Haushalt der traditionellen Kulturen ist verloren, dies ist gewiß, dennoch können wir von den Kulturen der vermeintlich Besiegten, der wirtschaftlich Unterlegenen, den Kulturen der Resistenz, von ihren menschlichen Werten, ihren Symbolen, ihrer seelisch-kollektiven Kraft lernen. Der planetare Universalismus der Gegenwart verdeutlicht zwar die Suprematie der wirtschaftlichen, staatlichen und militärischen Macht der Industriestaaten. Doch wird diese Hierarchie porös, ja, sie bricht in sich zusammen wie ein Kartenhaus, wenn sie nicht kulturell abgesichert ist: es kann dauerhaft keine politische Macht geben ohne kulturelle Gegenkraft.

Raimundo Panikkar formuliert richtig: Die Menschen bedürfen eines Sinns in der Geschichte wie die Zugvögel ihres instinktiven Richtungsinns. Der Mensch vermag nicht ohne Utopien zu leben, eine Kultur ist zunächst immer ein rückblickendes und vorausahnendes Gedächtnis, auch in den Zeiten einer merkantilen Rationalität.

Ansonsten droht leicht eine ethnozentrische Negation in den Staaten der Peripherie oder eine wenig erfolgreiche, versteckte oder offene Imitation des Marxismus-Leninismus, die bislang überwiegend in politische, vor allem aber in wirtschaftliche Sackgassen führte. Die Uneinsichtigen werden zu Opfern des IMF, der Weltbank, des GATT oder des Clubs von Paris.

Seien wir realistisch: Weltpolitik unter Einbeziehung der Staaten der Peripherie gleicht der Tasten des Blinden nach einer Krücke, an der er sich festzuhalten hofft. Die Einübung in die gemeinsame Sache des Menschseins, die Freude am gelebten Augenblick, die philosophisch begründeten und verinnerlichten Formen menschlicher Würde in der Vielzahl ihrer kulturellen Ausprägungen erlauben den Schluß, daß in gewissem Sinne die Kulturen der Peripherie die Industriestaaten menschlich retten könnten. So könnten die Armen die Zukunft der Reichen sein.

Das menschliche Universum ist nicht außerhalb der Religion zu bestimmen, auch nicht bei der Grundbefindlichkeit einer überwiegend atheistischen Welt, die von Schlaglichtern des fehlgeleiteten und politisch destruktiven Fundamentalismus – etwa in Indonesien, Indien oder im Nahen Osten – durchzuckt wird. Das Kardinalproblem liegt in der Aufrechterhaltung der religiösen Struktur, bei der notwendigen und fortschreitenden Integration neuer Inhalte. Das Religiöse ist eine Unterabteilung der Funktion des Symbolischen, die unsere Beziehung zu der Wirklichkeit konstituiert und damit die menschliche Aktion selbst bestimmt. Dies gilt seit den Kulturen des Neolithikums, wo selbst der Ackerbau entsprechend den Gesetzen des Glaubens organisiert war. Auch die neue Ordnung des Religiösen wird an dem historischen Tatbestand nichts ändern –, daß Staaten zunächst dem Imperativ der strategischen, wirtschaftlichen und militärischen Expansion gehorchen und einer tieferen metaphysischen Einbettung bedürfen, wollen sie nicht obsolet werden. Auch nach dem Verlassen des magisch-mythischen Universums in der Moderne leben wir nicht in einer Gesellschaft ohne Religion. Sie gewinnt lediglich ein anderes Gesicht, die imaginäre Seite des Wirklichen, die der religiösen Aktivität eigen war, verselbständigt sich, nachdem die Götter die Welt verlassen haben. Die Gesellschaft nach der Religion ist auch eine seelisch erschöpfte Gesellschaft, das Überleben in einer Welt nach der traditionellen Religion bedeutet immer einen weiteren Schritt in Richtung auf eine Neutralisation des Menschen. Er weiß wenig mit dem Leben anzufangen, nachdem er aufgefordert ist, selbst zu entscheiden, die Richtung der eigenen Gangart zu beschreiben. Die existentielle Angst, die bislang durch die Gnade der Götter abgewendet wurde, ist ihm aufgebürdet.

In einer solchen Religion könnte die grundsätzliche Ökonomie des menschlichen Lebens zum Ausdruck kommen. Die Loslösung von Gott verändert heute die Vorstellung des Menschen von sich selbst und auch die Struktur der politischen Macht. Die Desakralisation der politischen Welt, die Trivialisierung der Technokratie fordern ein neues internes Gleichgewicht, nicht zuletzt auch in der wuchernden Administration. Es geht um die Würde der politischen Verantwortung, die sich neu gestaltet. Verläßt Gott die Welt, scheint sie uns veräußert, fehlt ihr innere Tiefe, so wird die Wirklichkeit, die durch religiöse Dynamik belebt wurde, freischwebend, losgelöst von vergangenen Inhalten erfahren. Der Mensch wird sich selbst zum Problem. Warum freilich geboren werden, wenn niemand einen erwartet? Warum leben, wenn man keine Spuren hinterläßt, so als hätte man in den Augen der anderen gar nicht gelebt?

Eine Kultur wird immer von der Logik des materiellen Vorteils und des Praktischen als Grundlage ihrer Ordnung beherrscht. Die erstrebte materielle Weisheit resultiert aus der Spannung zwischen der praktischen Ratio und der kulturellen Vernunft. Eben diese Weisheit ist elementar bedroht, und dies, obgleich der Mensch seit seinen Ursprüngen als ein Techniker zu betrachten ist, ja in der Erfüllung der Technik durchlebt der Mensch anthropologische Grundbedürfnisse. So stehen wir heute oft fassungslos vor dem Widerstreit zwischen Technik und Kultur, die technische Kultur erscheint geradezu als unmöglich und ist doch dringend notwendig, ja, sie wird zur entscheidenden *Conditio sine qua non* für das Überleben in Würde schlechthin.

Kein sakarales Opium erlaubt mehr zu vergessen, den unüberbrückbaren Widerspruch aufzulösen, der in der Zerrissenheit begründet liegt, Mensch zu sein. Das Sakrale gestaltet sich neu in der Gegenwart. Es ist aus der Natur entschwunden und findet sich versetzt wieder in den Objekten, im Computer, im Automobil, im Atom, im Fernsehen und nicht mehr im Baum, im Wind, in den Tieren. Dennoch gebraucht der Mensch diese Versatzstücke mit äußerster Bewunderung, mit Freude und Furcht, er opfert ihnen. Es läßt sich nur bedingt von einer wirklichen Entzauberung der Welt sprechen, vielmehr liegt eine neue Verzauberung auf empirischer Ebene, im Felde der Technologie vor; sie gewinnt ein neues Gesicht, dies reicht hin bis zur Mythenbildung des modernen Alltags, auf die Roland Barthes verwiesen hat. Es muß demnach um die Wiederherstellung des menschlich-politischen und sozialen Universums außerhalb der herkömmlichen Religion gehen, freilich unter Beibehaltung der Logik des Religiösen, die aus den Ursprüngen des Menschlichen, aus dem anthropologischen Grund Kraft schöpft. Es geht um die Metamorphosen des Göttlichen nach dem sicheren Verlust der Transzendenz und Metaphysik in der Neuzeit seit dem europäischen Mittelalter. Nur hierdurch kann die Rückkehr zur politischen Aktion abgesichert, die Wechselbeziehung zwischen religiöser Dimension und sozialem Fakt wiederhergestellt und schließlich die notwendige Ordnung des Menschen zum Übernatürlichen begründet werden.

Weltzivilisation und Weltethos

Auf der Suche nach einer interkulturellen Identität

1. *Zur politischen Bedeutung der Kultur in der Weltzivilisation der Gegenwart*

Es gibt heute eine kulturelle Agenda der Weltordnung. Sie hat eine tiefe historische Dimension, da die übergreifende Instanz der evolutiven Entwicklung des Menschen die Kultur ist. Und Kultur nimmt in verschiedener Hinsicht immer stärker Einfluß auf die staatstragenden Fähigkeiten des Menschen.

Zunächst bestimmt die Kultur das Spektrum der Wahrnehmung und der kognitiven Erfahrung. Die Sicht der Welt – auch die politische – wird maßgeblich durch kulturelle Paradigmen geprägt. In der Pluralität der Kulturen gibt es qualitativ verschiedene Deutungen der politischen und wirtschaftlichen Perspektiven, die entsprechend dem historischen Verlauf des menschlichen Denkens als Merkmal der Evolution angesehen werden können.

Eine weitere Funktion der Kultur liegt darin, Motive für menschliches Verhalten zu begründen, Logiken des Denkens und Handelns zu bestimmen, auch im politschen und wirtschaftlichen Raum. Was einen Menschen in seinem Verhalten in besonderer Weise reagieren läßt, ist in seinem Ursprung kulturell. In diesem Sinne ist Kultur auch ein Kriterium der Evaluierung. Die Dialektik von Gut und Böse, moralisch und unmoralisch, gesellschaftlich wertvoll oder wertlos ist wesentlich von der Kultur beeinflußt.

Die entscheidende Aufgabe der Kultur ist es aber, die Grundlage für die Identität des Menschen zu stiften. Kultur ist eine Form der Kommunikation, deren feingliedrigster Ausdruck die Sprache selbst ist und mit ihr der weite Bereich der geistigen Ideen. Ebenso wichtig aber ist, daß Kultur die soziale Staffelung, den Rang, die Schichtung der Klassen in ihrer Besonderheit beeinflußt, ebenso wie die Art und Weise der Produktion und des Konsums auf breiter sozialer und volkswirtschaftlicher Ebene.

Es wird deutlich, daß diese Aufgaben der Kultur für eine neue weltpolitische Ordnung, die immer auch eine kulturelle Ordnung sein muß, von großer

Bedeutung sind. Im Ost-West-Dialog und vor allem im Nord-Süd-Dialog zeigt sich, in welchem Maße die Dimension der Kultur im Prozeß der Machtverteilung auf der Ebene der internationalen Beziehungen von herausragender Bedeutung ist. Das Gefälle im Nord-Süd-Dialog gründet sich nicht zuletzt auf kulturelle Unterschiede. Kultur hat folglich auch mit Macht zu tun. Aber die Macht der Kultur kann gleichermaßen ein Schutzschild der politischen Freiheit sein.

Was geschieht nun, wenn ein Individuum, das in einer bestimmten Kultur geboren und aufgewachsen ist, sich in einer anderen, einer neuen Kultur ansiedelt? Warum gleichen sich die einen erfolgreicher an die veränderten Lebensbedingungen an als die anderen? Es ist hier die Rede von Akkulturation, Assimilation und Integration. Im Zuge des technologisch-kulturellen Wandels muß man heute feststellen, daß immer mehr Menschen kulturelle Grenzen überschreiten, die bisher Lebensmuster voneinander trennten. Im jährlichen Durchschnitt siedeln sich Millionen Menschen freiwillig oder durch politschen Zwang in den unterschiedlichen Teilen der Weltzivilisation an, in Asien, Afrika und Lateinamerika. Es ergießt sich ein Strom von Migranten und Flüchtlingen über nationale und kulturelle Grenzen hinweg. Seit dem 19. und 20. Jahrhundert nehmen die Massenbewegungen, die kulturelle Grenzen überschreiten, im Zuge der geographischen Mobilität und Ubiquität der Weltbevölkerung stark zu. Zwischen 1800 und 1914 wanderten schätzungsweise 50 Millionen Menschen von Europa nach Amerika aus; allein im Jahr 1984 kamen mehr als eine halbe Million legale Immigranten in die USA, die Mehrzahl aus Mexiko, den Philippinen und Vietnam. Aber auch die kurdische Vertreibung nach dem Golfkrieg von 1991 im Nahen Osten, die Tamilenfrage in Sri Lanka, die Menschenwanderungen in Afghanistan, der erwartete Exodus aus Osteuropa und der ehemaligen Sowjetunion – die Flucht der Albaner nach Italien gab nur einen kleinen Vorgeschmack – sind eindringliche Beispiele. Heute besteht etwa ein Viertel der Bevölkerung von New York, San Francisco und Los Angeles aus Immigranten; aber auch europäische Staaten, vor allem England, Frankreich und Deutschland, haben seit den sechziger Jahren einen hohen Bevölkerungsanteil an türkischen, portugiesischen und spanischen sowie griechischen und italienischen Gastarbeitern. In Frankreich leben über drei Millionen Nicht-Weiße – vor allem Muslime aus Nordafrika –, in England ungefähr die gleiche Anzahl. Der Islam wurde in Frankreich zu einem erheblichen Faktor der Innenpolitik mit parteipolitischen Konsequenzen. In den Jahren nach 1970 bewegte sich eine große Zahl an politischen und wirtschaftlichen Flüchtlingen aus Südostasien in eine Vielzahl der Staaten der Erde. Über 50000 sowjetische

Juden wanderten zwischen 1970 und 1979 aus der Sowjetunion nach Israel und in die USA aus. Zirka eine Million Flüchtlinge aus Südostasien und aus der Sowjetunion, Kuba, Zentral- und Südamerika kamen zwischen 1975 und 1983 in die USA. In Afrika leben bis zu 150.000 Banyarwanda in Ruanda, Tansania und Uganda, und etwa vier Millionen Afghanen sind in den Iran und nach Pakistan geflüchtet. Ein Fünftel der afghanischen Bevölkerung lebt im Exil. Insgesamt waren zwischen 1975 und 1983 fast zwei Millionen Flüchtlinge gezwungen, sich in einem Staat anzusiedeln, der sich von ihrem Heimatstaat unterschied. (US Committee for Refugees 1984)

Es wird deutlich, in welchem Maße transkulturelle Bewegungen zu einem Haupttopos der gegenwärtigen Weltpolitik geworden sind.

2. *Zum Phänomen der transkulturellen Akkulturation und zur Kompatibilität von Kultur und Technologie*

Die Emigration ist eine existentielle und aktuelle Herausforderung, in der viele Emigranten notgedrungen neue Zeit- und Raumerfahrungen machen. Das Konzept der Akkulturation trägt diesem Aspekt der Migration Rechnung. Empfindungen der Inadäquatheit, der Desillusionierung in einer veränderten Umwelt gewinnen die Oberhand. Trotz spezifischer Unterschiede teilen alle Individuen in einer veränderten kulturellen Umwelt gemeinsame Akkulturationserfahrungen. Alle sind in der neuen Kultur zunächst fremd, müssen aber auf die Anforderungen der neuen Lebenswelt reagieren. Das Augenmerk muß sich somit auf die transkulturelle Akkulturation richten. Man spricht von Akkulturation, wenn Gruppen oder Individuen über verschiedene Kulturen verfügen, in unmittelbaren Kontakt zueinander treten und hieraus der Wandel des ursprünglichen Verhaltens einer oder beider Gruppen resultiert. Akkulturation ist ein Prozeß, der in beide Richtungen gehen kann. Das Erlebnis des Kulturschocks bildet den Kern der transkulturellen Erfahrung, in ihm manifestiert sich die existentielle Erfahrung der physiologischen, psychologischen, sozialen und philosophischen Diskrepanzen zwischen der internalisierten kulturellen Disposition und den Werten der neuen kulturellen Umgebung. Transkulturelle Akkulturation ist der Wandel über längere Zeiträume, der sich bei Individuen vollzieht, die ihre primäre Sozialisation in einer Kultur abgeschlossen haben und dann in unmittelbaren Austausch mit einer anderen, neuen, zunächst noch unbekannten Kultur treten. Um einen transkulturellen Menschen zu beschreiben, wird der Begriff des Fremden angewandt. Fremde sind

Individuen, die sich von der neuen kulturellen Umgebung unterscheiden und ihr zunächst unbekannt sind. Diese Ausgangslage ist dem Menschen archetypisch. Er wird in eine Welt geboren, ohne im Grunde zu wissen, was er benötigt, um überhaupt funktionsfähig zu sein. Durch Kultur lernt der Mensch, sich in Beziehung zu seiner Umwelt zu sehen, durch zahlreiche Erfahrungen und Begegnungen findet ein Austausch statt, in dem – unter Einbeziehung zahlreicher kulturell angenommener Konzepte, Haltungen und Aktionsmuster – das Individuum wächst. Kultur bestimmt die Muster des Denkens, Fühlens und Verhaltens im sozialen Umfeld.

Der Vorgang, bei dem Menschen die sie umgebenden kulturellen Werte in den Jahren der Sozialisation aufnehmen, wird als Enkulturation bezeichnet. Da wir vom Tage der Geburt an von Kultur umgeben und durchdrungen werden, sind wir uns in den seltensten Fällen der verborgenen kulturellen Paradigmen bewußt, in denen wir denken, uns bewegen und uns verbal und nonverbal ausdrücken.

Entscheidend für die politische Ebene ist, daß wir kaum wahrnehmen, daß diese kulturellen Einflüsse auch die Logiken des Handelns auf politischer und wirtschaftlicher Ebene bestimmen. So ist beispielsweise das Erstellen und Funktionieren von Systemen sowie auch das Lösen von Problemen von ihnen abhängig. Léopold Senghor glaubte etwa zu erkennen, daß die genuine Fähigkeit der afrikanischen Kultur weniger in der intellektuellen Abstraktion als auf dem Gebiet der emotionalen Sensibilität liegt. Er wollte damit zum Ausdruck bringen, daß die afrikanischen Kulturen stärker von einer intuitiven als von einer analytischen Denkweise geprägt sind und eine eigene kulturspezifische Epistemologie verwirklicht haben, die sich vom westlich-rationalen Erbe mit seiner aristotelischen Logik und dem Descarteschen Ratiobegriff unterscheidet. Ein Mitglied einer archaischen afrikanischen Kultur vergegenwärtigt sich nicht, daß er denkt; er fühlt vielmehr, daß er fühlt, er erspürt seine Existenz, er erfühlt sich selbst. Es ist offensichtlich, daß die zweckrationale, funktionale Technologie der industriellen Moderne mit dieser Kultur der Gefühlsemphase keine natürliche Kompatibilität entwickeln kann, wie es auch die empirische Wirklichkeit der Mehrzahl der afrikanischen Staaten des ausgehenden 20. Jahrhunderts beweist. Macht ist nicht nur ein politisches, wirtschaftliches und militärisches Phänomen, sondern in erster Linie kulturelle Wirklichkeit.

3. Kultur und Modernisierung: Beispiele wirtschaftlicher und kultureller Varianten

Die jüngste Geschichte hat verdeutlicht, daß die ideologische Zerrissenheit zwischen Ost und West trotz ihres jahrzehntelangen zementierten Charakters doch einen eher transitorischen Zustand beschrieb, während im Gegensatz dazu die technologische Kluft zwischen Nord und Süd weiter fortbesteht. Eine einzelne Leuchtfigur wie Michail Gorbatschow verstand es, die Atmosphäre und die Verteilung der Macht zwischen Ost und West grundlegend zu verändern und eine politische, aber auch kulturelle und ideologische Konvergenz herbeizuführen. Es wäre undenkbar, daß einem politischen Führer innerhalb von so kurzer Zeit ein ähnlicher Erfolg im Spannungsfeld der Nord-Süd-Beziehungen zuteil werden könnte, denn zwischen Nord und Süd liegen die Ungleichheiten tief in historisch gewachsenen Strukturen verankert und lassen sich daher nicht durch eine rein politische Machtverteilung lösen, sondern nur durch einen sorgfältig abgefederten Strukturwandel. Der kulturelle Wandel, der für den technologischen Fortschritt notwendig ist, fällt schwerer, ist vielschichtiger als der kulturelle Wandel für einen umfassenden ideologisch-politischen Revisionismus. Die kulturelle Spaltung zwischen Ost und West ist weit weniger einschneidend als der kulturelle Riß zwischen Nord und Süd.

Eine grundsätzliche Frage hinsichtlich der technologischen Kluft betrifft das Verhältnis von Kultur und technologischer Modernisierung. Ist es auf dem Weg zu einer industriellen Modernisierung unumgänglich, zugleich auch im Bereich der Kultur Schritte in Richtung einer Verwestlichung zu unternehmen? Japan traf in der Meiji-Restauration 1868 die Entscheidung, daß es sich auch dann industriell modernisieren könne, wenn es sich kulturell nicht verwestliche. Westliche Technologie und japanischer Shintoismus und Konfuzianismus gingen jene besondere synkretistische Verbindung ein, die wirtschaftlich so erfolgreich werden sollte.

Es lassen sich auch anders geartete Beispiele in der jüngeren Geschichte finden. Die Türkei unter Mustafa Kemal Atatürk entschied in den Jahren um 1920 und 1930, daß der Staat sich nur unter der Bedingung industriell modernisieren ließe, wenn er sich auch kulturell dem Westen angleiche. Die Türkei unternahm eine grundlegende Sprachreform, ersetzte das arabische durch das lateinische Alphabet und versuchte, Anschluß an die europäische Kultur zu bekommen. Ein Jahrhundert vor Atatürk verfolgte Ägypten unter Muhammad Ali eine vergleichbare Politik, mit dem Unterschied, daß eine technologische Modernisierung ohne wesentliche kulturelle Verwestlichung angestrebt wurde, denn der ägyptische Islam sollte grundsätzlich unangetastet bleiben. Muhammad Ali erkannte nicht, daß auch der Islam wiederbelebt, gewissermaßen modernisiert werden mußte, so daß eine Versöhnung mit der westlichen technologischen Überlegenheit im Nahen Osten bis heute problematisch geblieben ist. Muhammad Alis frühe Form eines Staatskapitalismus steigerte zwar die nationale Produktivität und erhöhte das Einkommen des Staates, doch waren in der Anfangsphase breitere Bevölkerungsschichten von diesen Entwicklungen ausgeschlossen. Der einsetzende europäische Imperialismus brachte Ägypten wie das übrige Afrika in eine abhängige Lage. Afrikas schmerzvoller Weg – der auch paradigmatisch für den der Staaten der Peripherie in anderen Kontinenten steht – zeichnete sich durch eine kulturelle Verwestlichung ohne technologische Modernisierung ab. Die Staaten der technologischen Peripherie übernahmen in verstärktem Maße die »falschen« Elemente des Westens, die »unrichtigen« Bestandteile der kapitalintensiven Marktwirtschaft. So wurde etwa der Profitgedanke übernommen, nicht aber zugleich der dafür notwendige Unternehmergeist oder das Vermögen der Risikoeinschätzung und -bereitschaft. Westliche Konsumgüter erfreuen sich dort einer hohen Beliebtheit, nicht jedoch westliche Arbeitsmethoden und Arbeitsdisziplin oder Produktionstechniken. Hinzu kamen eine Urbanisierung ohne Industrialisierung, eine Spracherziehung ohne Erfahrung in Produktionsprozessen, vor allem aber eine fortschreitende Säkularisierung ohne parallele Verwissenschaftlichung der Kultur, das heißt, die Religion als Lebensbegründung und Sinnstiftung verlor an Bedeutung, ohne daß sich entsprechendes sachliches Denken entwickelte. Es entstanden die archetypischen Abhängigkeitsmuster zwischen Norden und Süden: eine Abhängigkeit der Wirtschaft, des militärischen Bereichs sowie vor allem des umgreifenden kulturellen Lebensraums.

Ein grundsätzlicher Unterschied zwischen einer ökonomischen und einer kulturellen Abhängigkeit tat sich auf. Während die ökonomische Abhängigkeit immer auch eine Teilnahme des kolonialen Raums an den Interessen der Metropole bedeutete, da das Zentrum die Peripherie wirtschaftlich benötigte, stellte die kulturelle Abhängigkeit eher eine Einbahnstraße dar. Die imperialen Mächte überfluteten die Märkte der Peripherie, waren aber nicht im mindesten daran interessiert, im Gegenzug archaische Kultur nach Europa zu bringen. Europa und Nordamerika verbreiteten, neben ihren Technologien, ihre Religionen, ihre Sprachen, ihre Kulturen in der aufstrebenden Weltzivilisation – freilich nur im Tausch gegen Arbeitsleistungen, Energiequellen und andere wirtschaftliche Reichtümer der Länder der Peripherie. Der gesamte kulturelle Lebensraum wurde gegen materielle Leistungen exportiert. So entstand schließlich eine kulturelle Abhängigkeit, die immer dringlicher wurde und nicht reziprok ist wie eine rein wirtschaftliche Abhängigkeit.

4. *»Wir« und die »Anderen«: Zu den monotheistischen Ursprüngen der Bipolarität und den Gefahren in der Gegenwart*

Der monotheistische Dualismus gewinnt gegenwärtig in der Welt einen immer größeren Einfluß und führt in vielen Fällen zu nichtfriedlichen Lösungen, wie die Problemkonstellationen des Nahen Ostens dramatisch zeigen.

Die Dichotomie zwischen dem Erleben des »Wir« und der Fremdbestimmung des »Anderen« erweist sich im historischen Verlauf bis zur gegenwärtigen Auffassung der Weltordnung als bestimmender Topos. Bis zu welchem Grad ist diese Dichotomie kulturell bedingt? Seien es Sicherheitsfragen, Wettbewerbsspannungen oder Verhandlungsstrategien auf weltpolitischer Ebene – sie alle sind in einem Gegensatz gefangen, der verschiedene Masken tragen kann: der Eingeborene der autochthonen Kultur versus dem Fremden, das Bekannt-Gewohnte versus dem Unbehausten, Orient versus Okzident, Osten versus Westen, Norden versus Süden, entwickelte versus unterentwickelte Staaten. Die Weltordnung hat als Muster in weiten Teilen der Welt eine Tendenz zum Dualismus, sie reicht von den Whigs und Tories bis zu den Konfuzianisten und Legalisten in der chinesischen politischen Tradition. Welches Ausmaß der Dualismus hat, ist freilich kulturell relativ. Es liegt auf der Hand, daß das monotheistische jüdisch-christlich-islamische Paradigma stärker dichotomisch geprägt ist als vergleichbare polytheistische Kulturen. Es ist hier also die Frage zu stellen, ob nicht ein Zusammenhang besteht zwischen einer monotheistischen Ausrichtung und der Tendenz, in Dichotomien zu denken. Gibt es eine Beziehung zwischen dem mächtigen Gedanken eines universalen Gottes einerseits und dem gefährlichen Dualismus zwischen dem »Wir« und den »Anderen« andererseits?

Auf die monotheistischen Ursprünge der Bipolarität in der Weltpolitik muß ein besonderes Augenmerk gelegt werden. Diese Dichotomisierung der Politik und der Einfluß des Monotheismus auf die Weltzivilisation lassen sich an den Spielarten des Judaismus, des Christentums und des Islam feststellen. Werfen wir einen Blick auf die historische Wurzel dieser Entwicklung. Die Säkularisierung der abendländischen Gesellschaften erfolgte seit dem Westfälischen Frieden 1648 eher im Sinne des Staates als der Kirche. Hier wurden die Grundsteine des modernen Staates gelegt und die Prinzipien der modernen

Vorstellung von Souveränität festgesetzt. Eine Säkularisierung der Identität war die Folge; Nationen und Ethnien wurden bedeutender als bloße religiöse Gemeinschaften. Die verhängnisvolle, dualistische Vorstellung vom »Wir« und den »Anderen« erweist sich politisch immer wieder als fatal. Der militante Monotheismus bestimmter islamischer Gruppen in der Gegenwart sei als Beispiel einer zu bewältigenden Herausforderung genannt.

5. *Das Fremde, transkulturelle Erfahrungen und die Notwendigkeit einer interkulturellen Identität*

In der kulturellen Identität gehen kulturelle Muster und internalisierte Normen eine untrennbare Verbindung ein. Individuen verinnerlichen in ihrer eigenen Weltsicht die wesentliche Erfahrung von Wertesystemen, von Haltungen und Glaubensrichtungen und entwickeln so eine eigene kulturelle Identität im Sinne eines Zugehörigkeitsgefühls (»Wir-Gefühl«), einer Zuordnung des Selbst als Mitglied einer bestimmten kulturellen Gruppierung. Diese Art von Identität wird jedoch, wie zu zeigen sein wird, der Weltzivilisation des ausgehenden 20. Jahrhunderts nicht mehr gerecht.

Es wird immer deutlicher, daß es für die Sicherheitspolitik der Gegenwart notwendig ist, eine Identität zu entwickeln, die über die herkömmlichen Vorstellungen einer einfachen kulturellen Identität hinausreicht und von einem hohen Maß an Interkulturalität geprägt ist. Dies gilt für alle Segmente und Religionen der Weltzivilisation.

Das Konzept der Interkulturalität kann den Rahmen der kulturellen Identität eines Menschen überwinden helfen, so daß er kein Fremder in immer neuen Kulturräumen bleibt und eine neue Selbsteinschätzung im Verhältnis zu anderen kulturellen Gruppen finden kann. In dem Maße, in dem »Fremde« sich einer Akkulturation unterziehen, verlagert sich ihre Selbsteinschätzung immer stärker von einem ausschließlich kulturellen auf einen interkulturellen Zustand. Diese interkulturelle Identität ist flexibel und fließend, da sie nicht mehr auf der Zugehörigkeit zu einer ursprünglichen oder einer fremden Kultur allein beruht. Die Herausbildung einer solchen Identität ist für den Dialog der Weltreligionen und Weltkulturen ebenso von herausragender Bedeutung wie für die politische Sphäre und die Sicherheitsstrategien. Es muß auf eine interkulturelle Identität der Weltbevölkerung hingearbeitet werden, die eine kognitive, affektive und verhaltensbedingte Flexibilität kennt, um sich an immer wieder neue Kulturen anzugleichen und auf kreative Weise Konflikte aufzufangen, abzufedern und schließlich zu vermeiden, die aus dem Aufeinanderprall von sich rigide voneinander abgrenzenden Weltreligionen und Kulturen resultieren. Die transkulturellen Erfahrungen der Menschen tragen durch die fortdauernde und dynamische Dialektik von Umwandlung und Angleichung zur Erweiterung des Bewußtseins jenseits der Parameter der ursprünglichen Kultur bei, das ursprünglich Fremde verändert sich auf eine immer größere Interkulturalität hin.

Treten Fremde in eine neue Kultur ein, wird ein transkultureller Angleichungsprozeß in Gang gesetzt. Die meisten Fremden begegnen Situationen, in denen die Symmetrie zwischen ihrer inneren und der neuen äußeren Wirklichkeit zerbrochen ist. Durch die Dekulturation und Akkulturation verändern sich alte kulturelle Merkmale und werden durch neue ersetzt. Die anwachsende kognitive Vielschichtigkeit erlaubt ihnen, zwischen der alten und der neuen Umgebung zu differenzieren, im Gegenzug entsteht eine breitere Perspektive im Umgang mit der neuen Kultur, die die kulturelle Einseitigkeit überwindet. Wie die kulturelle Identität muß auch die so entstehende interkulturelle Identität als ein Kontinuum begriffen werden, in dem Fremde sich lediglich im Ausmaß, in der Abstufung ihrer Interkulturalität unterscheiden. Wenn kulturelle Identität als Verbindung einer Person mit einer besonderen kulturellen Gruppe angesehen werden kann, dann muß interkulturelle Identität als eine Identität zwischen Gruppen begriffen werden. Sie hat somit auch eine politische Dimension im Sinne eines Selbstbewußtseins, das sich weder vollständig als Teil noch völlig außerhalb einer gegebenen Kultur versteht.

Interkulturelle Identität kann als eine dritte Kultur gesehen werden, die mehr als eine kulturelle Perspektive offenlegt, sowohl über die ursprüngliche als auch fremde Kultur hinausgeht. Interkulturelle Identität muß verschiedene gedankliche Konzeptionen integrieren können, um Raum zu schaffen für den multikulturellen Menschen der Weltzivilisation in der Gegenwart, der fähig ist, die Herausforderungen seiner Zeit zu verstehen und sich ihnen zu stellen.

Wir durchleben heute den Prozeß eines interkulturellen Wachstums, der ein Maß an Angleichungsfähigkeit fordert, die in einem schöpferischen Vorgang auch augenscheinlich widersprüchliche kulturelle Charakteristika von Menschen miteinander versöhnt, indem sie in ein komplementäres, integrales Ganzes gefaßt werden, dessen Teile in Verbindung miteinander stehen.

Eine interkulturelle Wirklichkeit ist mehr als die Kombination der ursprünglichen und der fremden Kultur, es entsteht eine neue Selbsteinschätzung, die zugleich geboren ist aus einem Bewußtsein für die relative Natur der Werte und der Universalität der menschlichen Kultur. Gefordert ist eine angleichende

Umformung, die das kulturell Hybride der eigenen Persönlichkeit als Stärke und nicht als Schwäche begreift. Die Zugehörigkeit zu zwei oder mehreren Kulturen verflacht die Persönlichkeit nicht, im Gegenteil, sie bereichert sie um die Tradition der jeweils anderen Kultur(en). Bei der Akkulturation an die fremde Kultur geht die ursprüngliche Kultur fast immer in gewissem Maße verloren, zugleich werden aber neue kulturelle Merkmale hinzugewonnen. Der Mensch kann sich nicht erfolgreich an eine kulturelle Umwelt angleichen und zugleich ethnisch rigide bleiben. Er verfügt über die außerordentliche Fähigkeit, in sich verschiedene neue Elemente des Lebens zu vereinen. Menschliche Stärke kann heute nicht mehr darin bestehen, darauf zu beharren, so zu bleiben, wie man immer war; sie zeigt sich vielmehr darin, daß der Mensch versucht, an Herausforderungen durch Veränderungen seiner selbst zu wachsen.

6. *Kultureller Unterschied und die Notwendigkeit des Vergleichbaren: Zur politischen Bedeutung transkultureller Universalien*

Kein kultureller oder religiöser Wert hat universelle Gültigkeit. Trotz der Einsicht in den kulturellen Relativismus bedarf es dennoch der Suche nach menschlichen Werten, die eine Brücke schlagen können zwischen den Kulturen und Religionen und ihren politischen Antipoden.

In dieser Hinsicht ist die europäische Friedenspolitik der jüngsten Vergangenheit zu kurzsichtig. Bei globaler Betrachtung werden die kulturellen und damit die politischen Antagonismen von Pakistan bis Indien, von Äthiopien bis zum Vielvölkergemisch der ehemaligen Sowjetunion mit seinem religiös-kulturellen Pluralismus immer mächtiger. Eine universalistische Weltsicht wird sich sicherlich nicht ausschließlich friedlich gewinnen lassen. Hierbei sollte ein Mißverständnis ausgeräumt werden: Die transkulturellen Werte gehorchen sicher keiner Strategie eines fehlverstandenen westlichen Kolonialismus' oder gar eines imperialistischen Duktus', wie ihn das 19. Jahrhundert kannte. Das Recht auf den kulturellen Unterschied muß gewahrt bleiben. Dies bedeutet aber auch, daß es notwendig ist, zu vermitteln zwischen den Ansprüchen auf kulturelle Besonderheit und der politisch dringlichen Notwendigkeit, Vergleichbares, d. h. Anknüpfungspunkte zwischen den Kulturen und Weltreligionen zu finden.

Jedoch darf »Universalität« nicht die Ausschließlichkeit und Dominanz eines besonderen Menschen bedeuten: des Europäers. Dies wäre kurzsichtig, da selbstverständlich alle besonderen Werte, die sich in der Weltzivilisation sammeln, respektiert sein müssen, will man zu einem Begriff von menschlicher Würde gelangen, der alle sittlichen Werte, alle ethnischen Besonderheiten mit einschließt. Wir dürfen Kulturen nicht absolut setzen, auch wenn partikulare Kulturen dies aus Überlebensgründen tun (man denke etwa an Nordirland oder an die Basken). Entscheidend ist, im Anderen das Selbst zu erkennen und umgekehrt. Der westliche Mensch lebt im Sinne von Alexis de Tocqueville im Zeitalter des Individuums, er muß sich aber in der Gemeinschaft beweisen, die ihn fordert, sich vom anderen zu unterscheiden. Es ist nicht das Universelle in einem überhöhten Sinne, das den Partikularismus verdrängen wird; es wird vielmehr eine neue Form des Partikularismus entstehen. Hier wird eine neue ontologische Ebene erreicht in der Weltzivilisation des ausgehenden 20. Jahrhunderts. Der Blick muß sich auf die universellen Elemente richten, die in jeder Kultur verborgen sind, oftmals ohne daß man sich bewußt ist, daß es sich um keine spezifisch eigenen Werte handelt, sondern um transkulturelle Universalien, die in der Sphäre der Ideen ebenso zum Ausdruck kommen wie in der Sphäre der Fakten. Es ließe sich von elementaren und universellen Werten sprechen, die von der einen in die andere Kultur übersetzbar wären und damit von einem Teil der Weltzivilisation in den anderen. Der Mensch erlebt sich immer als Trias, als animal loquens, animal politicum und animal symbolicum. Er interpretiert das Fremde und zugleich sich selbst, er gibt sich selbst verschiedene Sinngehalte, ist selbstmächtig und fortdauernd schöpferisch. Die natura naturans betrachtet die Bewegungen der natura naturata. Verschiedenartigkeit begründet einen Unterschied, legitimiert ihn aber nicht. Wichtig wird sein, auf die Suche nach Vergleichbarem innerhalb der Verschiedenartigkeit zu gehen. Gewiß, um in der Vielheit der Kulturen existieren zu können, muß der Mensch sich kulturell unterscheiden, es darf sich aber nicht um ein absolut Anderes handeln. Das Andere darf nicht als das völlig Verschiedene zu der eigenen Kultur begriffen werden. Die einzelnen Kulturen verkörpern ja gerade die Pluralität des Menschen, in der Musik würde man von Variationen eines Themas sprechen.

Die Aufgabe unserer Weltzivilisation heute ist es, gemeinsame Topoi innerhalb der Varianten zu ergründen und sie politisch umzusetzen. Das Andere ist hierbei immer auch ein Ich. Die Erkenntnis, daß die Menschen kulturell verschieden sind und sich dennoch gleichen, führt zur Bestimmung der ontologischen Nische des Menschen. Die Menschen unterscheiden sich aus anthropologischer Sicht in bezug auf die Zeitauffassung, das Naturverständnis, die Haltung dem Übernatürlichen und schließlich dem Tod gegenüber, doch dies muß sie nicht notwendig voneinander scheiden. Michel Leiris, Claude Lévi-

Strauss, sie waren sich der Verschiedenheit und der Vielheit der menschlichen Kulturen sehr bewußt. Gleichzeitig sahen sie aber auch, daß die entscheidende Ähnlichkeit sich in eben dieser Diversifikation offenbart.

Vor einem gedanklichen Fehlschluß möchte ich jedoch warnen: Gemeint sind hier nicht die Uniformierung und Vereinheitlichung der Welt unter dem Zeichen einer immer weiter vordringenden westlichen Zivilisation. Dies würde die Existenz des Menschen als solchen gefährden, des abendländischen Menschen wie auch der Angehörigen der Kulturen Asiens, Afrikas und Lateinamerikas. Es ließe sich sogar weiterführen, daß eine Kultur versucht, sich einer anderen aufzuoktroyieren, wenn sie ihr innerstes Geheimnis verloren hat. André Malraux sah frühzeitig, daß eine Kultur im Vollbesitz ihrer selbst selbstbewußt und relativ zugleich ist. Hieraus folgt, daß das Andere niemals ein Ich in seiner ganzen Reinheit werden kann. Orient und Okzident sind keineswegs identisch, der Okzident ist durch eine funktionale Rationalität gekennzeichnet, durch sein mathematisches und analytisches Vermögen gegenüber dem Orient, der den Tod, die Endlichkeit keineswegs tabuisiert und so eine besondere Würde besitzt. Zugleich aber ist der Orient, etwa im Konfuzianismus und Shintoismus geprägt durch eine nichtaristotelische, kreisende Rationalität, die keinen abendländisch linearen Charakter hat.

Durch die Politik ist diese Vielheit einer Metamorphose ausgesetzt, sie ist aber zugleich auch Indiz für die übergeordnete Einheit des Menschen. Die Vielheit bezeichnet die Einheit, wie auch die Variationen ein Thema beschreiben und zugleich enthüllen. Die Existenz des Verschiedenartigen ist Voraussetzung für die Ähnlichkeiten.

Jede Kultur interpretiert die biologischen und physikalischen Gegebenheiten auf ihre Weise. Wenn wir die Verschiedenheiten der Interpretationen, der Glaubenshaltungen und sittlichen Werte wahrnehmen, steht dem immer ein gemeinsamer Fundus gegenüber, der den transkulturellen Universalien entspricht; Henri Michaux hat in *Barbare en Asie* darauf verwiesen. Man sollte somit nicht nur von den menschlichen Unterschieden sprechen, sondern von der menschlichen Vielheit: Das Phänomen der Musik steht vor den kulturell geprägten Musiktraditionen, das Phänomen des Lachens vor den unterschiedlichen kulturellen Spielarten des Witzes, das Phänomen des menschlichen Lebens vor den kulturell geprägten Versionen der vielen Sinnlösungen von Lebensfragen. Die Gerechtigkeit als ethischer Imperativ ist letztlich wichtiger als die Vielheit der Rechtssprechungen gemäß den kulturhistorischen Traditionen nach positivem Recht. Ein anderes Bcispiel ist der Schmerz, etwa angesichts des Todes eines geliebten Menschen; der Schmerz ist von Natur gegeben, die verschiedenen Reaktionen auf den Schmerz sind kulturell geprägt und äußern sich in den Religionen und Weltsichten. Das Vermögen zum Schmerz bestimmt aber wiederum den Menschen und ist insofern ein transkulturelles Element.

7. *Dialog zwischen den Kulturen: Weltethos und multikulturelle Gesellschaft*

Trotz kulturellen Pluralismus' stellt sich heute mehr denn je die Frage nach einem universellen Ethos. Widersprüchliche oder sich gar antagonistisch gegenüberstehende Ethiken müssen überwunden werden. Eine Weltgesellschaft bedarf keinesfalls Einheitsregeln oder -kultur, sie braucht aber unabdingbar verbindliche und verbindende Werte, politische Ideale und Zielvorstellungen. Dies hat die Geschichte gezeigt.

Der eurozentrische Kosmos brach mit der traditionellen bürgerlichen Gesellschaft um die Zeit des Ersten Weltkriegs zusammen. Für Ost- und Mitteleuropa bedeutete dies das Ende des tausendjährigen Kaisertums und des Zarenreichs, wie auch das Ende des vierhundertjährigen protestantischen Staatskirchentums. Neben dem Habsburgerreich zerfielen in dieser Zeitwende auch das Osmanische Reich und das chinesische Kaiserreich. Es kann also von einem globalen Epochenumbruch gesprochen werden, der welthistorisch von Bedeutung wurde. Das säkulare Rechts-, Staats- und Politikverständnis mündete in eine Moderne, die sich noch nicht zu definieren verstand. Die Weltherrschaft der europäischen Mächte war grundlegend erschüttert; die Eurozentrik wurde durch eine Polyzentrik aufgelöst, in die auch Nordamerika, Japan und Sowjetrußland eintraten. Die heutige Krisis des abendländischen Fortschrittsdenkens entwickelte sich im Kern seit der damaligen Zeit als eine Krisis des modernen Vernunftsverständnisses, das seit der aufklärerischen Vernunftskritik an Adel und Kirche, Staat und Religion vom 18. Jahrhundert aufwärts einsetzte. Immer deutlicher trat zutage, daß die sich selbst absolut wertende, alles zur Legitimation zwingende Vernunft im Verbund mit der Freiheit der in keine kosmische Ordnung eingebundenen Subjektivität, der gleichsam nichts heilig war, sich selbst zersetzte.

Heute befinden wir uns in einer nacheuropäischen Phase; die Weltherrschaft von fünf rivalisierenden europäischen Nationalstaaten, England, Frankreich, Österreich, Preußen/Deutschland und Rußland, wandelte sich in eine polyzentrische Konstellation verschiedener Weltreligionen und Kulturen. Für die Zukunft zeichnet sich eine nachkonfessionelle Welt ab, die immer stärker interreligiöse und damit interkulturelle Züge trägt. In Schritten entwickelt sich eine multikulturelle Weltgesellschaft vor dem Hintergrund eines epochalen Paradigmenwechsels, der Lebenswelt, Arbeitswelt, Kulturwelt und Staatenwelt umfaßt. Die historische Analyse darf die religiöse Dimension des Menschen nicht außer acht lassen, um nicht eine seiner wesentlichen Dimensionen auszuklammern. Religion ist sowohl diachronisch wie synchronisch als universales Phänomen zu sehen. Die Religionen der Welt sollten verstärkt ein zu entwickelndes Weltethos in den Dienst der Weltzivilisation stellen.

Brücken lassen sich schlagen, Anknüpfungspunkte für eine Gemeinsamkeit finden. Wesentlich ist die Überzeugung von der grundsätzlichen Bedeutung der menschlichen Familie, von der Gleichheit und Würde aller Menschen. Von Bedeutung ist weiterhin die Wertschätzung der Unantastbarkeit des Einzelnen und seines Gewissens sowie die Einsicht, daß Macht nicht mit Recht gleichzusetzen ist, daß menschliche Macht sich niemals selbst genügen kann und nicht absolut zu setzen ist.

Alle Weltreligionen sind verstärkt durch Säkularisierungsbewegungen gekennzeichnet, auch auf ihrem Weg zu einem Weltethos. Es ist wesentlich, daß dieses zu einer pluralen Weltordnung wird, freilich unter dem Oberbegriff einer versöhnten Vielfalt der Kulturen und Religionstraditionen innerhalb und vor allem außerhalb Europas. Ausgrenzende Trennungen durch ethnische und kulturelle Mißachtung müssen überwunden werden, ebenfalls die politische Marginalisierung der Staaten der Peripherie.

Ziel sollte, unter Berufung auf die Menschlichkeit, in den verschiedenen Kulturen und Religionen der Welt ein durchgehendes ethisches, ja ökumenisches Grundkriterium sein, das sich auf das Humanum, das wahrhaft Menschliche konzentriert, wie dies etwa in der Menschenwürde und den ihr zugeordneten Grundwerten zum Ausdruck kommt. Humanität kann immer aus der je eigenen Tradition begründet werden und vermag dennoch und gerade daher auch als Grundlage eines gemeinsamen Ethos' der Weltreligionen und Kulturen zu dienen.

Der so verstandene interreligiöse und interkulturelle Dialog kann die Thora mit dem Koran, den achtfachen Weg des Buddha mit der christlichen Transzendenz verbinden. Es ließe sich ein Dialog nicht trotz, sondern wegen der Pluralität als identitätsstiftendes Merkmal führen, wobei Dialogfähigkeit Ausdruck der neuen Stärke wäre. Dies ist um so wichtiger, als in der Gegenwart die Vielfalt der Religionen, Kulturen, Konfessionen, Denominationen der religiösen Sekten, Gruppen und Bewegungen zuweilen verwirrende Züge annimmt. Es kann aber nicht um eine regionale Betrachtung gehen, sondern es geht um globale Perspektiven.

Die Kulturlandschaft der Erde kennt heute noch drei bedeutende überindividuelle, transkulturelle und internationale religiöse Systeme, die alle über ihre eigene Morphologie und Genesis verfügen. Dies sind zum einen die Religionen semitischen Ursprungs, die durch einen prophetischen Charakter gekennzeichnet sind und immer von einem Gegenüber von Gott und Mensch ausgehen. Sie kennen die religiöse Konfrontation. Dies trifft sowohl auf das Christentum als auch auf das Judentum und den Islam zu. Zu nennen sind weiterhin die aus Indien stammenden Religionen, die von einer mystischen, auf Einheit hin ausgelegten Grundstimmung durchherrscht werden und im Zeichen religiöser Einkehr stehen. Hierzu zählen die frühe Religion der Upanishaden, der Buddhismus und der Hinduismus. Die dritte Gruppe bilden schließlich die Religionen chinesischer Herkunft, die auf Weisheit und Harmonie ausgerichtet sind: der Konfuzianismus und der Taoismus.

Eine Weltzivilisation kann aber nur dann lebensfähig sein, wenn im kulturell-religiösen Feld eine kritisch-selbstkritische Differenzierung gesichert ist, die jede Kultur und Religion am eigenen Ursprung und am humanen Ethos mißt. Auch jeder Synkretismus fordert auf dem Weg zum Frieden Selbstkritik und Erneuerung, um zur Toleranz zu gelangen.

Die Monopole auf Wahrheit müssen in Frage gestellt werden; dabei muß das Verbindende zwischen verschiedenen kulturellen und religiösen Bekenntnissen gesucht werden.

Es gibt durchaus historische Vorbilder, man denke etwa an die Vorgänger in der alten Kirche, die Apologeten und die Alexandriner Klemens und Origines in der Zeit, als sie die neuplatonisch-stoischen Wege beschritten und eine Theologie im altkirchlich ökumenischen Paradigma entwarfen. Waren Augustin und Thomas, als sie mit einer neuen römisch-germanischen Weltsicht konfrontiert waren, nicht von einem Drang nach Umformung geprägt, als sie für ein westliches lateinisches Paradigma den Weg in und durch das Mittelalter theologisch neu zu bestimmen hatten? Das gleiche trifft auf Luther, Calvin und die Reformatoren zu, die sich ändern mußten, als in der wichtigen Krise der mittelalterlichen Theologie und Kirche eine Rückbesinnung auf das alte Evangelium anstand. Bereits damals war Dialogfähigkeit eine Tugend der Friedensfähigkeit, die gegen Unduldsamkeit und gegen den Dissens gerichtet war.

Hieraus läßt sich für die Gegenwart ableiten, daß das Fremde ein relativer Begriff ist; ein christlicher Theologe vermag fachlich ebenso über das Judentum und den Islam zu schreiben wie ein gläubiger Jude oder Muslim sich über das Christentum äußern kann. Gerade die Perspektive einer tieferen, weil transkulturellen Sicht kann leichter Möglichkeiten und Brücken zwischen den

Kulturen erkennen. Es kann somit weniger um eine Objektivität im Sinne eines Unbeteiligtseins als bloßer Beobachter gehen, aber auch nicht um willkürliche Unsachlichkeit durch religiösen Enthusiasmus. Vielmehr ist ein persönliches Engagement gefordert, in dem objektive Erkenntnis der religiösen und kulturellen Wirklichkeit und subjektive kulturelle Erfahrung sich ergänzen und bereichern. Der Blick ist gegen dogmatische Vorurteile gerichtet; wissenschaftliche Unvoreingenommenheit und objektive Beschreibung werden zur Voraussetzung für eine subjektiv empfundene Beurteilung. Dies ist politisch in einer polyzentrischen, transkulturellen und multireligiösen Zeit des ausgehenden 20. Jahrhunderts von großer Wichtigkeit.

Das Kernproblem besteht darin, daß heute Menschen derselben Religion in verschiedenen Paradigmen leben. So etwa im Christentum: Noch heute gibt es Katholiken, die geistig im 13. Jahrhundert, gleichzeitig mit Thomas von Aquin, den mittelalterlichen Päpsten und der absolutistischen Kirchenordnung leben. Daneben existieren Repräsentanten östlicher Orthodoxie, die geistig im 4., 5. Jahrhundert verharren, zeitgleich mit den griechischen Kirchenvätern. Für den Protestantismus läßt sich ähnliches feststellen; dort ist in gewissen Kreisen immer noch die Konstellation des 16. Jahrhunderts mit den Reformatoren vor Kopernikus sowie auch die vor Darwin bestimmend.

Nun ist diese Konkurrenz früherer religiöser und kultureller Paradigmen in der Gegenwart eine wesentliche Ursache für die heutigen Konflikte innerhalb der Kulturen und Religionen (etwa im Islam mit den heutigen politischen Folgen im Nahen Osten oder in Indien).

Es bedarf einer historisch-systematischen Anamnese und Diagnose für die polyzentrische Welt der Gegenwart, die zugleich eine multireligiöse und transkulturelle Welt ist. Die kulturell-religiöse Verständigung geht den politischen Friedensmöglichkeiten immer voraus. Gefordert ist ein neues weltpolitisch-ökumenisches Paradigma.

Die überwiegende Anzahl der Staaten auf der Erde verfügt über beachtliche religiöse Minderheiten: In der Bundesrepublik Deutschland leben etwa zwei Millionen Muslime und in Großbritannien je eine halbe Million Hindus und Sikhs. Es bedarf einer neuen religiös-kulturellen Gesamtsicht, die eine interkulturelle Öffnung möglich macht, Begegnung und Verbindung zugleich ist. Die Perspektive der Wirtschaft, des Weltmarktes und der Miltärs ist alleine unzureichend. Menschen dürfen nicht wirtschaftlich funktionalisiert werden; Bürger sind nicht nur Angehörige von Staaten, sondern vor allem Mitglieder von Kulturen. Quantitativ-statistisches Wissen ist unzureichend, es bedarf des ganzheitlichen kulturgeschichtlichen und ethischen Hintergrundwissens.

Die politische Weltzivilisation des ausgehenden 20. Jahrhunderts darf keinen dogmatischen Charakter mehr haben, sondern muß dialogisch begriffen werden, nicht zentralistisch, sondern pluralistisch im Sinne friedensstiftender Kooperation, so daß in allen Lebensbereichen ein interkultureller und interreligiöser Dialog geführt werden kann; ein Dialog nicht nur als spiritueller Dialog, sondern als eine philosophisch-theologische Auseinandersetzung zwischen den Kulturen, die in konkrete politische Maßnahmen mündet.

Das menschliche Zusammenleben ist in einer Weltzivilisation nicht ohne ein Weltethos der Nationen denkbar; ebenso kann es keinen Frieden zwischen den Staaten und Nationen geben, ohne daß gleichzeitig ein Frieden zwischen den Religionen und Kulturen angestrebt wird. Ein dauerhafter Frieden kann aber ohne einen Dialog zwischen den einzelnen Traditionen nicht zustande kommen. Hierin liegt die außerordentliche Bedeutung der vergleichenden Kulturwissenschaft und ihre Hybris zugleich, sofern sie in ihrer politschen Dimension begriffen wird.

Die Erdkugel als Gebäude

Aufbruch zu einer neuen Weltliteratur

Shall memory restore
The steps and the shore
The face and the meeting place
W. H. Auden

1. *Die Literatur entgrenzt sich*

Die französische Literatur kannte frühe Beispiele grenzüberschreitender Literatur, Vorläufer gewissermaßen, ob man an den weltreisenden Pierre Loti denkt, an den Arzt Victor Segalen, der China erforschte und mit ethnologischen Erkenntnissen nach Europa zurückkehrte, oder auch an den Freigeist Henry de Monfreid. Im zwanzigsten Jahrhundert könnte man an Schriftsteller wie Michel Leiris denken, der mit *Phantom Afrika* in den dreißiger Jahren ein epochales Zeugnis seiner Expedition von Dakar aus durch den gesamten afrikanischen Kontinent ablegte, oder auch an Joseph Kessel und Blaise Cendrars, die Abenteuer mit der Genauigkeit einer Beschreibung fremder, für die damalige Zeit exotischer Territorien paaren konnten und die Welt unablässig durchstreiften. Selbst der Mystiker Charles-Eugène de Foucauld wäre hier zu nennen, der Europa den Rücken kehrte und die Stille der endlosen Horizonte in der Wüste Nordafrikas wählte, um meditierend über eine neue Weltordnung nachzusinnen, in der eine Metaphysik noch Gültigkeit haben könnte.

Auch die englische Sprache kennt in unserem Jahrhundert herausragende Beispiele einer Literatur, die unter dem Stern einer gebrochenen nationalen Identität geschrieben wurde. Isaac Bashevis Singer veröffentlichte in den ersten Jahren seines New Yorker Exils nur im *Jewish Daily Forward* in jiddischer Sprache, bevor er später im *New Yorker* in englischer Übersetzung zu Weltruhm aufstieg. Vladimir Nabokov, jener Russe aus Sankt Petersburg, der als junger Schriftsteller in Berlin davon lebte, Tennisstunden zu geben, bevor er nach England und nach Amerika auswanderte, wo er dann an der Cornell University unterrichtete, erzielte seine größten literarischen Erfolge nicht in seiner Muttersprache. Zeit seines Lebens blieb er in einem inneren Exil, auch als er das Palace Hotel in Montreux in der Schweiz als Altersitz wählte, um in den Weinbergen oberhalb des Genfer Sees Schmetterlinge zu jagen. Joseph Conrad ist ein weiteres Beispiel für einen Autor der Weltliteratur, der – ursprünglich aus Polen stammend – in der englischen Sprache neue Horizonte in Asien erschloß. Elias Canetti widmete sich – in deutscher Sprache – auf Reisen durch Marokko und im weiteren Verlauf seines Lebens im Schatten der Auswirkungen des Nationalsozialismus in verschiedenen Ländern und Kulturen einer Literatur, die nicht national begrenzbar ist.

Dennoch unterscheidet sich diese Literatur grundlegend von einem Phänomen, das sich als neue Weltliteratur bezeichnen läßt, als eine transkulturelle, nachkoloniale Literatur, die pointierte politische Züge trägt – anders als dies zum Beispiel noch bei Rudyard Kipling der Fall war – und in den letzten Jahrzehnten in den führenden Weltsprachen die bedeutendsten literarischen Preise zugesprochen bekam.

Von dieser neuen Weltliteratur soll hier die Rede sein, ihrer historischen Herleitung, ihrer anthropologischen Dimension und schließlich ihrer kulturphilosophischen Richtgröße. Wer sind ihre Protagonisten? Worin liegt ihr eigentliches inhaltliches Gewicht, ihre Besonderheit, die sie von allem Bisherigen abhebt? Worin verbirgt sich vor allem ihre weltpolitische Aktualität, die von den in Mythen ruhenden archaischen Kulturen bis in die Verästelungen der technischen Industriezivilisationen in der urbanisierten Metropole reicht?

Es können hier nur einige wenige Beispiele der vorwärts stürmenden literarischen Bastionen dieser neuen Weltliteratur genannt, nur einige Stimmen zitiert werden.

1981 ging der Booker Preis, die angesehenste literarische Auszeichnung Englands, an Salman Rushdies Parabel auf das moderne Indien: *Midnight's Children.* In den folgenden Jahren waren unter den Preisträgern zwei Australier, ein Südafrikaner, eine Schriftstellerin polnischen Ursprungs, ein Nigerianer und ein Autor mit japanischen Wurzeln. 1992 bekam Michael Ondaatje diesen Preis zugesprochen. Er stammt aus Sri Lanka und beruft sich auf indische, holländische und englische Vorfahren, er wurde in England erzogen und lebt heute in Kanada. Kurz zuvor erhielt Derek Walcott den Nobelpreis. Er, der auf St. Lucia in der Karibik geboren wurde, pendelt heute zwischen Boston und Trinidad und hat afrikanische, holländische und englische Wurzeln.

Es läßt sich bereits eine Entwicklung ablesen, die für diese neue Weltliteratur symptomatisch ist: Die Epizentren verlagern sich von den Industriestaaten auf

Territorien, die den früheren Kolonien der Großmächte entsprechen. Die englischsprachige Literatur kennt diese Tendenz ebenso wie die der französischen und spanischen Sprache.

Kazuo Ishiguro ist japanischen Ursprungs und wurde 1989 mit dem Booker Preis ausgezeichnet. Hanif Kureishi, ein Kind pakistanischer Immigranten, erzielte in England mit seinem Roman *The Buddha of Suburbia* einen großen Erfolg. Ben Okri, der zweiunddreißigjährige Nigerianer, der in Miami geboren wurde, gewann den Booker Preis 1991 mit *Famished Road*. Timothy Mo, ein aus Hongkong stammender Chinese, hat gleichermaßen Standbeine in mehreren Kulturen, was sich in seinem Erfolgsbuch *Sour Sweet* niederschlägt, in dem ein Bild von London entworfen wird, das sich auf Chinatown konzentriert und in dem kein einziger Weißer figuriert. Ein weiteres Beispiel liefert Keri Hulme mit ihrem Roman *The Bone People*, der in der Tradition der Maori angesiedelt ist und den Zusammenprall von autochthoner Kultur und Moderne widerspiegelt. In Michael Ondaatjes Büchern stehen ebenfalls entwurzelte Charaktere im Mittelpunkt, die in Kulturen leben, in denen sie nicht geboren wurden.

Eine neue Form der »planetaren« Fremde greift als Merkmal einer Epoche um sich. Vikram Seth reiht sich in diese Linie ein; er wurde vor vierzig Jahren in Kalkutta geboren, schrieb drei auf dem englischsprachigen Buchmarkt vielbeachtete Gedichtsammlungen und ein Reisebuch; gegenwärtig bereitet er einen umfangreichen Roman vor. Amitav Ghosh, ein indischer Schriftsteller der jungen Generation und zugleich Anthropologe, ist bereits mit seinen Romanen in alle Weltsprachen übersetzt. Sein Buch *Schattenlinien* hatte auch in deutscher Sprache Erfolg. Schnittpunkte der Kultur- und Religionstraditionen zwischen Hinduismus, Buddhismus und Islam finden ihren Ausdruck in den Charakteren, die zwischen Indien, Algerien und England wandern.

Wole Soyinka stellt die afrikanische Kultur im Widerspruch zwischen Aufbruch und traditioneller Verankerung dar. Neben ihn tritt immer deutlicher der somalische Schriftsteller Nuruddin Farah mit einem Werk von transkultureller und politischer Brisanz in die Weltöffentlichkeit. Er spricht außer Englisch auch Somali, Arabisch, Amhatisch und Italienisch. Seit über achtzehn Jahren lebt er im Londoner Exil. Nachdem sein satirisches Buch über die politischen Eliten Somalias *A Naked Needle* (1976) erschienen ist, steht sein Name weit oben auf den Fahndungslisten des somalischen Geheimdienstes. Nuruddin Farahs Werdegang ist bezeichnend für einen Schriftsteller der neuen Weltliteratur: Er wies ein vielversprechendes Stipendium an der University of Wisconsin zurück, um sich stattdessen für einen Studienplatz in Indien zu bewerben, wo er an der Universität die Vielzahl der Kulturen aus eigener

Anschauung erfahren konnte. Bereits in Indien begann er über die Menschen seiner Heimat zu schreiben, und dies zu einem Zeitpunkt, als das Somali als Schriftsprache noch gar nicht existierte. Erst 1972, zwei Jahre nach dem Erscheinen seines Erstlingsromans, bildete sich diese Sprache zur Schriftsprache aus. Bereits Ende der achtziger Jahre begann Nuruddin Farah einen Roman über den somalischen Bürgerkrieg zu schreiben. Seine Fiktion war der politischen Wirklichkeit um Jahre vorausgeeilt, was einmal mehr die prognostische Kraft der neuen Weltliteratur beweist. Das betrifft etwa seine frühe Erkenntnis der totalitären Machtstrukturen des Regimes von Mohamed Siad Barré, vor allem aber die Einsicht in die kulturellen und religiösen Konflikte Afrikas, die heute die internationale Politik beeinflußen. Nuruddin Farah steht in der großen Tradition der oralen Literatur, die in Somalia Sprichwörter, Gedichte und Erzählungen über Generationen weiterreicht. In den Jahren 1979 und 1983 enstanden *Variations on the Theme of an African Dictatorship*, in denen die zentralen Themen der neuen Weltliteratur aufgegriffen werden: der Antagonismus zwischen Tradition und Moderne, zwischen westlicher und indigener Kultur, die Hilflosigkeit der Frauen in den aufbrechenden Familienstrukturen, die Kinder als Opfer, als Ware einer merkantilen Welt, die Leidensfähigkeit der bäuerlichen Bevölkerung – schlicht, die condition humaine eines afrikanischen Staates, der für den Weltreisenden zum Paradigma eines Kontinents wird und dem Farah in seiner Kultur zu einem Echo verhelfen möchte.

In Frankreich feiert gegenwärtig Milton Hatoum Triumphe mit seinem Roman *Récit d'un certain Orient*, der im Original 1989 unter dem Titel *Relato de um certo Oriente* in Brasilien erschien und dort bereits den begehrten Jabuti-Preis erhielt. Milton Hatoums Biographie entspricht den Lebensläufen der neuen Literaten: Er wurde 1952 in Manaus (Brasilien) als Kind libanesischer Einwanderer geboren. Ein Diplom der Universität von Paris ermöglicht ihm, an der Universität von Manaus französische Literatur zu unterrichten. Sein Roman wurde bereits in mehrere europäische Sprachen übersetzt. Die Handlung des Romans hat transkulturelle Züge: Nach langer Abwesenheit kehrt eine junge Frau nach Manaus zurück, wo sie vom Tod des Familienoberhaupts Emile erfährt. Er, der aus dem Libanon eingewandert war, verkörperte die Seele der Familie. Das Haus der Kindheit wirkt nun leer und verlassen. In der Endlosigkeit Amazoniens spannt sich ein Bogen zwischen Orient und Okzident, zwischen der Sinnlichkeit der brasilianischen und den tiefen Wurzeln einer weit vergangenen libanesischen Kultur.

Ein zweiter Schriftsteller, der nicht nur in Frankreich, sondern auch in der angelsächsischen Welt einen Platz in der ersten Reihe der Gegenwartsliteratur einnimmt, ist der Inder Shasi Tharoor, der 1956 in London geboren wurde, wo sein Vater der Leiter der indischen Zeitung *Statesman* war. Nachdem er in Indien von Jesuiten erzogen worden war, studierte er in den USA und schrieb seine Examensarbeit über die Außenpolitik Indira Gandhis. Heute arbeitet er für die UNO. 1989 legte er in Amerika seinen ersten Roman über das indische Sanskritepos *Mahabharata* vor, eine Aufarbeitung der indischen Geschichte, ihrer kulturellen Pluralität und ihrer Gründerfiguren Mahatma Gandhi und Nehru. Der Roman enthält feine Anspielungen auf E. M. Foster, jenen Indienkenner einer früheren Epoche. Shasi Tharoor sucht in seinem Buch nach den tiefen Spuren des genealogischen Baums, wie er in dem Epos *Mahabharata* seinen Ausdruck findet. Das breite Arsenal politischer Traditionen kommt zur Sprache, der Kampf gegen die Engländer, das Phänomen von Karnistan, jener islamischen Utopie, die in der Geschichte prägend werden sollte. Shasi Tharoor läßt die verschiedensten Gruppierungen, die Thakur, Marwari, Nair, Lingayat und Paria zu Wort kommen. Er skizziert das breite Spektrum der hinduistischen Rituale, spricht aber auch von den Angloindern, von indischen Anglikanern, von Juden, Parsen und Sikhs. Selbst der letzte Vizekönig der englischen Krone, Lord Mountbatten, taucht in verschlüsselter Form in dem Roman auf. Der Mikrokosmos der indischen Geschichte mündet in eine politische Gegenwart, deren eruptive Gewalt in den ethnisch-religiösen Konflikten mit bedrohlicher Aktualität vorausgesagt wird.

Die indische Schriftstellerin und Regisseurin Mira Nair, die heute in den USA arbeitet, hat dieses Thema in ihrem Straßenepos *Salaam Bombay*, das ein Welterfolg wurde, ebenfalls aufgegriffen. Ihr Film ist gleichermaßen Ausdruck einer internationalen Kultur wie das Werk des afrikanischen Schriftstellers Chinua Achebe. Es steht für eine dezentralisierte Welt mit einer transkulturellen Symmetrie, die ihren Niederschlag in der neuen Weltliteratur findet.

Die lateinamerikanische Literatur hat, um den Kreis der Beispiele zu schließen, eine längere Tradition kosmopolitischer Autoren. Octavio Paz, der als Schriftsteller und Diplomat viele Jahrzehnte in Japan, Indien, Amerika und Europa gelebt und gewirkt hat, ist hier ebenso zu nennen wie der Mexikaner Carlos Fuentes, der in Nordamerika an der Harvard University lehrte und immer wieder in Europa lebte, aber auf längeren Forschungsreisen auch Afrika und Asien besuchte. Der Peruaner Mario Vargas Llosa, Autor und ehemaliger Präsidentschaftskandidat, verfügt seit vielen Jahren über eine Wohnung in London, verbrachte ein Jahr am Wissenschaftskolleg in Berlin und lehrt immer wieder an nordamerikanischen Universitäten. Paris war und ist immer noch ein Zentrum der lateinamerikanischen Literatur. Der argentinische Autor Julio

Cortázar verbrachte dort sein Leben. Der Kubaner Alejo Carpentier verfaßte sein bedeutendes literarisches und essayistisches Lebenswerk als Kulturattaché der kubanischen Botschaft in Paris. Der Kubaner Guillermo Cabrera Infante, der seit der Revolution Fidel Castros im Londoner Exil lebt und mit den *Drei traurigen Tigern* ein epochales Werk der lateinamerikanischen Literatur schuf, das in alle Weltsprachen übersetzt wurde, steht neben dem gerade in Paris verstorbenen Kubaner Severo Sarduy. Er lebte seit 1959 in Frankreich und war chinesisch-spanischer Abstammung. Auch Sarduys Werk ist in fünfundzwanzig Sprachen übersetzt. Sein Roman *Woher die Sänger sind* (1967) verbindet westafrikanische, spanische und asiatische Elemente. Er zitiert darin das berühmte kubanische Lied »Son de la loma«, das die musikalischen Ursprünge Kubas offenlegt. In seinem Roman *Kolibri* (1984) betont er die schillernde Stimmung der karibischen Halbwelt, glitzernd wie eine Straußenfeder. In seiner Pariser Zeit hatte er als verantwortlicher Lektor erst bei Seuil und später bei Gallimard, wo er die angesehene Reihe »Nouvelle Croix du Sud« herausgab, großen Einfluß auf die Verbreitung lateinamerikanischer Literatur.

Es sei noch Jorge Luis Borges genannt, jener Weltbürger, der einen Lehrstuhl für angelsächsische Literatur in Buenos Aires hatte. In seinem Werk schöpft er tief aus der europäischen, indischen und amerikanischen Mythologie. Ihm stand A. C. Swinburne ebenso nahe wie R. W. Emerson, Walt Whitman und die griechischen Heldensagen; zugleich aber war er in der argentinischen Mystik zu Hause. Er, ein Porteño par excellence, der die Welt unablässig bereiste, auch noch als er längst erblindet war, kehrte am Ende seines Lebens zu seinen Ursprüngen zurück nach Genf, wo er als Kind erzogen wurde und nun gegraben liegt. Schließlich seien noch Gabriel García Márquez und Jorge Amado erwähnt, die seit vielen Jahren in Barcelona und Paris Zweitwohnsitze haben.

Die Liste der Beispiele scheint unerschöpflich zu sein. Amerika kennt Peter Matthiesen mit seiner ökologisch-globalen Reiseliteratur; aber auch andere Sparten der Kunst öffnen sich einem erweiterten zivilisatorisch-politischen Bewußtsein; denken wir nur an den Welterfolg des Photographen Sebastiaõ Salgado aus Brasilien, der heute im Palais de Toyo in Paris, morgen in New York ausstellt. In seiner visuellen Archäologie nimmt er stets Rücksicht auf den arbeitenden Menschen in seiner Kulturtradition und seiner besonderen Schaffensweise, sei sie handwerklich-vorindustriell wie in Indien, Pakistan, Rußland, bei den Minenarbeitern und Goldsuchern in Brasilien oder maschinelltechnisch wie auf den weiten Ölfeldern Kuweits nach dem Golfkrieg, dem er eine Reportage gewidmet hat.

2. *Die politischen Voraussetzungen für die neue Weltliteratur*

Das zwanzigste Jahrhundert ist von politisch verursachten Katastrophen, von Diktaturen, Kriegen, Kolonisation, Dekolonisation und einem heute rasant zunehmenden ökologischen Ungleichgewicht geprägt. Wir leben in einer Epoche der Flüchtlingsbewegung, die heute potentiell etwa 1,5 Milliarden Menschen erfaßt, die von Extremismus, politischer und religiöser Verfolgung in allergrößtem Ausmaß bedroht sind. Nach offiziellen Schätzungen der UNO ist von 15 bis 17 Millionen Flüchtlingen in der Welt auszugehen, die der Gewalt weichend außerhalb der Grenzen ihrer Heimatstaaten leben. Dazu kommen die Menschen, die durch Binnenfluchtbewegungen als »displaced persons« bezeichnet werden dürfen; ihre Zahl wird auf über 20 Millionen geschätzt. Die herkömmlichen Flucht-, Exil- und Asyldefinitionen müssen deshalb in Frage gestellt werden. Durch diese jüngeren weltweiten Flüchtlingswellen wird das Fremdsein zum wesentlichen Bestandteil der menschlichen Existenz, und zwar für mehr Menschen als jemals zuvor.

Die ausklingende Phase des zwanzigsten Jahrhunderts wird also von Migration bestimmt, wobei die Seßhaftigkeit vieler Millionen Menschen von einem verstärkten Nomadisieren durchkreuzt wird. Diese Tendenz betrifft das neue Europa nach der Auflösung der rigiden Ost-West-Konstellation, die Staaten der ehemaligen Sowjetunion, den Vielkulturenstaat Indien, Pakistan, Birma mit der Vertreibung der Moslems, aber auch die islamischen Kulturen des Nahen Ostens sowie die Staaten Afrikas, Äthopien beispielsweise oder Somalia, Angola oder Moçambique, und natürlich Lateinamerika, hier wäre etwa Peru zu nennen. In Afrika leben bis zu 100.000 Banyarwanda in Ruanda, Tansania und Uganda, und circa 4 Millionen Afghanen sind bereits zu einem früheren Zeitpunkt in den Iran und nach Pakistan geflüchtet. Ein Fünftel der afghanischen Bevölkerung lebt im Exil. Über 50.000 ehemals sowjetische Juden wanderten allein zwischen 1970 und 1979 nach Israel und in die USA aus. Zirka eine Millionen Menschen aus Südostasien, aus Kuba und Mittel- und Südamerika flüchteten zwischen 1975 und 1983 in die USA, eine Entwicklung, die sich fortwährend verstärkt. Kurzum, es wird deutlich, in welchem Maße transkulturelle Bewegungen zu einem Hauptproblem der gegenwärtigen Weltpolitik geworden sind. Diese überwältigende politisch-zivilisatorische Entwicklung beeinflußt die Wahl der Themen in der Literatur weltweit, unabhängig davon, ob die Schriftsteller noch in ihren ursprünglichen Staaten leben oder in den Metropolen anderer Länder Zuflucht gesucht haben.

3. *Das Fremdsein und das Anderssein in der veränderten Perspektive der Gegenwart*

Heute erleben wir eine neue Form der Fremde, die geographisch entgrenzt ist. Sie wird zu unserer eigentlichen Heimat, getragen von einer übermächtigen Ubiquität. Diese fortschreitende Tendenz wird zu einem Wesenszug jener neuen Weltliteratur, die diese Fremde als neue Heimat annimmt und ihre Protagonisten in ein neues Zentrum rückt. Entsprechend erhalten Fremdsein und Anderssein eine neue Zuordnung, der Begriff der Heimat erscheint in neuem Licht. Die Bücher der erwähnten Schriftsteller haben eine Gemeinsamkeit darin, daß sie eine besondere Spurensuche, in konzentrischen Bewegungen auf diese neue Lebensmitte zu, unternehmen, um in die Randbezirke des äußeren und inneren Auslands vorzudringen, in dem ihre Figuren leben. Die neue Literatur schöpft aus der Ortsveränderung, aus dem Unterwegssein und dem Gefühl des Fremdseins eine besondere Kraft, oft sogar eine innere Ruhe.

Die neue Fremdheitsmitte einer Weltzivilisation ist der Ort, an dem sich die Schriftsteller der neuen Literatur thematisch treffen; von dort brechen sie auf, ihre Wege trennen sich, um schließlich wieder zurückzukehren; dort sammeln sie Kräfte, um zu einer Selbst- und Fremderfahrung zu gelangen, die immer wieder neu aufeinander bezogen werden. Der in Rumänien geborene jüdische Schriftsteller Elie Wiesel, der heute in New York lebt, erkannte frühzeitig: »Der Fremde vertritt all das, was wir nicht sind [...], er stellt unsere eigene Rolle in der Gesellschaft in Frage. Ich muß ihn nur ansehen, um zu begreifen, daß auch ich, in den Augen eines anderen, ein Fremder sein kann [...] Letztlich fürchte ich ihn nur, weil ich vor mir selbst erschrecke [...] Er gleicht mir.«

Die neue Weltliteratur strebt nach dem Ideal einer polykulturellen und somit auch vielfachvalenten Welt, die immer neue Spielarten des Synkretismus innerhalb ihres weiten Radius annehmen kann; die Positionen werden vertauscht und scheinbar Fremdes als Eigenes und Eigenes als Fremdes vorgestellt. Die Wechselwirkung von Selbst- und Fremdverständnis fordert die weltaufschließende Entwicklung der einzelnen Persönlichkeit in der Begegnung mit dem Fremden. Werner Sombart zeigte frühe Einsicht, als er formulierte: »Es wäre eine reizvolle Aufgabe, die gesamte Menschheitsgeschichte unter dem Gesichtspunkt des Fremden zu schreiben.« Hier stellte der Nationalökonom Sombart, der in seinem Gesamtwerk die Kraft der Kultur im Prozeß der Zivilisation des Menschen hoch einschätzte, einen Leitgedanken in den Raum, der auch für die Literatur bestimmend werden sollte. Dies zumal in einer Welt, die sich in technologischer Hinsicht immer stärker vereinheitlicht, was dem

Bedürfnis nach Wahrung der kulturellen Eigenständigkeit und Vielfalt, wie es in der neuen Literatur zum Ausdruck kommt, entgegensteht.

In Frankreich hatte Patrick Chamoiseau einen bahnbrechenden Erfolg mit seinem Roman *Texaco*, der diese Problematik aufgreift. Chamoiseau stammt aus Martinique, er kennt die Tradition der »négritude«, wie sie Aimé Césaire in die Literatur einbrachte, und wird zugleich in seinem Schreiben grenzüberschreitenden Ansprüchen gerecht. 1992 gewann er mit seinem Roman den Prix Goncourt, der ihm einen Verkaufserfolg mit einer Auflage von 300.000 Exemplaren sicherte. Das Fremde wird in seinen Schriften zum Ferment der Kulturentwicklung, Fremdverstehen und Selbstverstehen gehen ineinander über, kulturelle Überschneidungsmomente bestimmen die Logik des Denkens und Handelns seiner Figuren. Das Fremdsein wird metaphysisch hinterfragt, nämlich inwieweit das Empfinden der Fremde nicht zur existenziellen Grundbefindlichkeit des Menschen gehört. Eine solche Einsicht findet sich in der deutschsprachigen Literatur zum Beispiel bei dem weitgereisten Wolfgang Koeppen, dessen Werk von zahlreichen Begegnungen mit fremden Kulturen erzählt. Koeppen bevorzugt für sich die fremdkulturelle Lage des Ausländers: »[...], weil zwischen mir und allem eine Distanz ist, eine Barriere, und zwar nicht nur in der Sprache. [...] Es ist ein schöner Zustand.«

Es geht hier weniger darum zu reisen, um sich durch die Entdeckung des fremden Raums eine innere Einsamkeit zu schaffen, als darum, in einer Welt zu leben, die durch die Verschiedenartigkeit der Menschen geprägt ist und dadurch auch die Verpflichtung in sich trägt, Verschiedenheit und Ähnlichkeit anzuerkennen. Das Individuum formt sich durch Konflikte, die sich aus dem Ringen um seine Identität ergeben. Frantz Fanon hat dies aus anthropologischer Sicht in seiner Schrift von 1952 *Peau noire masques blancs* im arabisch-europäischen Dialog erkannt. In dieser Tradition eines Zorns, der von sich geschleudert wird, als wäre er heilig, stehen heute Schriftsteller wie der Ägypter Nagib Machfus oder der Inder R. K. Narayan, die in ihrem Lebenswerk die Fremdheit des nicht gänzlich Fremden zu überwinden suchen. Sie wissen nur allzugut, daß man mit der Heimat mehr verliert als einen Flecken umgrenzter Erde.

Und doch unterscheidet sich der neue Heimat- und Fremdheitsbegriff von dem traditionellen Heimat- und Fremdheitsbegriff, wie er etwa für die Exilanten, die durch die Nationalsozialisten außer Landes getrieben wurden, gegolten hat. Stefan Zweig, der in Brasilien Zuflucht fand, schrieb noch kurz vor seinem Freitod in *Die Welt von gestern*: »[...], daß seit dem Tag, da ich mit fremden Papieren oder Pässen leben mußte, ich mich nie mehr ganz als mit mir zusammengehörig empfand. Etwas von der natürlichen Identität mit meinem ursprünglichen und eigentlichen Ich blieb für immer zerstört. Ich bin zurückhaltender geworden, als meiner Natur eigentlich gemäß wäre, und habe – ich, der einstige Kosmopolit – heute unablässig das Gefühl, als müßte ich jetzt für jeden Atemzug Luft besonders danken, den ich einem fremden Volk wegtrinke.«

4. *Das Fremde als das Besondere der neuen Weltliteratur, ihr historischer Bezug und ihre Aktualität*

Aus anthropologischer Sicht wird deutlich, daß Fremdsein in der Folge von politischen, rechtlichen und sozialen Spannungen keineswegs Begleiterscheinungen nur unseres Jahrhunderts sind. Kulturen aller Epochen und geographischer Territorien standen vor dem Problem, mit Fremden umzugehen, sie auszugrenzen oder zu integrieren. Und doch ist die heutige Weltzivilisation und damit auch ihre Literatur besonders davon betroffen. Es geht um neue Formen des Fremdseins in einer »planetaren«, weltumspannenden, Zivilisation, um neue Rechtsdefinitionen, die den Begriff der menschlichen Würde neu bestimmen. Die Menschenrechtskonferenz der UNO im Juni 1993 legte in ihrer Zerrissenheit ein Beispiel dafür ab. Die Weltzivilisation – und mit ihr die Literatur – rückt die Notwendigkeit des interkulturellen und interreligiösen Dialogs in den Vordergrund, der graduell die Fremdheit im herkömmlichen Verständnis überwindet. Das Fremdartige des Anderen soll keine Angst mehr hervorrufen. Die gesamte neue Weltliteratur ist ein Plädoyer für diese Haltung. Im Gegenteil, die Faszination, die vom Fremden ausgeht, wird verstärkt und erinnert zuweilen an die Tradition des Heiligen, mit der das Unbekannte in vielen Kulturen verknüpft war und ist. Wir erinnern an die mesoamerikanischen Hochkulturen, an die Azteken, die, als sie zum ersten Mal Europäer zu Gesicht bekamen, glaubten, weißen Gottheiten gegenüberzutreten. Ebenso erging es den Babukusu Ostafrikas, die in den ersten Weißen die Verkörperung eines bösartigen Flußgeistes zu erkennen glaubten, zu dessen Besänftigung sie Fleischopfer darbrachten.

Der Begriff der Fremde, wie er heute in der Literatur erscheint, hat sich vom mythologischen Beispiel der Zyklopen entfernt, die als menschenfressende Riesen in Homers *Odyssee* vorkommen und bezeichnenderweise außerhalb der griechischen Welt und des Einflußbereichs der Götter auf Sizilien lebten. Die Zyklopen wurden als sittenlos, als der damalige Inbegriff des typisch Fremden gebrandmarkt. Wie groß der Unterschied zu der heutigen Auffassung des Fremdseins ist, liegt auf der Hand. Georg Simmel verdanken wir eine Soziologie des Fremden, in der es zum Prüfstein für den Gedanken der Gleichheit und des Rechts auf Freiheit wird, wie er die abendländische Geistesgeschichte verstärkt seit der Aufklärung prägt. Georg Simmel schreibt in seinem Exkurs über das Fremde 1908 wörtlich: »Es ist hier also der Fremde nicht in dem bisher vielfach berührten Sinne gemeint, als der Wandernde, der heute kommt und morgen geht, sondern der, der heute kommt und morgen bleibt – sozusagen der potentiell Wandernde [...] Denn das Fremdsein ist natürlich eine ganz positive Beziehung, eine besondere Wechselwirkungsform.« Diese Einsicht in die Moderne zu Beginn des Jahrhunderts, die auch für die Literatur verpflichtend werden sollte, erkennt das Vermögen des Menschen zur Vielfalt der Kulturen und sieht die Ambivalenz, die sich aus der Furcht vor dem Fremden und zugleich aus seiner Faszination ergibt. Karl Löwith, aber auch Martin Buber mit seinem Begriff des »Zwischenmenschlichen« als der Grundlage für das dialogische Prinzip, Franz Rosenzweig und Ernst Cassirer mit seinen Überlegungen zu Individuum und Gesellschaft in seinem Exilbuch *Essay on Man* haben die epistemologische Grundlage für das Fremdsein in der Moderne gelegt. Vor diesem Hintergrund kann heute die Erfahrung der »Anderheit« (ein Begriff von Alfred Schütz) der neuen Weltliteratur artikuliert werden, wobei der Fremde um seine immer nur vorläufige Identität ringt, da sie sich aus jeder kulturellen Begegnung neu konstituiert. Um diese Anderheit und das Fremdsein heute in ihrer Besonderheit begreifen zu können, müssen sie anthropologisch gegen die historischen Ausprägungen abgehoben werden.

In den archaischen Kulturen war der Fremde derjenige, der zu dem Stamm keine Verwandtschaftsbeziehungen nachweisen konnte. Ihm wurde die Anerkennung verweigert, was bedeutete, den Fremden zu ächten, ihn straflos zu plündern oder gar zu töten. Im Fremden wurde stets eine Bedrohung für die anerkannten Normen und die verbindliche Ordnung der Gesellschaft gesehen.

Die neue Weltliteratur, die sich um die Überwindung dieser archaischen Vorstellungswelt bemüht, scheint häufig auf eine Tradition der griechischen Mythologie, die sich mit der besonderen Rolle des Fremden auseinandersetzte, zurückzugreifen. Das eigenartige Verhältnis zwischen Zeus und einem Fremden zeigt sich darin, daß das Oberhaupt der Götter eine Verkleidung wählte, um das Allerheiligste mit der Figur des Außenseiters zu verknüpfen. Die Tatsache, daß Gott die Figur eines Bettlers oder Fremden wählte, sicherte die Gültigkeit des Gastrechts als moralische Verpflichtung. Für die heutige Kultur und Literatur gilt es, diese Würdigung des Fremden auf eine sozialpolitische Ebene zu übertragen. Es geht um die grundsätzliche Wertschätzung des Anderen und der fremden Kultur mit dem Ziel, einen interkulturellen und interreligiösen Dialog zu verstärken.

In der neuen Literatur wird immer wieder die Forderung artikuliert, die Fremden müßten herzlich empfangen werden, weil man selbst, ist man unterwegs, auch freundlich empfangen werden möchte. Gerade die arabischen Kulturen kennen eine heilige Pflicht des Gastrechts, die von der Heiligkeit der Frau im Haus abgeleitet wird. Die Gewährung der Gastfreundschaft sichert auch in der griechischen Welt die Ehre, die sich durch die Verbindung des Fremden mit dem Heiligen noch erhöht. Entsprechend stehen die Gottheit und das Unbekannte in einem Austausch. Es darf von einer Heiligkeit des Gastrechts gesprochen werden, die weniger den Folgen des Glaubens entspringt als der Tatsache, daß die Konfrontation mit dem Fremden das Zusammentreffen der bekannten Welt mit dem Reich des Geheimnisvollen markiert. So spricht zum Beispiel Mircea Eliade in seiner vergleichenden Religionsphilosophie dem Fremden ein hohes Maß an Heiligkeit zu, da es der außergewöhnlichen Welt angehört; das Geheimnis, das das Fremde umweht, setzt es mit dem Heiligen in Verbindung. Das Geheimnisvolle wird zu einem Medium für die Sichtbarwerdung Gottes. Aus anthropologischer Sicht läßt sich verstehen, daß der Fremde Gefährlichkeit wie Heiligkeit aus der Teilhabe an einer außergewöhnlichen Welt bezieht. Indem man dem Fremden Zutritt zur eigenen Welt gewährt, verwandelt er sich in ein gesellschaftliches Wesen; das zunächst Nicht-Faßbare wird auf die Ebene der bekannten Welt herabgestuft. Die Verkehrung bedeutet immer eine Umwandlung vom feindlichen Fremden – »hostis« – in einen Gast – »hospes« –, wie es die Autoren der Antike formulierten.

Der Rückgriff auf die antike Mythologie ist für die Erklärung des heutigen Bilds des Fremden in der neuen Weltliteratur sehr hilfreich. In ihr vollzieht sich eben diese Umschichtung vom Feind- zum Freundesbild. Das Bild des Fremden wird der gegenwärtigen Welt einverleibt und erhält deutlich positive Akzente.

5. *Der planetare Charakter: Das neue Bewußtsein der Literatur*

Im 19. Jahrhundert war die Geschichtsauffassung des Menschen nur teilweise planetarisch; es handelte sich vielmehr um die Geschichte verschiedener Territorien, die nicht alle in Beziehung zueinander standen. In der früheren Menschheitsgeschichte, die etwa vor 10.000 Jahren in Mesopotamien, vor etwa 4000 Jahren in Ägypten, vor 2000 Jahren im Industal und im Tal von Haung Po in

China begann, war dies noch viel weniger der Fall. In einer einzigartigen Metamorphose entwickelten sich die kleinen Gesellschaften ohne Ackerbau, ohne staatliche Ordnung und ohne Städte zu Königtümern und Mächten mit Zehntausenden, dann Hunderttausenden und Millionen von Menschen, die den Ackerbau kannten sowie Arbeitsteilung, soziale Schichtung, kriegerische Auseinandersetzungen und Sklaverei. Sie entwickelten in ihren Religionen ein symbolisches Bewußtsein, das den gesamten zivilisatorischen Aufschwung begleitete. Hier lassen sich das Ägypten der Pharaonen, Assyrien, Babylonien, die etruskische Kultur, die Olmeken, Perser, Athener, Mayas, Tolteken, Zapoteken, Byzanz, die Azteken, Inkas, Ottomanen und später die Habsburger nennen.

In keinem dieser Reiche wäre eine Literatur von planetarem Zuschnitt möglich gewesen. Die Partikularinteressen waren stärker als das politische und symbolische Bewußtsein. Im 19. Jahrhundert vollzog sich eine entscheidende Wende mit dem Erstarken Latein- und Nordamerikas. Dieser Kontinent hatte einen anderen Charakter als das noch in sich abgeschlossene Europa des 15. Jahrhunderts oder das China der Mingzeit. Sie verkörperten die wichtigsten Zivilisationen ihrer Epoche und lebten voneinander getrennt, ohne planetares Bewußtsein.

Zu Beginn des 20. Jahrhunderts kontrollierte Großbritannien die Seewege der Welt und herrschte über Indien, Ceylon, Singapur, Hongkong, Polynesien, Nigeria, Rhodesien, Kenia, Uganda, Ägypten, den Sudan, Malta und Gibraltar, also über ein Fünftel der Erdoberfläche. Unter der englischen Krone lebten 428 Millionen Menschen, rund ein Viertel der Weltbevölkerung.

Diese weltumspannende Herrschaft schlug sich auch auf das symbolische Bewußtsein, auf das Feld der Ideen, nieder. Der Gedanke einer gesamten Menschheit blitzte auf. Auguste Comte sah in der Menschheit an sich die Matrix seines Denkens. Das Bewußtsein des abendländischen Fortschritts und der Rationalität wurde universalistisch. Vorsichtig läßt sich vom Eintritt in eine planetare Ära sprechen; jeder Teil der Welt versteht sich nicht nur immer stärker als Bestandteil des Ganzen, sondern die Welt ist als Ganzheit verstärkt gegenwärtig in den einzelnen Teilen. Dies trifft auf die Nationen ebenso zu wie auf den einzelnen Menschen. Es läßt sich von einer Weltvergesellschaftung sprechen, die allgegenwärtig wird.

Diese kosmopolitische Kultur, die in Zusammenhang mit der planetaren Ära steht, ist die Voraussetzung für die neue Weltliteratur. Der zivilisatorische Entwicklungsstand des Menschen ermöglicht diese Literatur, die ihren Rang dadurch erhält, daß sie die existentielle Grundbefindlichkeit des Menschen in ihren weltweiten kulturellen und religiösen Varianten, den Überschneidungen und Verschränkungen, reflektiert.

Das Hauptanliegen dieser neuen Literatur ist es, den Antagonismus zwischen einer drohenden Einebnung der kulturgeschichtlichen Traditionen durch die moderne westliche Technologie, die sich immer schneller über die gesamte Welt verbreitet, und den Möglichkeiten neuer Begegnungen zwischen den Kulturen, neuer Synthesen und neuer Verschiedenartigkciten darzustellen. Die Identität des planetaren Menschen zu bestimmen, heißt, ein ausgewogenes Verhältnis für die Dialektik aus Einheit und Vielheit zu finden.

Das historische Bewußtsein der neuen Literatur beleuchtet, wie stark sich diese Dialektik verändert hat. Die ersten Nationalstaaten Frankreich, England und Spanien vereinten in sich die verschiedenen Ethnien in einem zivilisatorischen Raum, der zugleich eine nationale Einheit darstellte. Die polyethnischen Staaten, die sich im 20. Jahrhundert verstärkt bildeten, hatten historisch betrachtet zu wenig Zeit, um die nationale Integration auch ethnisch voranzutreiben, und so verloren sie ihre Einheit; das Beispiel von Ex-Jugoslawien spricht für sich. Weltweit haben sich viele Nationalstaaten formiert, nachdem sich die Ethnien von der Nation emanzipiert hatten, wodurch das Problem der Minoritäten entstand. Hier liegen die Quellen des Konflikts, die in der neuen Literatur immer wieder zur Sprache kommen; daneben treten nationalistische Tendenzen, die manchmal zu explodieren drohen. Die Vorstellung, Staaten zu begründen, die nur durch eine Ethnie getragen sind, rückt in der neuen Literatur immer stärker in den Hintergrund. Die Verankerung des Menschen in ethnischer und religiöser Hinsicht geht heute weit über die Grenzen des Nationalstaats hinaus, wobei der Staatsbegriff durchaus in seiner mythologischen Substanz erkannt wird. Die neue Literatur verstärkt die Einsicht, daß die heutigen Nationalstaaten polyethnischen Charakters sind. Die alten Nationalstaaten sind zu klein geworden für die Probleme transkultureller Art, und so tritt am Ende des Jahrtausends jene Zersplitterung ein, die wir in Osteuropa ebenso erkennen können wie in Indien, Pakistan oder dem Vorderen Orient.

Jeder vermeintliche historische Gewinn steht einem historischen Verlust gegenüber. So lautet eine wichtige Botschaft der neuen Literatur, vor allem vor dem Hintergrund des Widerstreits zwischen Modernität und Fundamentalismus in seinen religiösen Spielarten, zwischen Demokratie und Totalitarismus sowie Demokratie und Diktatur in den Staaten Afrikas, Asiens und Lateinamerikas. Der Widerspruch zwischen der Vielheit der Kulturen und Religionen auf der einen Seite und der Notwendigkeit einer planetaren Zivilisation auf der anderen bricht auf.

6. *Die Eigengesetzlichkeit der Technologie und der kulturelle Widerstand*

Die Staaten der Peripherie kennen in zunehmendem Maße eine Urbanisierung weiter Bevölkerungskreise. In der industrialisierten Welt nimmt die Atomisierung der einzelnen menschlichen Existenz und in Folge hiervon die bedrohliche Anonymität des Menschen zu.

Die neue Literatur setzt sich mit dem Verhältnis von Technologie und Kultur, vor allem mit den Auswirkungen jener Algebraisierung der Alltagskultur in den Industriestaaten, verstärkt auseinander. Der Verlust an Transzendenz für eine zunehmende Zahl von Kulturen, der durch die Logik der Maschine und der Informatik, die für den Menschen in seiner zweckgebundenen, sachorientierten und empirisch begründeten Existenz immer bestimmender werden, ausgelöst wird, ist ein unumkehrbarer Prozeß. Diese Schickung und diese Tragik zugleich spiegeln sich in den Protagonisten der neuen Literatur wider. Jene Vorstellung einer Rationalisierung, die mit strikter Funktionalität, mit übersteigerter Spezialisierung der Arbeitswelt und letztlich mit einer Chronometrisierung des Zeitempfindens des Menschen gleichgesetzt wird, wird als verhängnisvolle existientielle Bedrohung empfunden. Besonders aufschlußreich ist der Vergleich zwischen archaischeren Kulturen und der industrialisierten Welt, wie er in der Literatur zum Ausdruck kommt. Jener Gehorsam gegenüber der Maschine, die das Kommando übernimmt, wird unterlaufen. Die Literatur ruft den Menschen zum Widerstand gegen eine überwuchernde bürokratische Organisation auf, die ihre Leitsterne in übersteigerter Effizienz, dem blinden Vertrauen auf Vorhersehbarkeit, Kalkulierbarkeit, schlicht, Beherrschbarkeit und Selbstmächtigkeit des Menschen sieht. Der sinnentleerten Eigenlogik der Rationalisierung wird die Forderung nach einer kritischen Rationaliät entgegengehalten. Hier klingt ein besonderer holistischer Grundton an, der sich immer wieder in der neuen Literatur findet. Alle Lebensbereiche sind miteinander verbunden, so auch die Natur mit dem Übernatürlichen; die irdische Existenz des Menschen ist in eine kosmische Ordnung eingegliedert – je nach der kulturell-religiösen Tradition des jeweiligen Schriftstellers. Den Autoren ist bewußt, daß ihre Einstellung sich nicht immer mit der politischen und theologischen Wirklichkeit deckt, wie sie für weite Teile der Weltzivilisation Gültigkeit hat.

Ein wiederkehrendes Paradoxon fesselt die Protagonisten der neuen Literatur: Einerseits soll die universelle Einheit des Menschen in einer planetaren Zivilisation verstanden, bewahrt und weiterentwickelt werden, andererseits soll mit gleichem Recht auch die Vielfalt erhalten und sogar ausgebaut werden.

Die Kulturen müssen sich also bewahren und gleichzeitig öffnen. Die neue Weltliteratur führt die Möglichkeit der Begegnung im Sinne eines Synkretismus an vielen Stellen ein. Jene vermischende Universalität in der technischen Weltzivilisation soll einem kosmopolitischen Menschen die Türen öffnen, der tatsächlich die Bezeichnung verdient, Bürger dieser Welt zu sein. Es geht weniger um den Verlust an kultureller und religiöser Substanz durch den Austausch einer Zivilisation durch eine andere als um eine immer wieder neu zu bewirkende Synthese. Auf diese Weise ensteht bei der Skizzierung der Charaktere das Bild eines Weltbürgers, der sich auf konzentrische Identitäten stützt, die die familiäre Identität ebenso berücksichtigen wie die lokale, regionale und letztlich auch die nationale. Aus dem Raum, in dem sich die Menschheit einrichtet, soll ein Haus konstruiert werden, das dem Planeten entspricht, ausgestattet mit der Möglichkeit, die Diversität der menschlichen Existenz auszuleben. Die Lebenswelt kann eben weder ohne Leben noch ohne Welt auskommen. Die verantwortliche, maßvolle Rationalität, die gefordert wird, kennt die Grenzen der Logik, der Empirie, des Determinismus, der mechanischen Weltsicht, und die breitgefächerten Mythologien der Kulturen, vor allem die Subjektivität und Individualität des Menschen, samt seiner Affekte, die sich bis zur Bejahung des Irrationalen steigern können. So werden auch Elemente, die sich der Ratio widersetzen, durchaus als lebenswert anerkannt.

7. *Die Behauptung des Poetischen in einer prosaischen Welt*

Die neue Weltliteratur kehrt sich gegen die Tendenz der schnell fortschreitenden Technisierung, die die prosaische und die poetische Lebensdimension getrennt hat.

In den archaischen Kulturen gab es eine Wechselwirkung zwischen beiden Ebenen in den verschiedenen Bereichen der Alltagskultur, wobei die Fertigkeit der täglichen Arbeit und die übergeordnete metaphysische Bedeutung noch aus einem Guß waren. In der archaischen Kultur gehorchte zum Beispiel das Singen der Lieder einem vorgeschriebenen Versmaß, das vom Rhythmus des Gesangs bestimmt war, der wiederum in einem übergeordneten Zusammenhang mit den Gesetzen der Kultur stand. Auch die mimetischen Riten der Tänze vereinten das Prosaische und das Poetische. Das Poetische scheint nicht nur in der Kunst, im Fest, im Ritus, im Tanz, in der Liebe auf, sondern ebenso in den zweckbezogenen Praktiken. In der technischen Zivilisation hat das Poetische seinen Platz verloren. Die rationalen Aktivitäten und die gelebte

Empirie verlassen nicht den prosaischen Raum. Die alte Polarität ist zerbrochen. Das Prosaische in Gestalt der Funktionalität, der Rentabilität und des merkantilen Treibens drängt die poetische Dimension in die reine Kunst oder in das Privatleben zurück. Das Poetische wird zu einem Freizeiterlebnis ohne übergeordnete Einbindung in lebensnotwendige Strukturen der Kultur. An dieser Stelle setzt die Kritik der neuen Weltliteratur an, da eine Versöhnung beider Ebenen auch für die technische Weltzivilisation gefordert wird, die zu stark von einer Hyperthrophie der bürokratischen Welt gekennzeichnet ist. Die neue Weltliteratur bemängelt den Verrat am Poetischen in allen Lebensbereichen und verkündet die kühne Vision, nach der in den Ruinen der Moderne das Versprechen auf eine Wiederbelebung der poetischen Dimension aufleuchtet. Das Ruder wird im Religiösen und Politischen herumgeworfen, um eine Regeneration voranzutreiben, die auch in der technischen Welt die Poesie in der Alltagskultur zuläßt. In der neuen Weltliteratur wird offenkundig, daß ohne eine geistig-spirituelle Dimension die Existenz des Menschen im nächsten Jahrtausend nicht vorstellbar ist. Eine immer größer werdende Zahl von Lesern folgt mit wachsamem Interesse dieser Forderung und der Einsicht, daß sich globale Politik nicht mit der prosaischen Ebene begnügen darf, sondern die poetischen Möglichkeiten der menschlichen Existenz gerade heute voll ausschöpfen muß – entgegen allem Widerstand.

In den entstehenden interkulturellen und interreligiösen Dialogen erlebt der Mensch mit planetarem Bewußtsein einen poetischen Zustand, wie er in der Geschichte bislang noch nicht möglich war. Diese Komplementarität ist zukunftsweisend und sucht den Ausgleich zwischen den bisherigen Alternativen, zwischen dem Prosaischen und dem Poetischen. Die Botschaft der neuen Weltliteratur ist eindeutig: »Poetisch leben« heißt, sich auf die kulturellen und religiösen Identitäten zurückzubesinnen ohne jeden verhärteten Fundamentalismus, sondern im Bewußtsein der Interkulturalität und der planetaren Verantwortung.

Für eine Weltgemeinschaft, die heute in millionenfacher Weise durch Überbevölkerung, ökologische Katastrophen und Flüchtlingsbewegungen gebrandmarkt ist, liegt hier eine große Verantwortung, um dem Leiden und den Signien des Todes ein Bewußtsein der planetaren Gegenwart entgegenzustellen. In der neuen Literatur wird das Leben nicht lediglich als global empfunden; die Erde wandelt sich vielmehr vom Objekt, das teilnahmslos wie eine sterbende Fliege seziert wird, zum Subjekt, zu einer Biosphäre, die ihren Ort in einer kosmischen Ordnung finden muß. Die Menschen tragen die Entstehungsgeschichte ihrer irdischen Existenz und die daraus erwachsende Verantwortung in sich. Die neue Literatur ist somit von einem anthropologischen Bewußtsein durchdrungen, das die Dialektik aus Einheit und Vielheit ebenso erfaßt wie die ethischen Varianten der Weltkulturen, die voneinander abweichenden inhaltlichen Vorstellungen von Humanismus, Romantik und Stellung der Wissenschaften. Der Mensch muß sich in seiner evolutionären Entwicklung auch mit den übernatürlichen Mythen in einem heute geographisch entgrenzten Raum auseinandersetzen. Aus dem Konzept des Planeten als Heimat läßt sich die tatsächliche Stellung des Menschen im Kosmos ableiten, und dabei wird deutlich, daß hier ein völlig neuer Heimatbegriff in der Literatur auftaucht, der auf die Beherbergung des Menschen auf dieser Erde durch ein verantwortungsbewußtes Umgehen mit den Vorgaben der Natur gerichtet ist. Bereits 1912 formulierte der Philosoph Hermann Cohen: »Und der Fremdling bleibt nicht der Gastfreund, für den auch Zeus sein besonderes Ressort hatte, sondern er wird zum Vertreter des Menschen unter den Völkern.«

8. *Die transkulturellen Universalien: auf dem Wege zu einer interkulturellen Identität*

Die Dichotomie zwischen dem »Wir« und dem »Anderen« strebt in der neuen Literatur immer stärker einer Aufhebung entgegen, da sie sich im historischen Verlauf als immer weniger stimmig und ausreichend erwiesen hat.

Da die neue Literatur ihre poetische Dichte durch die Rückbesinnung auf die kulturellen und religiösen Identitäten erfährt, verdient diese neue Akzentuierung besondere Aufmerksamkeit. Alte Gegensätze, die sich hinter verschiedenen Masken tarnen, verlieren an Gewicht. Der Dualismus zwischen dem »Wir« und dem »Anderen« gewinnt eine neue Dimension: Das Fremde verbindet sich mit den transkulturellen Erfahrungen der Schriftsteller, die stellvertretend für viele Millionen Menschen stehen, mit denen sie diese Erfahrung teilen, und mündet in der Forderung nach interkulturellen Identitäten.

In der bloßen kulturellen Identität, wie sie die zurückliegenden Jahrhunderte und ihre Literatur kennzeichnete, war noch die Rede von einem begrenzten Wir-Gefühl als einer Zuordnung des Selbst zu einer bestimmten kulturellen Gruppe. In der neuen Literatur hingegen wird eine Identität entwickelt, die über die Grenzen einer einfachen kulturellen Identität weit hinausgeht. Diese Interkulturalität als Merkmal und Voraussetzung für den poetischen Rang der neuen Literatur hilft dem Menschen eine neue Selbsteinschätzung im Verhältnis zu anderen kulturellen Gruppen zu finden. In dem Maße, in dem »Fremde«

in der Akkulturation einem Wandel ausgesetzt sind, verlagert sich ihre Selbsteinschätzung verstärkt von einem ausschließlich kulturellen Zustand in eine interkulturelle Dynamik. Die Herausbildung solch neuer Identitäten ist für den Dialog der Weltkulturen und -religionen ebenso von Bedeutung wie für die politische Sphäre.

Die transkulturellen Erfahrungen der Menschen der Gegenwart spiegeln sich in der neuen Literatur wider; sie werden getragen von der fortdauernden und dynamischen Dialektik aus Umwandlung und Angleichung hin zu einer Erweiterung des Bewußtseins jenseits der Parameter der ursprünglichen Kultur. Die meisten der in der neuen Literatur geschilderten Figuren geraten in Situationen, in denen die Symmetrie zwischen ihrer inneren und der neuen äußeren Wirklichkeit zerbrochen ist und erst wieder errichtet werden muß. Die interkulturelle Identität wird als ein Kontinuum begriffen, in dem Fremde sich lediglich im Ausmaß ihrer Interkulturalität unterscheiden. Die interkulturellen Identitäten können als eine dritte Kraft begriffen werden, die mehr als eine Perspektive offenlegen und sowohl über die ursprünglichen als auch über die fremden Kulturen hinausragen. Interkulturelle Identitäten vermögen es, verschiedene gedankliche Konstrukte zu integrieren, um Raum zu schaffen für den polykulturellen Menschen der gegenwärtigen Weltzivilisation, der fähig ist, die Herausforderungen seiner Zeit zu verstehen und sich ihnen zu stellen.

In der neuen Literatur findet dieser ungeheure Prozeß eines interkulturellen Wachstums Eingang, den wir heute durchleben und der ein Maß an Angleichungsfähigkeit fordert, die in einem schöpferischen Vorgang auch augenscheinlich widersprüchliche kulturelle Charakteristika von Menschen unterschiedlicher Religionen und Kulturen miteinander versöhnt, indem sie in ein komplementäres, integrales Ganzes gefaßt werden. Es entsteht jene neue Selbsteinschätzung, die von der Einsicht in die Relativität der Werte und zugleich der Universalität der menschlichen Kultur getragen ist. Gefordert ist eine angleichende Umformung, die das kulturell Hybride der eigenen Persönlichkeit als Stärke und nicht als Schwäche begreift. Entscheidend ist, daß die Zugehörigkeit zu zwei oder mehreren Kulturen die Persönlichkeit nicht verflacht, sondern, im Gegenteil, sie um die Traditionen der jeweils anderen Kulturen bereichert. Bei der Akkulturation geht die ursprüngliche Kultur zwar verloren, zugleich aber werden neue kulturelle Merkmale hinzugewonnen. Der Mensch der Gegenwart kann nicht mehr kulturell unflexibel bleiben. Seine Stärke kann nur darin bestehen, an den Herausforderungen durch Veränderung seiner selbst zu wachsen. Bei diesem Prozeß hat kein kultureller oder religiöser Wert universelle Gültigkeit, diese zentrale Thematik findet überall in der neuen

Literatur Beachtung. Trotz der Einsicht in den kulturellen Relativismus wird die Suche nach menschlichen Werten angestrebt, die eine Brücke schlagen können zwischen den Kulturen und Religionen und ihren politischen Antipoden. Hier liegt nicht zuletzt die globale Bedeutung der neuen Literatur. Die transkulturellen Werte gehorchen sicher keiner Tradition eines falschverstandenen Kolonialismus oder gar eines imperialistischen Diktats, sondern entscheidend ist, im Anderen das Selbst zu erkennen und umgekehrt. Der Blick der Literatur muß auf die universalen Elemente gerichtet sein, die in jeder Kultur vorhanden sind, in der Sphäre der Ideen ebenso wie in dem Reich der Fakten. Die Literatur geht auf die Suche nach Vergleichbarem innerhalb der Verschiedenartigkeit der Kulturen; in der Musik würde man von Variationen eines Themas sprechen. Das Andere ist immer auch ein Ich.

Die Menschen unterscheiden sich aus anthropologischer Sicht hinsichtlich ihrer Zeitauffassung, ihres Naturverständnisses, ihrer Haltung zum Übernatürlichen und zum Tod. Bereits Claude Lévi-Strauss sprach von den verschiedenen Auffassungen der Würde in Orient und Okzident, in Afrika und Lateinamerika. André Malraux erkannte die verschiedenen Formen der Rationalität, die funktionale des Westens, die auf mathematisches und analytisches Vermögen gründet, gegenüber der des Orients, die den Tod als Merkmal der Endlichkeit keineswegs tabuisiert und so eine besondere Würde kennt. Zugleich ist aber der Orient, etwa im Konfuzianismus und Shintoismus, durch eine nichtaristotelische, kreisende Rationalität geprägt, die nicht den abendländischen linearen Charakter hat. Der entstehende interkulturelle und interreligiöse Dialog kann die Thora mit dem Koran, den achtfachen Weg des Buddha mit der christlichen Transzendenz verknüpfen. Es läßt sich ein Dialog nicht trotz, sondern wegen der Pluralität als identitätsstiftendes Merkmal führen.

Es gibt historische Vorbilder für diesen Dialog. Es sei nur an die Apologeten und die Alexandriner Klemens und Origines zu der Zeit erinnert, als sie neuplatonisch-stoische Wege beschritten und eine Theologie im altkirchlich ökumenischen Paradigma entwarfen. Waren Augustin und Thomas, als sie mit einer neuen römisch-germanischen Weltsicht konfrontiert waren, nicht von einem Drang nach Umformung geprägt, als sie für ein westliches lateinisches Paradigma den Weg in und durch das Mittelalter theologisch neu zu orten hatten? Das gleiche trifft auf Luther, Calvin und die Reformatoren zu, die sich ändern mußten, als in der wichtigen Krise der mittelalterlichen Theologie und Kirche eine Rückbesinnung auf das Alte Evangelium notwendig wurde. In gewisser Weise führt die neue Weltliteratur diese Tradition der Fähigkeit zum Dialog fort. Das Fremde wird zu einem relativen Begriff. Gerade die tiefere, weil transkulturelle Sicht erlaubt, Brücken zu schlagen. Ein persönliches Engagement ist gefordert, das objektive Erkenntnis der religiösen und kulturellen Wirklichkeit und subjektive kulturelle Erfahrungen paart, wobei sich beide Ebenen ergänzen und bereichern. Dies ist für die polyzentrische Gegenwart von großer Bedeutung. Die Ansicht setzt sich in der neuen Literatur durch, daß die kulturell-religiöse Verständigung den politischen Friedensmöglichkeiten vorauseilt. In diesem weltpolitischen Rahmen liegt die ethische Richtgröße der neuen Literatur.

In Essays und Prosa wird zum Ausdruck gebracht, daß die Weltzivilisation der Gegenwart keinen dogmatischen Charakter haben darf, daß sie nicht zentralistisch, sondern pluralistisch aufgefaßt werden muß, friedensstiftend durch Kooperation, dialogisch in allen Lebensbereichen.

Dieser Dialog soll nicht allein ein spiritueller Dialog sein, sondern eine philosophisch-theologisch-praktische Auseinandersetzung zwischen den Kulturen, wobei die Forderung nach politischen Maßnahmen explizit geäußert wird. Schließlich geht es um nichts Geringeres als um die Errichtung eines Weltethos, das sich in weiter Ferne am Horizont abzeichnet. Hierin liegt die Chance der neuen Weltliteratur, aber auch ihre Weitsicht, ihr Kairos und ihre poetische Signifikanz.

Text- und Bildnachweise

»Fanahy Fahendrena« erschien mit dem Untertitel »Madagassische Weisheit in Politik und Kultur« in stark gekürzter und redigierter Fassung erstmalig in: *Lettre*, Heft 22, III, 1993, S. 72-80. Für die vorliegende Veröffentlichung wurde das vollständige Manuskript in überarbeiterter Fassung verwendet.

Die Essays »Zum Leben und Werk von Pierre Verger«, »Technologie als Kultur«, »Die technologische Farce« sowie »Das Phänomen der Weltkultur« sind dem Buch *Vom Primat der Kultur. Essays zur vergleichenden Kulturbetrachtung*, München 1990, Eberhard Verlag, entnommen. Wir danken dem Verlag für die freundliche Abdruckgenehmigung. Die vorliegenden Fassungen wurden überarbeitet.

»Die Erde als Gebäude« erschien erstmalig in: *Neue Sirene – Zeitschrift für Literatur* 1, Mai 1994, S. 159-181

»Weltzivilisation und Weltethos« erschien erstmalig in: *Sirene – Zeitschrift für Literatur* 9, April 1992, S. 145-163

Die Aufnahmen von Michel Leiris auf S. 29 u. 30 stammen aus dem Privatarchiv des Autors und entanden kurz vor seinem Tod.

Das Foto von Pierre Verger auf S. 22 entstand 1994 bei einem Deutschlandbesuch Vergers, bei dem er u. a. mit dem Autor zusammentraf. Aufgenommen hat es Klaus vom Bruch aus Köln, dem wir für die Genehmigung zum Abdruck hiermit unseren Dank aussprechen.

Pierre Verger danken wir ganz herzlich für die freigebige Abruckerlaubnis seiner Fotos auf den Seiten 6, 8, 10, 12-21 und auf der vorderen Umschlagseite.